Elogio do Fracasso

Dados Internacionais de Catalogação na Publicação (CIP)
(Câmara Brasileira do Livro, SP, Brasil)

Brădățan, Costică
Elogio do fracasso : desafiando a cultura do sucesso / Costică Brădățan ; tradução de Luis Gonzaga Fragoso. – Petrópolis, RJ : Vozes, 2024.

Título original: In praise of failure

1ª reimpressão, 2024.

ISBN 978-85-326-6747-2

1. Autoconhecimento 2. Elogio 3. Fracasso (Psicologia) 4. Humildade 5. Sucesso I. Título.

24-194178 CDD-158.1

Índices para catálogo sistemático:

1. Fracasso : Psicologia aplicada 158.1

Eliane de Freitas Leite – Bibliotecária – CRB 8/8415

Costică Brădățan

Elogio do Fracasso

Desafiando a cultura do sucesso

Tradução de Luis Gonzaga Fragoso

© 2023 by the President and Fellows of Harvard College.
Publicado mediante acordo com Harvard University Press.

Tradução do original em inglês intitulado *In Praise of Failure: Four Lessons in Humility*.

Direitos de publicação em língua portuguesa – Brasil:
2024, Editora Vozes Ltda.
Rua Frei Luís, 100
25689-900 Petrópolis, RJ
www.vozes.com.br
Brasil

Todos os direitos reservados. Nenhuma parte desta obra poderá ser reproduzida ou transmitida por qualquer forma e/ou quaisquer meios (eletrônico ou mecânico, incluindo fotocópia e gravação) ou arquivada em qualquer sistema ou banco de dados sem permissão escrita da editora.

CONSELHO EDITORIAL	PRODUÇÃO EDITORIAL
Diretor	Aline L.R. de Barros
Volney J. Berkenbrock	Marcelo Telles
	Mirela de Oliveira
Editores	Otaviano M. Cunha
Aline dos Santos Carneiro	Rafael de Oliveira
Edrian Josué Pasini	Samuel Rezende
Marilac Loraine Oleniki	Vanessa Luz
Welder Lancieri Marchini	Verônica M. Guedes
Conselheiros	**Conselho de projetos editoriais**
Elói Dionísio Piva	Isabelle Theodora R.S. Martins
Francisco Morás	Luísa Ramos M. Lorenzi
Gilberto Gonçalves Garcia	Natália França
Ludovico Garmus	Priscilla A.F. Alves
Teobaldo Heidemann	

Secretário executivo
Leonardo A.R.T. dos Santos

Diagramação: Victor Mauricio Bello
Revisão gráfica: Michele Guedes Schmid
Capa: Nathália Figueiredo

ISBN 978-85-326-6747-2 (Brasil)
ISBN 978-067-497-047-2 (Estados Unidos)

Este livro foi composto e impresso pela Editora Vozes Ltda.

Sumário

Prólogo, 9

1   EM UM MUNDO DECAÍDO
O Deus do fracasso, 23

Elogio da falta de jeito e dos modos atrapalhados, 28

Corps Étranger, 36

Nua e crua, 39

A peça e a engrenagem, 44

Com novos olhos, 50

"Eu, uma escrava…", 53

A perfeição é superestimada, 57

Herética, 62

Humildade, 68

Uma mágica de desaparição, 72

A cura pelo barro, 73

A endura, 77

Nas mãos do perturbador, 86

2 EM MEIO ÀS RUÍNAS DO FRACASSO POLÍTICO
Dois tipos de coisas, 89

O erotismo das multidões, 91

"Um homem bastante frustrado", 98

A fragilidade da democracia, 102

Mais humilde do que o pó, 111

Um caso de fé deslocada, 119

"Hitler, meu amigo", 125

"A democracia é para os deuses", 127

Um milhão de mortos, 129

O problema das revoluções, 131

A teoria e a prática do faquirismo, 138

Quando o fracasso deixa de ser uma opção, 141

Espalhafatoso, 147

Terror: um manual do usuário, 153

A utopia de Gandhi, 161

Uma pessoa e uma coisa, 165

Os três males,169

O pior..., 173

Autotranscendência?, 177

O alto preço da perfeição, 181

3 VENCEDORES E PERDEDORES

Uma doença contagiosa, 185

O filósofo do fracasso, 189

Um perdedor nato, 193

Vencedores na terra do fracasso, 201

Fracassados na terra do sucesso, 206

Uma prática de fracasso levada a sério, 209

A vagabundagem como uma arte requintada, 218

Uma vida de parasita, 221

O gato morto, 230

O sutil veneno do sucesso, 233

O vagabundo, 236

Um gnóstico moderno, 241

O princípio da diferenciação, 244

Fracassando melhor, 251

O lavador de louças e o milionário, 252

"Eu era o Cioran", 257

Não fazer nada, 258

4 O FRACASSO DEFINITIVO

Solitude radical, 263

Fomos programados para o fracasso, 264

Bakayarō! Bakayarō!, 270

"Uma vida que é uma longa história de fracassos", 277

Os prazeres de morrer, 281

"O problema fundamental da filosofia", 288

Um cara durão, 290

O experimento, 296

Um homem nascido para morrer, 299

Como morrer uma "boa morte", 306

"Sr. Dazai, eu não aprecio a sua literatura", 312

O filósofo como um sedutor, 314

O projeto de samuraização de Mishima, 318

Os dois Sênecas, 322

Cortando a maçã, 324

O filósofo moral podre de rico, 329

Havia um método em sua loucura, 331

Exitus, 336

O incidente de Mishima, 339

Despedida, 342

Epílogo, 349

Agradecimentos, 353

Prológo

Imagine-se dentro de um avião, em grande altitude. Uma das turbinas acaba de pegar fogo, a outra também não parece muito promissora, e o piloto precisa fazer um pouso de emergência. Uma situação como esta sem dúvida tem algo de devastador, mas também de revelador. De início, em meio ao choro e ao ranger de dentes à sua volta, você não consegue pensar de uma maneira desapegada e racional. Você tem de confessar: está morrendo de medo, assim como todos ao seu redor. Por fim, o avião pousa com segurança, e todos os passageiros desembarcam ilesos. Assim que consegue se recompor, você passa a refletir com um pouco mais de clareza sobre o que acaba de acontecer. E então começa a aprender com o episódio.

Você aprende, por exemplo, que a existência humana é algo que acontece, brevemente, entre duas representações do nada. De início, não há nada – um denso e impenetrável nada. A seguir, uma faísca. Então, novamente o nada, de modo infinito. "Não mais que um curto-circuito de luz entre duas eternidades de escuridão", como diria Vladimir Nabokov[1]. Esta é a crueldade dos fatos da condição humana – o resto não passa de ornamento. Não importa o modo como optamos por reenquadrar ou recontar os fatos; quando consideramos aquilo que nos antecedeu e o que virá depois de nós, não há muito o que falar sobre nós. Na verdade, somos *quase nada*. E grande parte do que fazemos na vida, saibamos disso ou não, é uma tentativa de lidar

---

1 NABOKOV, V. *Fala, memória*. São Paulo: Alfaguara, 2014.

com a náusea que emerge a partir da percepção deste estado que é próximo do nada. Os mitos, a religião, a espiritualidade, a filosofia, a ciência, as obras de arte e a literatura – tudo isso tenta fazer com que este fato insuportável se torne um pouquinho mais suportável.

Uma maneira de evitar isso é negar completamente este dilema. Trata-se da atitude otimista, de alguém que opta por não enxergar a realidade. Na visão de quem escolhe este caminho, nossa condição não é tão precária assim, afinal. Em algumas narrativas míticas, já vivemos em algum outro lugar antes de termos nascido aqui, e reencarnaremos novamente depois de morrermos. Algumas religiões dão um passo além, nos prometendo a "vida eterna". Ao que parece, este é um bom negócio, pois jamais faltaram pessoas sem a disposição de aceitar tais crenças. Recentemente, neste mercado já repleto de opções surgiu uma nova alternativa, chamada "trans-humanismo". Os sacerdotes deste novo culto prometem que, mediante o uso das engenhocas adequadas e de ajustes técnicos (e também das contas bancárias adequadas), a vida humana pode ser prolongada de modo ilimitado. Há ainda outros projetos de imortalidade com chances de êxito, pois sempre haverá uma enorme clientela.

No entanto, independentemente do número de pessoas que compram a promessa de uma vida eterna, sempre haverá os céticos. Quanto aos trans-humanistas, embora possam conhecer o futuro, eles parecem, em grande medida, ignorar o passado: sob diferentes rótulos, o mercado tem disponibilizado produtos voltados ao "aperfeiçoamento humano" pelo menos desde a morte de Enkidu na epopeia de Gilgamesh. Comparadas àquilo que era oferecido pelos alquimistas medievais, as mercadorias dos trans--humanistas parecem ser bastante insípidas. Nem mesmo as tentativas milenares de prolongamento da vida conseguiram excluir a morte deste jogo. A vida humana pode hoje ser mais longeva, mas ainda assim todos nós morremos.

Uma outra maneira de lidar com nossa condição de "quase nada" é encará-la, como se enfrenta um touro na arena: sem rotas de fuga, sem redes de segurança. Você simplesmente avança, com os olhos arregalados e sempre ciente do que tem diante de si: o *nada*. Lembre-se: não há nada à sua frente, e nada atrás de você. Caso você fique obcecado com sua condição de "quase nada" e não consiga aderir à crença da vida eterna prometida pela religião, tampouco permitir-se levar uma vida biotecnologicamente prolongada, este pode ser o melhor caminho para você. A opção pelo enfrentamento do touro na arena certamente não é algo fácil nem delicado – especialmente para o touro. Pois isso é o que nós somos, afinal: o touro, à espera da morte e da aniquilação, e não o toureiro, que dá o golpe fatal no touro, para então seguir seu caminho.

"A natureza dos seres humanos é tal que", escreveu Simone Weil, "aqueles que subjugam não sentem nada; o subjugado é quem sente o que está acontecendo"[2] . Por mais pessimista que isso possa soar, não existe uma forma mais sublime de conhecimento humano do que aquela que nos permite compreender *o que está acontecendo* – a enxergar as coisas como elas realmente são, e não como gostaríamos que fossem. Além do mais, a prática de um pessimismo intransigente é uma tarefa perfeitamente executável. Se levar em conta o primeiro mandamento do pessimista ("Quando estiver em dúvida, espere pelo pior!"), você nunca ficará frustrado; não importa o que lhe aconteça pelo caminho, por pior que seja, nada o tirará do estado de equilíbrio. Por esta razão, as pessoas que lidam bem com sua condição de "quase nada" com olhos bem abertos levam vidas aben-

---

2 McLELLAN, D. *Utopian pessimist: the life and thought of Simone Weil*. Nova York: Poseidon, 1990, p. 93.

çoadas, com autocontrole e equanimidade, e raramente se queixam. A pior coisa que poderia lhes acontecer é exatamente aquilo que elas sempre esperavam que ocorresse.

A abordagem adotada com "olhos arregalados" permite que nos desprendamos, de um modo elegante, do emaranhado que é a existência humana. A vida é uma doença crônica e viciante, e temos uma urgente necessidade de cura.

A terapia baseada no fracasso, que me dispus a apresentar neste livro, talvez lhe pareça surpreendente. Depois de tamanha veneração ao sucesso, a reputação do fracasso já está em frangalhos. Parece não haver nada pior em nosso mundo do que fracassar – comparadas ao fracasso, a doença, os infortúnios e até mesmo a estupidez congênita nada representam. Porém, o fracasso merece um destino melhor. Na verdade, há muitas razões pelas quais ele merece nosso elogio. O fracasso é essencial para aquilo que somos como seres humanos. O modo como lidamos com o fracasso nos define, enquanto o sucesso é algo secundário e transitório, e pouco revelador. Podemos viver sem o sucesso, mas nossa vida não terá valor algum se não fizermos as pazes com nossa imperfeição, nossa precariedade e nossa mortalidade – todas elas, epifanias do fracasso.

No momento em que ocorre, o fracasso coloca uma distância entre nós e o mundo, e entre nós mesmos e os outros. Tal distância nos dá a nítida sensação de que não "nos encaixamos", de que "não estamos em sintonia" com o mundo e com as demais pessoas, e tudo isso nos leva a questionar o lugar que estamos ocupando. E isso talvez seja o melhor que poderia nos acontecer: este *despertar* é exatamente o que precisamos caso queiramos tomar consciência de quem somos.

Caso você fracasse e comece a ter uma sensação de inadequação e de inadaptação, não resista a esta sensação – siga-a. Tal sensação indica que você está no caminho certo. Podemos estar *neste* mundo, mas não somos *deste* mundo. A compreensão disso é o primeiro passo para a cura, e considera o fracasso como a essência de uma busca espiritual decisiva. Isso quer dizer que o fracasso poderá salvar minha vida? – você talvez me pergunte. Sim, pode. E de que modo, exatamente, isso acontece, é a história que este livro tentará contar. Como você verá adiante, o fracasso é capaz de operar maravilhas, de cura, iluminação e autorrealização.

Porém, isso não será nada fácil, pois o fracasso é um assunto complicado. O fracasso é como o pecado original na narrativa bíblica: todos nascemos com ele. Independentemente da classe social, da casta, da raça ou do gênero, todos nascemos para fracassar. Praticamos o fracasso ao longo de toda a nossa vida, e o transmitimos aos outros. Assim como o pecado, o fracasso pode ser infame, vergonhoso e ter de reconhecê-lo pode ser constrangedor. Esqueci de dizer que ele é feio? Sim, o fracasso também é feio – tão feio quanto o pecado, como dizem alguns. O fracasso pode ser tão cruel, desagradável e devastador quanto a própria vida.

Apesar de sua onipresença, contudo, o fracasso em geral é pouco estudado, negligenciado ou rejeitado. Ou ainda pior: o fracasso é transformado num "modismo" por gurus de autoajuda, por magos do marketing e por CEOs aposentados com todo o tempo do mundo à sua disposição, pessoas que zombam do fracasso, numa tentativa – e aqui não estou sendo irônico – de vestir o fracasso com uma nova roupagem e revendê-lo como nada menos que um trampolim para o sucesso.

Os mascates que vendem o fracasso como um caminho para o sucesso conseguiram, entre outros feitos, arruinar uma frase de Samuel Beckett, profunda e muito adequadamente sombria – você provavelmente a conhece. Mas o que eles jamais mencionam é que, na frase seguinte, logo na sequência desta que eles citam *ad nauseam*, Beckett propõe algo ainda melhor do que "fracassar melhor" – fracassar pior: "Tentar de novo. Falhar de novo. Melhor de novo. Ou melhor pior. Falhar pior de novo. Ainda pior de novo. Até farto de vez. Vomitar de vez"[3]. Não é por acaso que Beckett era amigo do filósofo Emil Cioran. Certa vez, este lhe escreveu: "*Dans vos ruines je me sens à l'aise.*" "(Em meio às suas ruínas, me sinto em casa")[4]. "Até farto de vez", "Vomitar de vez" – é difícil imaginar um modo melhor de descrever nosso dilema existencial. Na medida em que, para Beckett, o fracasso conduz à autorrealização, e à cura da doença fundamental que a existência humana carrega consigo, *Elogio do fracasso* é um livro profundamente beckettiano.

Você poderá me perguntar: como posso distinguir o verdadeiro fracasso – que Beckett tinha em mente – do falso fracasso, do estilo que é vendido pelos gurus de autoajuda? Simples: o fracasso sempre torna a pessoa mais humilde. Se isso não acontecer, ele não é um fracasso verdadeiro, mas apenas um "trampolim para o sucesso" – autoengano disfarçado com um nome diferente. E isso não conduz à cura, mas a uma doença ainda mais profunda. O tema de *Elogio do fracasso* não é o fracasso em si, mas a humildade que nasce a partir do fracasso. Somente a humildade, "um respeito altruísta pela realidade", na definição de Iris Murdoch, nos permitirá compreender "o que está acontecendo". Quando encontrarmos a humildade, saberemos que nos recuperamos de nossa doença. E, quando tivermos alcançado a humildade, conseguiremos nos desprender do emaranhado da existência. Portanto, se você busca o

---

3 Para a tradução deste trecho complexo, que contém uma sintaxe nada convencional – do livro *Worstward ho*, qualificado pelo próprio Beckett como "intraduzível" –, transcrevemos aqui a versão realizada por Ana Helena de Souza em *Samuel Beckett – Companhia e outros textos*. Ed. Biblioteca Azul, 2012, p. 66.

4 CIORAN, E.M. *Cahiers*: 1957-1972. Paris: Gallimard, 1997, p. 715.

sucesso sem humildade, certamente pode ignorar *Elogio do fracasso*. O livro não o ajudará – só fará com que você se sinta enganado.

Em geral, não levamos o fracasso a sério. A própria ideia de examinar o fracasso em detalhes nos deixa pouco à vontade; preferimos não tocá-lo, temendo um contágio – algo que, em si, é tocante, considerando que, logo que chegamos ao mundo, já fomos infectados por ele.

Isso tudo faz com que o estudo do fracasso se transforme na tarefa de um contorcionista: temos de procurar o fracasso no mundo externo, mas também dentro de nós mesmos, nos recantos mais sombrios de nossa mente e de nosso coração. Encontraremos o fracasso nos indivíduos, mas também na sociedade como um todo; tanto na natureza quanto na cultura. Temos de rastrear sua presença na religião, na política, no mundo dos negócios e em todas as demais esferas. Além disso, o estudo do fracasso certamente será solapado pelo seu objeto: olhamos para o fracasso com os olhos defeituosos, refletimos sobre ele com uma mente sujeita a falhas, e transmitimos aos outros todas as nossas descobertas por meio de uma linguagem que não tem nada de perfeito. Qualquer estudo sobre o fracasso é, em si mesmo, um estudo fracassado.

E, no entanto, a situação em que nos encontramos contém algo de impressionante. Pois, mesmo que estejamos emaranhados em um mundo fracassado, e nós mesmos apresentemos falhas graves, podemos *reconhecer o fracasso*. Sempre que dizemos: "Mas isso não está certo", "Isso não está como deveria ser", demonstramos que reconhecemos o fracasso quando ele surge. Talvez sejamos falíveis, criaturas totalmente imperfeitas, mas não a ponto de ignorarmos aquilo em que consiste o fracasso. Mas não apenas reconhecemos o fracasso – com um pouco de sorte, podemos domesticá-lo, transformá-lo em nosso guia. É este, exatamente, o propósito deste livro.

Em um lindo poema gnóstico, "O hino da pérola" (dos Atos de Tomé), o pai de um jovem príncipe, conhecido como "o rei dos reis", pede ao filho que viaje até o Egito a fim de recuperar um objeto especial – "uma pérola, que se encontra no meio do oceano, cercada por uma serpente que sibila". O príncipe obedece e segue rumo à estrada. Assim que chega a seu destino, enquanto aguarda no litoral pelo momento oportuno para arrebatar a pérola junto à serpente, ele é aliciado pelos egípcios: "num gesto trapaceiro, eles me deram de seu alimento para comer". E, de fato, "pressionado pelos apelos e estímulos do grupo", o príncipe cai em um "sono profundo" e se esquece de tudo: de onde veio, quem o enviara até aquele lugar, e por qual motivo.

Por fim, o rei, num gesto de compaixão para com o príncipe, envia-lhe uma mensagem: "Lembre-se da pérola, razão pela qual eu lhe enviei ao Egito". Estas palavras bastam para despertá-lo: o príncipe se recorda de tudo, de quem ele é, de onde vem, e o motivo que o levou até ali. Ele recupera a pérola e volta para casa coberto de glórias, curado de sua letargia e de sua alienação.

O poema retrata o dilema do crente gnóstico no mundo. Este é também o nosso dilema, muito embora precisemos despertar e lembrar de tudo por nossa própria conta. O rei se esqueceu de nos enviar sua mensagem – se é que ele não está morto. Precisamos tatear para encontrar nosso caminho de volta, tendo como único guia o fracasso.

De todas as viagens, a que realizamos em busca de nós mesmos é a mais difícil e a mais longa. Porém, você não precisa se preocupar: se tivermos o fracasso como guia, teremos uma boa chance de êxito.

Considerando a natureza ilimitada do fracasso, e também a abundância de suas manifestações, a tentativa de planejá-lo não é muito diferente do que tentava o pequeno garoto da famosa anedota de Santo Agostinho: recolher com uma conchinha toda a água do mar, a fim de colocá-la dentro de um pequeno buraco que ele escavara na areia da praia. O exercício parece fadado ao fracasso, mas o sentido da coisa não é este: todo o sentido talvez esteja justamente na beleza insana desta tentativa.

"Embora seja loucura", diz Hamlet, talvez o exemplo mais trágico de fracasso da literatura, "há nela certo método". Mesmo que estejamos cercados e sitiados pelo fracasso, não é insensato imaginar que ele se manifesta em círculos: círculos concêntricos, cada vez mais restritos, no centro dos quais estamos nós – "no olho do furacão", por assim dizer.

Em minha busca pelo fracasso, começarei pelo círculo mais distante do centro e então me movimentarei devagar, um círculo por vez, rumo à forma de fracasso que se encontra mais próxima de nós, a mais íntima. Começo pelo círculo do fracasso *físico* (turbinas de avião defeituosas, por exemplo), que considero como o mais remoto. "Remoto" não no sentido de uma distância espacial, mas antes como uma dissonância espiritual: somos radicalmente diferentes das coisas, embora vivamos entre elas, façamos uso delas, dependendo delas. O fracasso das coisas nos afeta, às vezes profundamente, assim como nos afeta a impecabilidade delas, e isso pode nos desumanizar.

Neste círculo pretendo analisar como a falta de jeito e os modos atrapalhados de Simone Weil (1909-1943) lhe abriram os olhos para os aspectos desumanizadores do trabalho mecanizado (ela foi uma das primeiras admiradoras do filme *Tempos Modernos*, de Charlie Chaplin), e, com efeito, como a sua percepção aguda de ser uma pessoa "deslocada" no mundo a conduziu por um caminho de autotranscendência e de autodesmaterialização, que ela seguiu pelo resto de sua vida. A vida e a obra de Weil consistem em um estudo sobre a humildade radical: diante da possibilidade de ofender Deus com sua existência, ela preferia não existir. Por fim, voltando as costas para o mundo, ela se desprendeu do emaranhado terreno tão modesta e discretamente quanto possível. Quando o toureiro apareceu, teve dificuldades para encontrá-la: ela já havia desmaterializado a si mesma.

Na sequência, passo a analisar o círculo do fracasso *político* (o colapso de regimes democráticos, revoluções fracassadas e o caos totalitário). Em alguma medida, a política afeta a nós todos, até mesmo as pessoas mais apolíticas; com efeito, manter-se "fora da política" já é, em si, uma decisão política. O círculo do fracasso político está situado mais próximo do que o anterior, pois a *polis* não está fora de nós, ela faz parte de nós. Até mesmo a vida de rebeldes e de anarquistas está relacionada a uma comunidade política, e estes se posicionam contra ela. Há quem se surpreenda ao descobrir que Mahatma Gandhi (1869-1948), que está no centro deste círculo, acabou sendo enredado na "política suja" de sua época, mesmo que nunca tenha cessado sua busca de pureza e de santidade. Motivado por uma necessidade compulsiva de atingir a perfeição, o que o deixou perigosamente próximo de Robespierre, Gandhi às vezes exibia um comportamento cuja imperfeição era assustadora. Seus fracassos – relacionados a si mesmo, a sua família e, em última instância, a seu país – nos revelam algo importante sobre a futilidade da tentativa de reconstruir o mundo, por mais bem-intencionada que esta possa ser. No fim das contas, se há algo que o salvou, talvez tenha sido a sua natureza mística e transcendental. Quando o toureiro apareceu, Gandhi já não estava mais lá.

A seguir, nossa atenção tem como foco o círculo do fracasso *social*. Mesmo se decidirmos viver sós, distantes de qualquer contato humano, ainda assim a sociedade estará conosco – em nossa mente e em nossa linguagem. Sempre nos encontraremos socialmente enredados, e é em meio a este emaranhado que vivenciamos esta forma particularmente íntima de fracasso. Para conseguir enfrentar o fracasso social, algumas pessoas decidiram aceitá-lo como uma vocação pessoal. No início de sua carreira, George Orwell entregou-se a um período de "vagabundagem", vivendo na condição de indigente – e acabou descobrindo que a pobreza é acompanhada de um estigma social do qual é difícil escapar. Neste círculo, analisaremos o custo pessoal de nossa veneração ao sucesso e refletiremos sobre o papel do *loser*[5]. E. M. Cioran (1911-1995), em torno de quem gravita a maior parte deste capítulo, dedicou sua vida, de modo ativo, a "não fazer nada", e transformou seu fracasso social numa carreira espetacular. Cioran nos recomenda a abstenção de *toda e qualquer atividade*, seja ela qual for. "Tudo o que é bom tem origem na indolência, em nossa incapacidade de agir, de executar nossos projetos e planos", escreveu[6]. Ele considerava a inação como a única resposta sensata à falta de sentido da existência. *La révélation de l'insignifiance universelle* era a religião pela qual ele vivia[7].

Foi em razão desta revelação, de que "não conseguia fazer nada de sério", que ele levava uma vida parasitária e escarnecia do universo. Quando o toureiro surgiu à sua frente, Cioran arrancou dele gargalhadas tão sonoras que acabou se esquecendo do motivo que o levou a aparecer diante de Cioran. Assim como, provavelmente, o próprio Cioran também se esqueceu – graças ao Alzheimer que o acometeu.

---

5 Em tradução literal, "perdedor". Mas este adjetivo, sobretudo na cultura americana, é comumente usado com referência ao indivíduo que fracassou na sociedade. Neste livro, o adjetivo *loser* será empregado inúmeras vezes, particularmente no capítulo 3 [N.T.].

6 CIORAN, E. M. *Do inconveniente de ter nascido*. Lisboa: Letra Livre, 2010.

7 CIORAN, E. M. *Entretiens*. Paris: Gallimard, 1995, p. 29.

Por fim, aproximando-nos mais do centro do círculo, trataremos da questão de nosso fracasso *biológico* – nossa própria mortalidade. Por mais que tentemos nos distanciar de nosso fracasso biológico, ele invariavelmente nos alcançará, pelo simples motivo de que sempre nos acompanhou. No entanto, mesmo que a morte já esteja programada em nosso DNA, temos uma grande dificuldade de refletir sobre ela. Pensar sobre a morte significa "pensar no impensável", diz Vladimir Jankélévitch. Para os filósofos clássicos a morte era encarada menos como um problema teórico do que como uma preocupação clássica: eles acreditavam que controlar nosso "medo da morte" pode nos ajudar a levar uma vida boa. Nesse sentido, e também sob outros aspectos, as reflexões de Sêneca sobre a mortalidade continuam tendo uma impressionante atualidade. Neste círculo, analisarei o estranho caso de Yukio Mishima (1925-1970), que tramou e executou o que ele considerava uma "bela morte", que inseria na tradição japonesa do nobre fracasso. Para conseguir derrotar o toureiro, Mishima transformou a si mesmo no toureiro – e certificou-se de contar com a colaboração de um copista. Porém, ele não conseguiu alcançar o tipo de humildade e de serenidade que os filósofos clássicos e tantos místicos de diferentes tradições associam a uma vida bem vivida.

Elogio do fracasso lida com uma definição de fracasso que está em constante evolução – na verdade, em expansão. Nas páginas que seguem, muito será dito sobre o que é o fracasso, e o que não é o fracasso; a partir disso, emergirá gradualmente uma compreensão mais completa e matizada sobre esse estado angustiante e curativo. Seja qual for a definição de sucesso, ele normalmente envolve uma "sucessão" de estados ou eventos (a palavra tem origem no latim *succedere*, ou: vir depois). Quando algo fracassa, esta sucessão é interrompida, e disso resulta uma sensação de vazio. O fracasso, então, é tudo aquilo que sentimos como desconexão, perturbação ou desassossego ao longo de nossa padronizada interação com o mundo, quando algo deixa de existir, de funcionar ou de acontecer da maneira como esperávamos. À medida que nos movimentamos em meio a nossos círculos de fracasso (do físico ao político e, a seguir, ao social e ao biológico), passamos a conhecer cada vez melhor esta desconexão, esta perturbação e este desassossego. E este é um excelente ponto de partida para qualquer experiência espiritual.

Uma das teses centrais deste livro é a ideia de que precisamos desta experiência acumulativa de desconexão, perturbação e desassossego se quisermos fazer as pazes com nossa condição de "próximos ao nada". Pois somente em meio às atribulações desta experiência poderemos alcançar a humildade e manter a esperança de nos curarmos da arrogância e do egocentrismo, da autoilusão e do autoengano, e, de modo geral, de nossa precária adaptação à realidade. É por isso que a progressão por entre estes quatro círculos de fracasso não consiste em uma jornada qualquer: trata-se de uma jornada *catártica*. Se você se sentir perturbado com a leitura deste livro, isso significa que ele não fracassou por completo. Pois o fracasso é uma experiência profundamente perturbadora – tão perturbadora quanto a própria vida.

Ao longo deste caminho, em cada um dos círculos, você fará alguns amigos: Simone Weil, Gandhi, E. M. Cioran e Mishima, entre outros. Segundo a maioria dos padrões sociais, eles foram "bem--sucedidos" – tornaram-se famosos por seus livros, pelas frases que proferiram ou por suas realizações. No entanto, poucas pessoas conheceram o fracasso de maneira tão íntima quanto eles. Suas histórias de vida serão aqui compartilhadas, e com elas aprenderemos o que os bons médicos sempre souberam: aquilo que pode destruí-lo também pode curá-lo. A peçonha da serpente tanto pode ser um veneno quanto um remédio.

Capítulo 1

Em um mundo decaído

O Deus do fracasso

Do ponto de vista de Deus, a existência do mundo é um constrangimento. Este era o ensinamento dos gnósticos. Nem o mundo nem nós estávamos destinados a existir. A "não existência" é uma perfeição do mais alto nível; tão logo algo passa a existir, já está degradado. Para o gnosticismo, as coisas não existem – elas *despencam* na existência. Qualquer cosmogonia gnóstica seria capaz de fornecer um relato do evento: o que o desencadeou, quais agentes estavam envolvidos nisso, e em que medida a queda foi ruim. Esta queda é também o ponto de partida do drama humano[8]. É significativo que se trate de um drama do fracasso. Pois, segundo a concepção gnóstica, a existência cósmica é o produto de *um fracasso primordial*. Lemos no

---

8 "O mundo é o produto de uma tragédia divina, uma desarmonia no reino de Deus, um destino funesto no qual o homem está enredado e do qual ele precisa se libertar" (RUDOLPH, K. *Gnosis: the nature and history of gnosticism*. São Francisco: Harper & Row, 1983, p. 66).

Evangelho de Felipe, um texto gnóstico: "O mundo surgiu por meio de um erro". Aquele que o criou "desejou que sua criação fosse imperecível e imortal", mas não conseguiu satisfazer os seus desejos". Pois "o mundo nunca foi imperecível; aliás, tampouco aquele que criou o mundo era imperecível"[9].

Na comparação com o trabalho do mesmo artesão incompetente que criou o cosmos, a condição atual dos humanos não é das melhores. Sob vários aspectos, a humanidade se encontra aquém das promessas apresentadas por seu modelo divino. Em algumas narrativas gnósticas sobre a criação, o criador do mundo tem um vislumbre do arquétipo do ser humano, que habita no "cérebro inteligível do verdadeiro Deus do mais alto círculo"[10]. Ele mal consegue enxergar – e menos ainda examinar – o modelo. No entanto, a paixão o arrebata e o cega a tal ponto, que ele não percebe que carece das habilidades necessárias para trazer à existência um tipo ideal como este. O resultado é lamentável: é tão remotamente diferente do original que quase não se vê mais nenhum traço de semelhança entre ambos. Para começar, o criador nem deveria ter tentado, mas agora é tarde demais: a humanidade ganhou vida, e o fracasso veio para ficar.

Vejamos o mito da criação que se encontra em Saturnino de Antioquia, um autor gnóstico que foi contemporâneo do imperador Adriano. Segundo esta narrativa, sete anjos criadores viram "uma imagem brilhante (*eikon*) descer do Poder Absoluto, e fizeram de tudo para detê-la". Eles não tiveram tempo suficiente para analisar aquele objeto em detalhes, mas foram imediatamente arrebatados pelo vislumbre que tiveram: "Vamos criar o homem à sua imagem

---

9 ROBINSON, J.M. (org.). *The Nag Hammadi Library in English*. São Francisco: Harper & Row, 1977, p. 145.

10 LACARRIÈRE, J. *The Gnostics*. Nova York: Dutton, 1977, p. 31.

e semelhança". E assim fizeram, para então se arrependerem. O resultado foi um humanoide, mas como os criadores eram "frágeis demais para lhe conferir o poder de manter-se ereto", a criatura "permaneceu no chão se contorcendo como uma minhoca"[11]. Esta criatura somos nós.

Você certamente deve estar se perguntando: quem é este criador desajeitado, responsável por dar origem a um constrangimento de proporções cósmicas? Ele é o demiurgo, o deus de tudo aquilo que é imperfeito – da corrupção, da degradação e das trevas. Na teologia gnóstica, o demiurgo opõe-se ao outro Deus, o princípio da luz, "o desconhecido", "o oculto", "aquele que não tem nome" ou "o Deus estranho", como o chamava Marcião de Sinope[12]. A criação do mundo pelo demiurgo vista como um ato fracassado está presente em praticamente todas as narrativas cosmogônicas gnósticas, o que reforça o mesmo argumento, repetidas vezes: a criação do mundo foi um evento infeliz, com o qual o demiurgo *não* deveria ter se envolvido, pois tal tarefa estava além de suas capacidades. O que o motivou foi a paixão, a ignorância e a imprudência. "O demiurgo", escreveu um historiador moderno, "era imperfeito, limitado e um artesão definitivamente não confiável"; no entanto, "isso não o impediu de criar a humanidade e o universo no qual todos ainda habitamos"[13].

De variadas maneiras, estudiosos do gnosticismo chamaram a atenção para este evento. Kurt Rudolph faz referência ao "importante episódio" da criação do mundo como a "arrogância" (*hybris*)

---

11 SMITH, W.; WAVE, H. *A dictionary of Christian biography, literature, sects and doctrines*. Londres: Little, Brown, 1877, p. 587.

12 JONAS, H. *The gnostic religion: the message of the alien God and the beginnings of Christianity*. Boston: Beacon, 2001, p. 49.

13 WRIGHT, J. *Heretics: the creation of Christianity from the gnostics to the modern church*. Boston: Houghton Mifflin Harcourt, 2011, p. 26.

do demiurgo"[14]. Hans Jonas refere-se a esta divindade, de um modo nada lisonjeiro, como "um Criador cego e arrogante", exercendo seu domínio sobre um universo que é "o fruto, assim como ele próprio, da imperfeição e da ignorância"[15]. Outros referem-se ao Criador do mundo como um "demiurgo incompetente e profundamente maligno"[16]. O demiurgo dos gnósticos é a mais improvável das divindades: *o deus do fracasso*. O único deus que somos capazes de compreender e que nos compreende.

O fracasso é um conceito tão fundamental para os gnósticos, que eles enxergam sinais dele para onde quer que olhem. Em um livro iluminador, *Os gnósticos*, Jacques Lacarrière traz este conceito para o primeiro plano. "De um modo visceral, imperioso e inevitável", escreveu ele, "o gnóstico sente a vida, o pensamento, os destinos humano e planetário como um trabalho fracassado, limitado e corrompido em seus alicerces mais fundamentais". Cada uma das coisas do universo, "das estrelas longínquas ao núcleo das células de nosso corpo", do nível mais macro ao mais micro, carrega consigo "o traço materialmente demonstrável de uma imperfeição original"[17]. O terremoto do ano passado, as enchentes desta primavera – estas são manifestações do fracasso cósmico. Não há como escapar disso, pois o fracasso já está configurado na natureza humana, como se fosse uma espécie de DNA.

Segundo a antropologia gnóstica, os seres humanos compartilham com o restante da criação as mesmas falhas estruturais, a mesma imperfeição, as mesmas deficiências. O fracasso reina soberano

---

14 RUDOLPH, K. *Gnosis*, p. 75.

15 JONAS, H. *The gnostic religion*, p. xxxi.

16 LACARRIÈRE, J. *The gnostics*, p. 25.

17 *Ibid.*, p. 10.

entre nós todos: ele determina o funcionamento de nossa mente, nosso estilo de vida, as circunstâncias de nossa passagem pelo mundo. "A história do homem", diz Lacarrière, "reproduz de modo muito semelhante o drama – e a farsa – inicial do cosmos". Assim como o próprio universo, o homem é "uma criação mal-sucedida, uma imitação lamentável, que guarda uma mera semelhança com o homem"[18]. Tanto o homem quanto o cosmos carregam consigo a marca registrada do mesmo autor desajeitado: o deus do fracasso.

Em sua vida cotidiana, os adeptos do gnosticismo conviviam com o dever de limitar os efeitos desta criação malsucedida. Eles eram instados a não ganhar dinheiro ou possuir riquezas, a não conquistar nem exercer o poder, a não casar nem procriar. Considerando que o mundo era um lugar tão ruim, eles deveriam ter a mínima relação possível com o mundo. Resistir à procriação era possivelmente o seu gesto mais eloquente: se a pessoa realmente acredita que a existência é algo ruim, por que proporcionar esta experiência a outras pessoas? Este conceito era fundamental para praticamente todos os movimentos inspirados pelo gnosticismo, desde os maniqueístas do Império Romano até os bogomilos dos Bálcãs, passando pelos cátaros da França e da Itália medievais. Uma das principais teses do catarismo afirmava que "qualquer ato sexual, até mesmo entre pessoas casadas, é imoral"[19]. Ao render-se ao desejo sexual e à procriação, você está fazendo o trabalho do Diabo, que é o equivalente cátaro ao demiurgo. Os verdadeiros cristãos – como os cátaros se autodenominavam – não se envolvem com o sexo. É desta maneira que eles conseguem derrotar o Demônio e as suas armadilhas.

---

18 *Ibid.*, p. 31.

19 LADURIE, E.R. *Montaillou: the promised land of error*. Nova York: Vintage, 1979, p. 157.

Elogio da falta de jeito e dos modos atrapalhados

Desde muito cedo, Simone Weil personificou um curioso paradoxo: ela foi, ao mesmo tempo, uma criança extraordinariamente promissora e uma irremediável fracote; um prodígio, mas também perigosamente doentia[20]. Aço e pó. Um médico perspicaz, que calhou de ter Simone como paciente em sua infância, considerava que "ela era extraordinária demais para continuar vivendo"[21]. Apesar do prognóstico, ela de fato continuou vivendo, mas sua existência era precária, ela vivia numa constante corda bamba. "Desde a infância", registrou um biógrafo, "uma doença crônica colocava sua vida em risco, um padrão do qual ela nunca conseguiu se desviar completamente"[22]. Já adulta, ela associava seu estado precário a algum tipo de fracasso primordial. Ao recordar de seus problemas de saúde quando criança, Weil comentava, com seu típico tom de autodepreciação: *C'est pourquoi je suis tellement ratée.* – "É por isso que eu sou tão fracassada"[23].

Talvez ela tenha dito isso em tom de brincadeira, mas o fracasso não é assunto para brincadeiras. Assim que você pronuncia esta palavra, ela assume uma vida própria – quando você se dá conta, ele já se instalou dentro de você. À medida que Weil envelhecia, o estado de saúde precário a acompanharia, causando-lhe um sofrimento cada vez maior, tanto físico quanto mental. No entanto, quanto mais ela sofria, mais a sua compreensão era ampliada; e

---

20 A bibliografia sobre Simone Weil é enorme, e aumenta a cada dia. No que diz respeito a meus propósitos aqui, considero particularmente úteis, além dos próprios textos de Weil (incluindo suas cartas e seus cadernos), as obras de Simone Pétrement, Jacques Cabaud, Francine Du Plessix Gray, Gabriella Fiori, David McLellan, Jean-Marie Perrin, Gustave Thibon, Sylvie Weil, Palle Yourgrau e Robert Zaretsky.

21 PÉTREMENT, S. *Simone Weil: A Life*. Nova York: Pantheon Books, 1976, p. 8.

22 CABAUD, J. *Simone Weil: a fellowship in love*. Nova York: Channel, 1964, p. 17.

23 GRAY, F.P. *Simone Weil*. Nova York: Penguin, 2001, p. 6-7.

como o sofrimento de Weil foi enorme, sua compreensão tornou-se prodigiosa. A combinação de extrema fragilidade e extraordinário discernimento, que seu médico identificou como um atributo de Weil em sua infância, é o que, no fim das contas, a definiria. Weil tinha plena consciência desta combinação. Referindo-se às enxaquecas devastadoras que sentia, certa vez ela disse à sua mãe: "Você não deveria se lamentar por estas dores de cabeça que eu tive, pois eu não teria feito muitas coisas não fosse por elas"[24].

Ao longo de toda sua vida, Simone Weil foi, essencialmente, uma pessoa desajeitada, e ao lidar com as coisas do mundo ela sempre teve que fazer um enorme esforço. Sua falta de jeito, lembra-se Gustave Thibon, "só se equiparava à sua boa vontade – esta acabou triunfando sobre aquela"[25]. Esta deve ter sido uma das ironias mais cruéis: embora nos planos intelectual e moral ela estivesse num patamar muito superior aos outros, no que se referia a habilidades que envolviam o corpo, ela era bem inferior a todos. Uma colega de escola recorda-se que Weil, com cerca de 10 anos de idade, "tinha a aparência de uma criancinha, incapaz de usar as mãos"[26]. Tinha uma grande dificuldade para escrever, e costumava ficar para trás, na comparação com o desempenho de seus colegas de sala. Apesar de todo seu brilhantismo intelectual, sua infância foi marcada por uma tentativa desesperada de alcançar o mesmo nível de seus colegas de sala em todas as tarefas práticas, desde a escrita e o desenho até os esportes, ou até mesmo uma simples caminhada pela rua. Era como se as partes do corpo de Weil tivessem sido rapidamente montadas por um demiurgo quase tão desajeitado quanto ela.

---

24 PÉTREMENT, S. *Simone Weil*, p. 70.

25 PERRIN, J.-M.; THIBON, G. *Simone Weil as we knew her*, p. 117.

26 GRAY, F. D. P. *Simone Weil*, p. 15.

Um ex-colega de classe lembra-se que Weil "parecia pertencer a uma categoria de ser humano distinta, como se sua mente não se encaixasse em nossa época ou em nosso ambiente. Ela tinha a sensação de ser uma alma muito antiga"[27]. Mesmo décadas mais tarde, quem a encontrasse teria uma sensação semelhante: "Eu tinha a impressão de estar diante de uma pessoa para quem a minha maneira de sentir e de pensar era absolutamente estranha"[28]. Weil parecia desajeitada, vivendo perigosamente no mundo da lua. Aos olhos de seus colegas do colégio que não a conheciam bem, ela parecia uma pessoa estranha, e até mesmo arrogante. "Conheci Simone Weil no liceu Henri IV", recorda-se uma delas. "Ela era completamente arredia e antissocial"[29]. Nas ruas, só por um milagre escapava de ser atropelada pelos carros"[30]. Conforme observaram até mesmo amigos que nutriam simpatia por ela, ela tinha a felicidade de "não ter consciência da maioria dos hábitos e convenções da vida social, desde a arte de vestir-se à arte de agradar alguém"[31]. Às vezes, seu jeito avoado beirava os limites do hilariante. Certa vez, já na casa de seus 20 anos, e graduada pela École Normale Supérieure, escreveu uma carta à sua mãe, perguntando-lhe com toda a seriedade: "Como se come bacon, cru ou cozido? Se eu quiser comer ovos com bacon no prato, preciso cozinhar o bacon antes?"[32].

Esta deve ter sido uma das poucas situações em que Simone Weil sentiu necessidade de comer algo. Na maior parte do tempo, ela não

---

27 *Ibid.*

28 PERRIN, J.-M.; THIBON, G. *Simone Weil as we knew her*, p. 109.

29 PÉTREMENT, S. *Simone Weil*, p.29.

30 FIORI, G. *Simone Weil: an intellectual biography*. Athens: University of Georgia Press, 1989, p. 26.

31 PERRIN, J-M.; THIBON, G. *Simone Weil as we knew her*, p. 4.

32 PÉTREMENT, S. *Simone Weil*, p. 85.

se alimentava. Conforme registrou Simone Pétrement, sua biógrafa, "comer lhe parecia ser uma função vulgar e repugnante"[33]. Às pessoas que cruzavam seu caminho, Simone Weil dava a nítida impressão de *não possuir um corpo*, o que combinava com seu jeito avoado. Era como se ela estivesse ali, diante de você e, ao mesmo tempo, não estivesse. Esta sua natureza fantasmagórica, aliada a seu comportamento singular, fazia com que estar em sua presença se tornasse uma experiência perturbadora. O poeta Jean Tortel tentou descrever a aparência dela: "Um cone de lã preta, um ser completamente destituído de corpo, vestindo uma capa enorme, sapatos grandes e um cabelo que parecia uma peruca; sua boca era grande, curvada e sempre umedecida; ela olhava para você através de sua própria boca"[34]. Sua presença física era, ao mesmo tempo, fascinante e perturbadora. George Bataille, que afirmou, sem papas na língua, que "a inegável feiura de Weil era repulsiva", reconheceu que "poucos seres humanos despertaram em mim um interesse tão profundo". Ele foi conquistado pelo paradoxal charme de Weil: "Eu sentia que ela também tinha uma verdadeira beleza… ela seduzia exibindo uma autoridade muito delicada e muito simples"[35].

Considerando os talentos excepcionais de Weil, a École Normale Supérieure, uma das melhores universidades da França, acabou sendo uma escolha natural. Na condição de uma *normalienne*, a expectativa era que, tendo concluído a graduação, ela se tornasse uma professora do ensino secundário, transferindo-se de uma escola a outra conforme a necessidade exigisse. Mas Weil era a mais improvável das professoras. No dia em que ela assumiu seu primeiro cargo

---

33 *Ibid.*, p. 420.

34 FIORI, G. *Simone Weil*, p. 191.

35 GRAY, F. D. P. *Simone Weil*, p. 76.

de professora, acompanhada de sua mãe hiperprotetora, um zelador da escola a confundiu com uma das alunas prestes a iniciar estudos na escola, e gentilmente lhe perguntou em que turma ela gostaria de se matricular. Na sala dos professores, ela praticamente não interagia com os colegas. Com a intenção de provocar a sensibilidade burguesa deles, nas reuniões de professores Weil costumava levar um jornal soviético em russo (um idioma que ela não conhecia), que fingia ler, concentrada. Nas cidades onde lecionou, muitas vezes ela foi chamada de "radical" e de "encrenqueira"; e as pessoas que tinham uma reputação social eram alertadas para manterem-se à distância da "virgem vermelha", como a apelidaram.

Quando Weil apareceu na sala de aula pela primeira vez, suas alunas – numa turma exclusivamente de meninas –, não sabiam como reagir à sua nova professora; ela era completamente diferente de todas as outras que a antecederam ou a sucederam. "Muito estranha. No início, ríamos dela", recorda-se uma das alunas. "Ela se vestia mal, e se movimentava de modo atrapalhado e sem-graça. Hesitava ao falar. Seu método de ensino era tão estranho quanto a sua aparência[36]. Porém, tão logo se acostumaram às práticas nada ortodoxas de Weil, elas foram cativadas por sua genialidade e sua completa dedicação às aulas[37]. No fim, elas passaram a adorá-la e a respeitar sua autoridade "delicada" e "simples"[38]. O jeito atrapalhado de Weil era parte de seu charme. Numa ocasião em que ela chegou à escola vestindo seu suéter do avesso, as alunas discretamente

---

36 FIORI, G. *Simone Weil*, p. 63.

37 Ela chegava a lhes comprar livros quando achava que eles não teriam condições de adquiri-los.

38 "Seu talento como professora era enorme", escreveu Thibon, que teve aulas particulares de grego com ela (PERRIN, J-M.; THIBON, G. *Simone Weil as we knew her*, p. 117).

chamaram sua atenção ao fato, e "providenciaram uma maneira de ela se esconder atrás da lousa, tirar o suéter e tornar a vesti-lo"[39]. As garotas se comportavam de um modo maternal em relação à sua professora pueril. Considerando seu jeito atrapalhado, sua opção pela carreira intelectual foi adequada. Pois haveria quem suspeitasse de uma professora que parece muito hábil com as maneiras de lidar com o mundo. Porém, esta escolha implicava alguns desafios. Ela se sentia privilegiada, e não conseguia tolerar a culpa de estar levando uma vida intelectual enquanto as demais pessoas labutavam para obter comida, vestir-se ou ter um abrigo. É por isso que, ao chegar à idade adulta, Weil mostrou-se determinada a trabalhar numa função que exigisse esforço físico, mesmo que fosse um trabalho temporário. Ela sabia que não era destinada àquilo, mas isso só a estimulava ainda mais. Assim, ironicamente, mesmo tendo graduado na *École Normale Supérieure* – o que ratificava seu pertencimento à elite intelectual francesa – e se dedicado à carreira de docente, ela passou a buscar uma chance de trabalhar um período como operária numa fábrica, uma mão de obra não qualificada.

Foi uma licença de um ano de duração, em 1934, que lhe permitiu fazer isso. Não era a época ideal para intelectuais sobrecarregados pela culpa brincarem de operário de fábrica. "Hoje em dia", escreveu ela a uma ex-aluna, "é quase impossível conseguir trabalho numa fábrica sem ter uma qualificação – sobretudo quando, como é o meu caso, se trata de uma pessoa atrapalhada, lerda e sem grande força física"[40]. De todo modo, ela acabou encontrando um emprego numa fábrica – na verdade, mais de um.

---

39 PÉTREMENT, S. *Simone Weil*, p. 78.

40 WEIL, S. *Seventy letters*. Oxford: Oxford University Press, 1965, p. 10.

Weil teve alguns patrões severos, mas o que mais lhe pesava era sua própria autopercepção de inadequação e a sensação de que, tendo como função alimentar as máquinas, ela mesma estava se transformando numa coisa. Enquanto esteve empregada (pouco mais de um ano), ela sentiu o "receio de não conseguir atingir as metas de produtividade necessárias para permanecer na fábrica"[41]. Acabou descobrindo que os movimentos de seu corpo, o ritmo de sua vida interior e toda a sua vida na fábrica estavam sendo ditados pela velocidade das máquinas às quais ela estava ligada. E, em relação a isso, ela demonstrava estar muito aquém das expectativas: "Eu ainda não consigo trabalhar na velocidade que esperam de mim", escreveu poucos meses depois de ter sido contratada. As razões eram sempre as mesmas: "minha falta de familiaridade com o trabalho, minha atrapalhação inata, que é considerável, certa lentidão natural de movimentos, dores de cabeça..."[42].

Em 1936, quando foi lançado *Tempos modernos*, de Charlie Chaplin, Weil não apenas reconheceu a poderosa visão artística e a relevância das ideias filosóficas do filme; reconheceu a si mesma por inteiro naquela história: o vagabundo era ela. Ela percebeu que o filme, de uma maneira assombrosa, capturava a experiência do moderno operário de fábrica que, em vez de usar as máquinas, estava sendo usado e abusado por elas, até ser engolido vivo[43]. O pobre trabalhador tornava-se uma ferramenta à mercê de forças estranhas – a linha de produção, a fábrica, todo o sistema capitalista. Weil adorou o filme, apesar do completo desassossego que sentiu: pois o que ela via

---

41 PÉTREMENT, S. *Simone Weil*, p. 227.

42 WEIL, S. *Seventy letters*, p. 11.

43 Segundo ela, "Chaplin era o único que compreendia a condição dos trabalhadores de nossa época" (PÉTREMENT, S. *Simone Weil*, p. 267).

na tela era a repetição de sua própria angústia. Tal qual o vagabundo de Chaplin, a fábrica a transformava numa coisa. Uma simples peça na engrenagem da máquina – despersonalizada, passível de ser substituída e descartável. O que tornava sua situação particularmente dolorosa era sua inabilidade básica de adequar-se ao ritmo e às demandas da máquina da qual ela era parte. Ela não conseguia nem mesmo ser uma simples peça.

Se você imagina que alguém tão atrapalhado como Simone Weil – e, ainda por cima, uma pacifista – se absteria de pegar em armas em tempos de guerra, certamente ainda não a compreendeu. Tão logo a Guerra Civil espanhola eclodiu, em 1936, ela agarrou a oportunidade e alistou-se nas tropas republicanas em Barcelona. Sentiu que tinha o dever de lutar. Desta vez, seu jeito atrapalhado acrescentou uma pitada de humor negro ao drama. Tendo se juntado a um grupo anarquista, ela partiu rumo à linha de frente. Assim como todos os demais, Weil recebeu um rifle, mas o modo como ela o manuseava a denunciou: era tão míope e desastrada que, no momento que aquele grupo heterogêneo começou a praticar tiro ao alvo, nenhum daqueles valentes homens se atrevia a chegar minimamente perto da linha de fogo de Weil. Seu jeito atrapalhado tornava-a mais perigosa do que os atiradores de elite do general Franco. Posteriormente, ao descrever suas façanhas, ela fez pouco caso de seus medos: "Sou tão míope que não corro o risco de matar ninguém, mesmo quando atiro nas pessoas"[44].

A certa altura, enquanto ela e seus companheiros acampavam na linha de frente, o jantar estava sendo preparado. Para não terem de abandonar suas posições, os cozinheiros cavaram um buraco no

---

44 *Ibid.*, p. 279.

chão e nele instalaram um caldeirão, sobre pedaços de carvão acesos. O processo levou algum tempo, mas o método era relativamente seguro. Mas não para Weil. Quando, após um lento cozimento, o jantar estava quase pronto, míope e avoada como sempre, ela tropeçou no caldeirão que quase transbordava de óleo fervente.

Ela sofreu queimaduras graves, com uma dor que deve ter sido insuportável. Quando seus companheiros tentaram retirar a meia-calça dela, partes de sua pele estavam presas à meia[45]. Weil não tinha a menor condição de seguir lutando – se é que em algum momento teve –, e foi imediatamente mandada de volta a Barcelona. Durante o período em que esteve deitada em seu leito de hospital, a maioria de seus ex-camaradas foram mortos em combate. Ironicamente, sua impressionante atrapalhação foi o que salvou sua vida.

Corps Étranger

Quando você é desajeitado, cada contato que estabelece com o mundo material é um lembrete de que você foi trazido a ele em um estado de incompletude: alguma parte de você está faltando, teve uma formação precária ou foi projetada de modo inadequado. Você se parece com os outros e, em muitos aspectos, é semelhante a eles, à exceção do pedaço que lhe falta, que o diferencia deles, uma experiência que você vive dolorosamente sempre que tenta realizar algo usando o seu corpo. O desconforto que isso causa, e o constrangimento que isso traz consigo, influenciam muitíssimo cada aspecto de sua existência terrena.

Ser desajeitado significa nascer com um espinho, que você não é capaz de arrancar ou de ignorar. Se você consegue encontrar uma

---

45 *Ibid.*, p. 274.

maneira de viver com o espinho, ou mesmo de tornar-se amigo dele, a recompensa acaba compensando a dor. Pois quando você é incapaz de se encaixar serenamente no fluxo das coisas, e qualquer situação em que tem de lidar com o mundo lhe causa um incômodo, você se coloca numa posição exclusiva de observação do percurso tomado pelo mundo, e de seu funcionamento. A lição a ser aprendida com esta experiência é significativa: o seu jeito atrapalhado interpõe uma distância entre você e o mundo, e a profundidade desta lição provavelmente está em direta proporção com esta distância e este incômodo. Quanto mais dolorosa a situação, maior será a sua capacidade de discernimento. No limite, à medida que o espinho torna-se integrado com a sua pele, a sua compreensão terá alcançado uma proporção impressionante. Se ela não levá-lo à ruína, o tornará mais sábio do que a maioria das pessoas.

Este é um processo que merece ser analisado com mais detalhes. Ele tem início com um incômodo sentimento de inadequação: ao tentar se dedicar a uma atividade física qualquer, você descobre que seu corpo não é adequado a esta tarefa. Nossa natureza física é uma parte integral do mundo, e faz parte de nosso destino funcionarmos nele sem maiores percalços – tal como um peixe dentro d'água, como se costuma dizer. Mas, aparentemente, não é o seu caso. De alguma maneira significativa, o seu corpo continua mal-adaptado a seu ambiente. Algum tipo de fatídica incompatibilidade o coloca eternamente em um ângulo errado: você é incapaz de colocar as mãos onde deveria, ou então sua mão não se comunica com seus olhos, ou os olhos com o cérebro, você não coloca a pressão suficiente quando toca em algo, ou então pressiona-o demais, você deixa cair um objeto quando deveria segurá-lo com firmeza, ou então o segura com tanta força que o quebra; ou ainda: fracassa de algum outro modo constrangedor.

À medida que você observa os desdobramentos desta trágica incompatibilidade, passa a perceber o próprio corpo sob uma nova luz: ele parece carecer da necessária harmonia com o mundo material ao seu redor, e da harmonia entre as suas partes – cada membro parece estar percorrendo um caminho próprio. É como se o seu corpo – ou parte dele – estivesse tendo um mau comportamento, rebelando-se e proclamando sua autonomia. Deste modo, você descobre um território no interior de seu corpo, sobre o qual você quase não tem controle – uma espécie de enclave estranho: uma parte de você que, na verdade, não é você. Você certamente pode tentar treinar seu corpo, na expectativa de que conseguirá subjugar a facção rebelde, mas perceberá que nunca será plenamente bem-sucedido nesta empreitada. Você terá que acabar aprendendo a viver com o inimigo dentro de si.

O jeito atrapalhado é uma forma peculiar de fracasso: algo que, ao mesmo tempo, é seu e não é. Ele é *seu*, pois você é o responsável pelo fracasso: devido a uma precária coordenação motora, você é incapaz de realizar algo que a maioria das pessoas realiza sem maiores percalços. E, no entanto, considerando que isso ocorre por causa de uma parte sua sobre a qual você não tem total controle – na verdade, uma parte rebelde que não é você – o fracasso *não é* exatamente seu. Você sofre as consequências – vergonha, constrangimento, humilhação ou algo pior –, da mesma maneira que Weil, ao longo de toda a vida dela, sem muita responsabilidade de sua parte, pelo que está ocorrendo.

Este fracasso, que gradualmente se apossa da pessoa desastrada, e determina a sua forma de vida, não é propriamente um fracasso humano; ele pertence ao conjunto de *coisas* do mundo exterior. E é exatamente esta cruel "*coisidade*" que o torna tão perturbador, quando detectado nos seres humanos. Em sua condição de ser humano, espera-se que você apresente apenas falhas "humanas" – erros de raciocínio ou de julgamento, erros relacionados a lembranças ou aos afetos, defeitos morais, e assim por diante. Porém, ao exibir um fracasso que normalmente pertence à esfera do mundo material, uma avaria técnica, você se torna um espetáculo singular que certamente desestabilizará as pessoas. Você se torna realmente *assustador*[46]. Os outros farão de tudo para manter distância de você, e passarão a enxergá-lo como alguém "de outro mundo". Você certamente se encontra fora do mundo *deles*.

Simone Weil sabia muito bem disso: "Não sou o tipo de pessoa com quem convém se associar", ela confidenciou a uma amiga. "Em certa medida, os seres humanos sempre se deram conta disso"[47]. Sua amiga Simone Pétrement conseguiu intuir a conexão entre o jeito atrapalhado de Weil e sua natureza avoada. "Seu modo desajeitado", Pétrement escreveu, "parecia ser uma decorrência do fato de que ela não era feita do mesmo material bruto que o restante de nós"[48].

Nua e crua

Lembra-se do avião prestes a colidir devido a uma "falha nas turbinas", e as revelações que este episódio trouxe à tona? Uma experiência como esta nos permite perceber que, antes de encararmos a aniquilação, deparamo-nos com o fracasso. Assim como acontece em poucas experiências de outra natureza, o fracasso nos coloca numa posição singular para compreendermos quem somos, e qual

---

46 Em seu sentido original, a palavra significava viver na carne a experiência de um "sentimento assustador".

47 *Ibid.*, p. 472.

48 *Ibid.*, p. 29.

é nosso lugar no mundo. Acima de tudo, a experiência do fracasso nos dá a oportunidade de enxergar *nossa existência em sua condição nua e crua.* Nosso instinto de sobrevivência normalmente nos leva a considerar nossa existência no mundo como algo sólido, confiável e até mesmo indestrutível. No plano biológico, ao nascer já estamos munidos de mecanismos inatos de autoengano que nos permitem ignorar a fragilidade de nossa condição, e a grande proximidade entre nós e a não existência. Talvez o fracasso não tenha sempre o significado de uma ameaça existencial, mas alguns encontros com ele nos fazem recordar, com grande nitidez, nossa precariedade essencial. O exemplo do avião cujas turbinas pararam de funcionar em pleno voo nos mostra como é frágil a parede que nos separa do outro lado. Muitas vezes sentimos orgulho de ser criaturas nobres e espirituais, cuja materialidade é, em grande medida, irrelevante. Com a finalidade de ridicularizar nossas pretensões, talvez haja algo obscenamente materialista em qualquer "experiência de quase-morte": um equipamento avariado – uma peça gasta, um elemento defeituoso, um parafuso solto, qualquer coisa – pode ser mais do que o suficiente para colocar um ponto-final em tudo. "Aqui jaz um ex-anjo aniquilado pelo vazamento de um cano".

No entanto, mesmo que o fracasso nos empurre até as margens da existência, ridicularizando-nos ao longo do processo, ele nos dá a oportunidade de olharmos para tudo com um olhar renovado. O fracasso das coisas – nosso primeiro círculo do fracasso – interrompe nossa rotina cotidiana, nossa existência padronizada, com um solavanco. O fato de as máquinas (turbinas de aviões, carros, edifícios, computadores) apresentarem falhas quando não deveriam é intrinsecamente importante para designers, arquitetos, engenheiros ou fabricantes de modo geral. Este não é o foco de minha preocupação, aqui[49]. O que me interessa é o que ocorre para nós no momento que nos deparamos com estas falhas. Mais do que saber por que as coisas falham, interessa-me saber o que acontece àqueles que testemunharam tais falhas e foram afetados por elas.

Uma das questões mais complicadas da metafísica tradicional é a assim chamada "questão da existência". Ela é formulada do seguinte modo: "Por que existe algo, em vez do nada?". Traduzida em linguagem existencialista, esta pergunta assume uma forma mais pessoal: "Por que *eu* devo existir, em vez de não existir?". Esta pergunta é arrebatadora por pelo menos duas razões. Primeiro, por ser opressivamente pessoal: há apenas uma pessoa no mundo capaz de fazer esta pergunta, e esta pessoa sou eu. Se eu não fizer esta pergunta, ela permanecerá não formulada para sempre, o que talvez seja pior do que deixá-la sem resposta. Em segundo lugar, porque, em última instância, é uma pergunta para a qual não há resposta. Certamente posso brincar com esta ideia e tentar formular *algo*. A filosofia, a literatura, a religião e a ciência talvez possam me oferecer respostas prontas e convenientes. No entanto, continuo tendo a dolorosa consciência de que, em última análise, a pergunta "Por que eu devo existir, em vez de não existir?" não pode ser respondida com exatidão de nenhuma maneira. Ivan Karamázov – um dos filósofos mais perspicazes que jamais existiram – chamaria isso de "pergunta amaldiçoada". Ao mesmo tempo, não posso me dar ao luxo de *não formular* esta pergunta. Eu me transformo em mim mesmo no próprio processo de me questionar: "Por que *eu* devo existir, em vez de não existir?". Deixar de fazer a mim mesmo esta pergunta implicaria

---

49 Um debate interessante sobre a importância do fracasso na engenharia pode ser encontrado em: PETROSKI, H. *To engineer is human: the role of failure in successful design*. Nova York: Vintage, 1992. • PERROW, C. *Normal accidents: living with high-risk technologies*. Princeton: Princeton University Press, 2000, entre outras obras.

em privar minha existência de algo vital, que estrutura, enriquece e, por fim, atribui um sentido a ela. Há diferentes modos de formular esta pergunta: escrevendo um romance, sacrificando-me por algo maior do que eu, mostrando compaixão pelos outros. No fim das contas, o fato de esta pergunta não poder ser respondida não é determinante; a resposta se encontra no próprio ato de formular a pergunta; o resultado é que escolhemos fazer isso.

É aqui que entra o fracasso. Com efeito, ele não surge para nos oferecer uma resposta; o fracasso nunca teve a função de oferecer respostas. Em vez disso, o que ele nos oferece é um ponto de vista mais adequado, a partir do qual podemos formular esta pergunta – e isso talvez seja mais importante do que uma resposta. O fracasso é o repentino surgimento do *nada* em meio à existência. Quando vivemos uma experiência de fracasso, passamos a enxergar fissuras no tecido da existência, o *nada* que nos encara fixamente a partir do lado de lá. O fracasso revela algo fundamental sobre a condição humana: o fato de que ser humano significa caminhar por uma corda bamba sem uma rede de segurança por baixo. O menor passo em falso pode desequilibrá-lo e enviá-lo de volta ao vácuo. Como regra geral, caminhamos nesta corda bamba sob a bem-aventurada inconsciência do que estamos fazendo, como um sonâmbulo. Viver a experiência do fracasso significa despertar, subitamente, e olhar para baixo.

É exatamente este o momento que o fracasso se revela como uma bênção disfarçada. Pois é esta ameaça constantemente à espreita – o abismo sob nossos pés – que nos deveria trazer a consciência da natureza extraordinária da existência: o fato de existirmos, quando não há nenhuma razão óbvia para que isso aconteça. Tendo originado do nada, e retornando ao nada, a existência humana é um *estado de exceção*. E o fracasso, com a repentina perspectiva do *nada* que nos revela, é importante por nos ajudar, exatamente, a compreender este fato. Quando fracassamos, somos obrigados a compreender o que, exatamente, nós somos. É certo que não somos grande coisa, mas sob muitos aspectos, isso já é mais do que o suficiente. Isso porque ou você existe ou não existe; aqui não há meio-termo, não há a possibilidade de existir "mais ou menos". O mero fato de existir em um mundo na condição de um ser autoconsciente lhe dá acesso a tudo o que precisa ser conhecido em relação ao significado de ser "humano". Viemos do abismo, e é para o abismo que caminhamos; porém, simplesmente cair nele não é uma opção. Precisamos aprender, sozinhos, a *encontrar o caminho* que nos leva até ele, de modo para poder nos encontrar em meio a este processo. Termos despencado nesta existência já é ruim o suficiente, mas sair dela sem descobrir o sentido disso tudo é ainda pior. O fracasso é capaz de nos oferecer este conhecimento.

É bem verdade que este conhecimento não tem nada de lisonjeiro: você descobre a si mesmo como uma criatura do acaso, o ícone da fragilidade, uma breve centelha. Você é jogado para dentro de uma espécie de farsa cósmica, torna-se um mero joguete, uma piada ambulante. No entanto, à medida que vai adquirindo tal conhecimento, você percebe a magnitude de sua conquista: você vê a si mesmo *tal como você é*, você alcançou um estágio de nudez ontológica – e então compreende a piada. Graças à sua experiência de fracasso, você rompeu o véu dos autoenganos, das autoilusões, e dos mecanismos de autodefesa que costumam mantê-lo escondido de si mesmo. O fracasso, junto com a sensação de ameaça que ele proporciona, sacode você completamente, a ponto de nada mais poder impedi-lo de enxergar de verdade. Você se olha no espelho e reconhece a si mesmo por aquilo que é. Apesar de sua má reputação, o fracasso pode ser o mais honesto de seus amigos: ele não adula você, não lhe faz falsas promessas, não lhe vende sonhos inatingíveis. Com uma franqueza assustadora, ele desempenha uma função essencial em qualquer processo de autorrealização: o desencantamento.

A peça e a engrenagem

Quando Simone Weil tinha seis anos, durante a Primeira Guerra Mundial, ela decidiu parar de ingerir açúcar pois, conforme explicou a seus pais – deixando-os atônitos –, "os pobres soldados no *front* não tinham condições de comprá-lo"[50]. Este gesto seria sua marca registrada: se ela avaliasse que alguém de um lugar qualquer carecia de algo, ela mesma decidia passar por esta experiência de privação. Ao longo de toda a sua vida, Weil mostrou uma assombrosa capacidade de empatizar com as pessoas que sofrem, com as que vivem num estado de vulnerabilidade e com os mais pobres. Ela morava em quartos sem aquecimento central pois, segundo acreditava, os operários não tinham aquecimento em suas casas; alimentava-se de modo precário porque achava que a alimentação dos pobres também era precária. Certa vez, numa ocasião em que seu dinheiro desapareceu do quarto que ela alugava, seu único comentário foi: "A pessoa que pegou o dinheiro, seja lá quem for, certamente precisava dele"[51]. Ela não apenas vivia para os outros, como achava que tinha que morrer por eles; na Inglaterra, em seus últimos meses de vida, ela deixou de se alimentar por acreditar que os franceses sob a ocupação nazista também eram privados de alimentos.

---

50 GRAY, F. D. P. *Simone Weil*, p. 8.

51 PÉTREMENT, S. *Simone Weil*, p. 254.

Ironicamente, esta empatia era capaz de transformar Weil em uma pessoa "sem papas na língua", impaciente e até mesmo intolerante com os outros. No livro *Memórias de uma moça bem-comportada*, Simone de Beauvoir descreve seu malsucedido encontro com Simone Weil no fim da adolescência de Weil. O encontro deve ter ocorrido em 1928. "A China começava a ser devastada por uma grande fome, e me disseram que, quando ela soube deste fato, começou a chorar", recorda-se Beauvoir. "Eu a invejava por ela ter um coração que pulsava até mesmo no outro lado do mundo". Porém, ao aproximar-se de Weil, Simone de Beauvoir teve um choque. Elas mal haviam terminado as triviais conversas preliminares quando Weil anunciou, de modo incontestável, que a única coisa importante no mundo era uma "revolução que fosse capaz de alimentar todas as pessoas na Terra". Quando Simone Beauvoir fez menção de discordar dela, Weil imediatamente a interrompeu: "Dá para perceber claramente que você nunca passou fome"[52]. O encontro ficou nisso.

Não há como saber ao certo que espécie de revolução Simone Weil tinha em mente, mas ela era cada vez mais crítica à União Soviética e aos Partidos Comunistas europeus, patrocinados por Moscou. Numa época em que poucos intelectuais ocidentais de esquerda ousavam dizer algo contra o regime bolchevique, Weil expôs uma crítica notavelmente lúcida e presciente. Na opinião dela, todas as conquistas ocorridas durante a Revolução russa de 1917 foram destruídas pelo regime bolchevique que emergiu a partir da Revolução. O primeiro Estado comunista foi o coveiro da primeira

---

52 BEAUVOIR, S. *Memórias de uma moça bem-comportada*. Rio de Janeiro: Nova Fronteira, 2017.

revolução comunista[53]. A Rússia soviética, na avaliação de Weil, era governada impiedosamente por uma burocracia que tinha à sua disposição uma concentração de poderes (militar, político, judiciário e econômico) que os Estados capitalistas do Ocidente não poderiam sequer sonhar em almejar. E o que resultou disso? "Não há nenhum outro país", escreveu ela em 1934, "onde as massas de trabalhadores sejam mais infelizes, mais oprimidas e mais humilhadas do que na Rússia"[54].

À medida que Weil se familiarizava com o ambiente revolucionário na França e em outros lugares, ela se convencia de que a classe trabalhadora se sairia muito melhor *sem* uma revolução comunista. "Não é possível haver uma revolução", escreveu ela em 1935, "pois os líderes revolucionários não passam de patetas inúteis. E a revolução não é algo desejável pois eles são traidores. Conquistar uma vitória seria uma grande idiotice; e mesmo se eles de fato a conquistassem, transformariam-se novamente em opressores, como acontece na Rússia"[55].

Apesar de suas críticas à política revolucionária, ela não era uma reacionária. Sua preocupação com os trabalhadores era maior do que a de muitos de seus colegas intelectuais. Simone Pétrement recorda-se que, quando elas ainda estavam no curso secundário, Weil lhe disse, lançando um olhar terno a um grupo de trabalhadores: "O espírito de justiça não é a única coisa que me faz amar estas pessoas.

---

53 "A Revolução Russa", Weil escreve, "evoluiu mais ou menos como a Revolução Francesa: a necessidade de pegar em armas para combater um inimigo interno e externo... resultou na morte dos melhores elementos, e obrigou o país a render-se a uma ditadura burocrática, militar e policial que de socialista ou de comunista tem apenas o nome" (PÉTREMENT, S. *Simone Weil*, p. 201).

54 *Ibid.*, p. 201.

55 *Ibid.*, p. 246.

Eu as amo naturalmente. Para mim, estas pessoas são mais belas do que os burgueses"[56]. A culpa associada aos privilégios de classe havia contribuído para um sentimento de solidariedade da esquerda de várias gerações de intelectuais de classe média no Ocidente, e Weil compartilhava de tal sentimento. Uma trabalhadora que teve a chance de conhecê-la melhor relata suas recordações:

> Ela queria conhecer nossa profunda infelicidade. Queria libertar o trabalhador. Esta era sua meta de vida. Eu dizia a ela: "Mas você é filha de pessoas ricas". Ela respondia: "Este foi o meu azar. Eu queria ter sido filha de pais pobres"[57].

No entanto, tratava-se de algo que ia muito além da culpa associada a privilégios de classe. Ao perceber que a política revolucionária não ajudaria a classe trabalhadora, e que os líderes revolucionários eram corruptos ou incompetentes, ou ambos, Weil convenceu-se de que os trabalhadores deveriam se virar sozinhos. Revoluções criam burocracias, e "a burocracia *sempre* acaba traindo as pessoas", disse ela. Se os intelectuais realmente desejam compreender e ajudar os trabalhadores, o caminho significativo que eles podem trilhar é trabalhar ao lado deles, compartilhar da fome que eles passam, sentir suas dores, permitirem-se ser destruídos junto com eles.

A decisão de Weil de tornar-se uma operária não qualificada numa fábrica foi motivada pela mesma empatia fundamental em relação aos pobres que sempre marcou toda a sua vida. Sua esperança era que, ao trabalhar e viver feito um "burro de carga", pudesse viver uma experiência nua e crua, do modo mais cruel que fosse possível. E ali, naquele contexto, ela acabou encontrando mais do que poderia esperar.

---

56 *Ibid.*, p. 43.
57 FIORI, G. *Simone Weil*, p. 58.

Poucos meses após o início de sua vida de operária, em janeiro de 1935, ela escreveu a uma amiga: "Não é que esta experiência tenha mudado alguma opinião minha (pelo contrário, ela só fez confirmar muitas delas), mas mudou infinitamente mais – ela mudou toda a minha perspectiva sobre as coisas, e até mesmo meus próprios sentimentos em relação à vida"[58]. Após *l'année d'usine* ("o ano da fábrica"), tudo mudaria na vida de Weil. Ela sairia transformada daquele ambiente. "Eu vou me reencontrar com a alegria, no futuro", ela acrescentou, "mas sinto hoje uma certa leveza no coração que, me parece, nunca mais conseguirei sentir"[59].

A realidade social abriu-se de modo escancarado para Weil, que conseguia agora enxergar através da superficialidade do discurso revolucionário. Enquanto tentava alcançar as impossíveis metas de produtividade no trabalho, tendo de lidar com chefes autoritários e a enxaqueca que a debilitava, ela deu-se conta de que os líderes da revolução bolchevique que sustentavam um discurso tão imponente em nome do proletariado não tinham a menor ideia do que estavam falando. Visto da perspectiva do trabalhador da linha de produção, todo aquele discurso soava como embuste e como demagogia. A sensação dela agora era a de que não havia a menor diferença entre os líderes comunistas e os políticos burgueses que eles tentavam derrubar do poder:

> Quando me lembro que os grandes líderes bolcheviques tinham como proposta a criação de uma classe trabalhadora *livre* e que, sem dúvida, nenhum deles – Trotsky certamente não, e também creio que Lênin tampouco – jamais havia colocado os pés numa fábrica, de modo que

---

58 WEIL, S. *Seventy letters*, p. 15.
59 *Ibid.*

eles não tinham a mais pálida ideia das verdadeiras condições capazes de criar a servidão ou proporcionar liberdade aos trabalhadores –, bem, a política me passa a impressão de ser uma farsa sinistra [*une sinistre rigolade*][60].

A descoberta mais significativa de Weil na fábrica foi o ambiente de completa desumanização em que vive o operário da linha de produção. Em abril de 1935, numa carta enviada a Boris Souvarine, ela reproduz algo que lhe fora dito por uma operária que trabalhava numa esteira rolante: "passados alguns anos, ou até mesmo depois de um ano, a pessoa não sofre mais, ela permanece numa espécie de estupor". Weil considerava aquilo intolerável. "Este me parece ser o nível mais baixo de degradação"[61]. Embora ela mesma não passasse um tempo suficiente na fábrica para poder chegar àquele estágio, ela não tinha a menor dificuldade de colocar-se no lugar de seus colegas de trabalho.

Foi a sua empatia pelos colegas que a ajudou a sobreviver àquele ano complicado. Sua necessidade básica de *compreender* dava algum sentido àquilo que, em outras circunstâncias, provavelmente não teria o menor sentido. "Não sinto como se eu estive sofrendo, sinto que os trabalhadores é que estão sofrendo", escreveu na carta enviada a Souvarine. "O que prevalece, certamente, é o desejo de conhecer e de compreender"[62]. "Prometi a mim mesma", escreveu ela numa outra carta, "que eu não desistiria antes de aprender como viver uma vida de operária sem perder meu senso de dignidade humana. E mantive minha palavra"[63].

---

60 *Ibid.*

61 *Ibid.*, p. 18.

62 *Ibid.*

63 *Ibid.*, p. 30.

L'année d'usine deu a Weil a possibilidade de fazer uma análise perspicaz do que acontece aos seres humanos numa situação em que são reduzidos a uma peça da engrenagem. "Nada é mais paralisante ao pensamento", escreveu ela em 1936, "do que a sensação de inferioridade que está necessariamente contida na agressão diária causada pela pobreza, pela subordinação e pela dependência"[64]. Quando acontece de lhe atribuírem a função de uma peça, você acaba se transformando numa peça, não apenas aos olhos dos outros, mas também aos seus. Ela acabou descobrindo que a coisa mais difícil de manter, numa fábrica, é o senso de dignidade humana; neste lugar, tudo conspira para mantê-lo em "um estado de apatia sub-humana"[65]. Assim que você se rende a esse estado, qualquer coisa poderá ser feita com você: você deixa de ser uma pessoa, e passa a ser um objeto – fica à mercê dos outros.

Ao fazer uma síntese de sua experiência na fábrica, Weil destacou duas "lições" importantes que aprendeu ali. A primeira delas, "a mais amarga e menos esperada" é que a opressão, quando ultrapassa "certo grau de intensidade", não causa "revolta; pelo contrário, cria uma tendência quase irresistível à mais completa submissão". A segunda lição é que "a humanidade está dividida em duas categorias: aqueles que valem alguma coisa [e os que] "não valem nada"[66]. Estas duas lições a acompanhariam pelo resto da vida.

Com novos olhos

Quando nos deparamos com o fracasso das coisas, obtemos um benefício adicional. Quando você vive uma experiencia como esta,

---

64 *Ibid*., p. 24.
65 *Ibid*., p. 30.
66 *Ibid*., p. 35.

além de *você* se sentir destruído, o mesmo acontece com todo o universo ao seu redor. O fracasso revela não apenas o *nada* que tudo permeia, e que contrasta com a definição da sua existência, mas também uma escassez de existência no próprio mundo. Quando algo próximo a você entra em colapso, primeiro você coloca em questão aquilo que apresenta defeitos, mas logo na sequência você começa a se questionar sobre a solidez das coisas de modo geral. Você passa a suspeitar – e com razão – que as coisas talvez estejam ocultando em si mesmas um *nada* ainda maior. E, de repente, o mundo revela-se sob uma luz diferente. Ele agora apresenta uma nova e complexa faceta, que lhe foi revelada por meio do fracasso. Você retrocede um passo, e passa lidar com o mundo em estado de plena atenção.

Muitas vezes, damo-nos conta da presença de um objeto somente quando ele quebra ou deixa de funcionar. Nosso computador, nossa impressora ou cafeteira já foram incorporadas à nossa rotina cotidiana a ponto de não os percebermos mais – até que um deles para de funcionar. Em certo sentido, é somente quando eles deixam de funcionar que passam a existir para nós, e realmente os enxergamos completamente; eles se tornam visíveis no momento que, em alguma medida, o *nada* – ou a não existência – se infiltra neles. Enquanto estiver usando normalmente seu carro para o deslocamento de um lugar a outro, você não prestará muita atenção ao carro em si; gradualmente, à medida que ele funciona como deveria, você o enxerga cada vez menos. Mas no momento que apresenta uma pane no meio da rua, de repente ele adquire uma presença intensa. Não há como *deixar* de percebê-lo, agora: ali está ele, uma imponente pilha feita de aço e outros materiais, visivelmente imóvel. Muito semelhante ao martelo de Heidegger, só que numa escala muito maior e mais incômoda. As falhas e o fracasso[67] desestabilizam – eles espanam a poeira das coisas, deixando-as expostas tal qual elas são.

Prestaríamos cada vez menos atenção a um mundo em que tudo funciona perfeitamente. Quando nada de incomum acontece e nada se quebra, um véu de familiaridade, cada vez mais espesso, é estendido sobre o mundo externo, e então nos tornamos cegos a ele. Fazemos uso deste ou daquele objeto, praticamos uma ação ou outra e, quando nos damos conta, toda a nossa vida se transformou numa *rotina* – ou seja, partes dela se atrofiaram e morreram. Isso, em si, não é um problema. É isso o que a vida normalmente faz: ela se encaixa em padrões, permitindo a si mesma uma atrofia parcial, para que possa sobreviver como um todo. Porém, se isso perdura por um longo tempo, a rotina toma conta, e a vida passa então a ser nada mais do que um exercício programado; nenhuma mudança de ritmo ou variação, apenas uma estação infinita. Quando você morre, você mal se dá conta disso, pois já estava morto há algum tempo.

Em outras palavras, se há algo pior do que o fracasso, é a ausência de fracasso. O fracasso nos atormenta, e, ao fazê-lo, coloca-nos em contato com a realidade, por mais cruel e doloroso que este contato possa ser. O fracasso chega acompanhado de um grau de imediatismo que devolve a sobriedade até mesmo à pessoa mais embriagada dentre nós. Podemos passar repetidas vezes por esta experiência de fracasso, mas ele sempre dará um jeito de revelar-se como novidade. "O fracasso, quando se repete, sempre parece renovado; ao passo que o sucesso, quando se multiplica, torna-se totalmente desinteressante, perde todo o atrativo", escreve Cioran[68]. O fracasso nos dá

---

67 *Failure*, até aqui traduzido como fracasso, também tem as acepções de falha, deficiência ou falência [N.T.].

68 CIORAN, E.M. *Do inconveniente de ter nascido*. Lisboa: Letra Livre, 2010.

novos olhos. O mundo nasce novamente para o indivíduo que passou pela experiência do fracasso. Convicções são abaladas, certezas são extintas, verdades respeitadas caem em desgraça – o biombo das etiquetas convenientes, das convenções gastas, das teorias prontas, por meio das quais estamos acostumados a encarar o mundo, é subitamente destruído. Por um breve instante, antes de darmos início à construção de um novo biombo – como sempre fazemos –, vivemos a experiência de um mundo totalmente novo.

Com o fracasso, o mundo se abre para nós, revelando alguns de seus segredos. O fracasso nos dá uma percepção aguda e uma clareza de visão que nos permitem perceber a nudez das coisas. Num mundo sem fracassos, deixaríamos de ter acesso ao real; olharíamos de modo distraído para algo que foi registrado em algum momento do passado e então o repetiríamos infinitas vezes, diante de nossos olhos inertes. Um mundo como este não seria mais real, e nós tampouco.

"Eu, uma escrava..."

À medida que Simone Weil processava o significado de sua experiência na fábrica, ela começou a usar uma nova palavra para descrevê-la: *escravidão*. Ao observar a "completa submissão", a "apatia sub-humana" e a crescente alienação dos operários, ela não poderia ter encontrado um melhor termo, para designá-los, do que "escravos". Tendo como ponto de partida seu estudo sobre o mundo clássico, Weil sabia o que significava para um ser humano pertencer a um outro alguém, e ela considerava o operário moderno uma réplica perfeita do antigo escravo. Além da degradação social, que sempre caracterizou o escravo, o trabalhador da fábrica foi reduzido a uma entidade não pensante. A "ausência de pensamento" que se exigia do operário era "indispensável aos escravos do maquinário moderno"[69]. Por fim, a escravidão é o território da "aflição" (*malheur*), o que, na visão de Weil, é "algo muito diferente do sofrimento puro e simples (*souffrance*). Conforme Weil escreveria no livro *Espera de Deus*, a aflição se apodera da alma e deixa nela gravado uma profunda marca, a marca da escravidão"[70]. Pelo resto de sua vida, "aflição" seria um termo central para a compreensão de si mesma, do funcionamento da história e do próprio mundo.

Na condição de uma operária de fábrica, Weil tornou-se, ela mesma, uma escrava. Já na fase final de sua experiência como operária, ela internalizou a condição de escrava a tal ponto que era capaz de enxergar o mundo através dos olhos de uma pessoa escravizada, de sentir o que o escravizado sentia, e de dizer as coisas que o escravizado costumava dizer: "Como é possível que eu, uma escrava, embarque neste ônibus, pagando 12 soldos[71], assim como todos os outros?", ela se perguntou certa vez, com toda seriedade, ao embarcar no ônibus rumo à fábrica. "Que favor extraordinário! Se eles tivessem me arrancado do ônibus à força... acho que esse gesto teria parecido completamente natural para mim. A escravidão fez com que eu perdesse completamente a sensação de ter direitos"[72].

Quando *l'année d'usine* terminou, Weil se sentia arruinada e devastada, porém renovada. Na carta enviada a uma amiga, em outubro de 1935, logo depois do período como operária na fábrica, e referindo-se a ele como "aqueles meses de escravidão" (*ces mois d'esclavage*), Weil comentou que encarava aquela experiência como

---

69 PÉTREMENT, S. *Simone Weil*, p. 235.

70 WEIL, S. *Espera de Deus*. Petrópolis: Vozes, 2019.

71 Antiga moeda francesa, equivalente à vigésima parte de um franco, moeda em vigor na França até a implantação do euro, em 2002 [N.T.].

72 PÉTREMENT, S. *Simone Weil*, p. 242.

um presente. Ter trabalhado feito escrava naquelas máquinas lhe permitiu "testar a mim mesma e tocar com minhas próprias mãos as coisas que até então eu só conseguia imaginar"[73]. Em outra carta, Weil faz uma confissão impressionante: "Eu tinha a impressão de ter nascido para aguardar, receber e cumprir ordens – e que eu nunca havia feito ou jamais faria qualquer outra coisa"[74].

Weil descreve aqui os procedimentos rotineiros do trabalho na fábrica, mas algo mais profundo e mais significativo parece estar vindo à tona. Trata-se da voz de *uma nova Simone Weil* – a mística, a visionária, a pensadora religiosa profundamente herética –, que emergiu a partir de sua experiência com a aflição. É na condição de escrava que ela se degradou, mas foi também como escrava que alcançaria a redenção. Graças a uma mudança rápida e espetacular, Weil virou a escravidão pelo avesso, e nela encontrou a glória.

"Como isso pode acontecer?", você poderá perguntar. Conforme Weil acabou constatando, a escravidão nos dá acesso direto à humildade absoluta e redentora. "Não há humildade maior do que ter de esperar pacientemente, em silêncio", escreveu ela num de seus cadernos. "Esta é a postura do escravo sempre a postos, pronto para cumprir ordens de seu patrão, ou então para não receber ordem alguma"[75]. Portanto, ao ponderar e internalizar os significados de escravidão, aflição e humildade, Weil deparou-se com a ideia cristã central: quando encarnou, Jesus Cristo assumiu "a forma de um escravo" (*morphé doulou*), conforme nos mostra São Paulo (Fl 2,7). Weil decidiu trabalhar na fábrica para saber mais sobre as condições

---

73 WEIL, S. *Seventy letters*, p. 19-20.

74 *Ibid.*, p. 22.

75 WEIL, S. *First and last notebooks*. Oxford: Oxford University Press, 1970, p. 101.

sociais do trabalhador moderno no capitalismo. Em vez disso, ela encontrou Jesus Cristo.

Weil foi criada num lar judaico secular; no entanto, na fábrica ela começou a fazer um uso liberal de conceitos, imagens e símbolos cristãos que lhe permitissem dar um sentido à experiência que estava vivendo[76]. O primeiro deles foi a própria aflição, que descreve tanto a condição de escravidão quanto a experiência cristã. Em sua "Autobiografia espiritual" (incluída no livro *Espera de Deus*), ela relata o modo como "a aflição das outras pessoas penetrou minha carne e minha alma". Com a infinita empatia que sentia pelos oprimidos, ela sentia o sofrimento que a cercava como se fosse o dela. Foi assim que ela foi marcada com *la marque de l'esclavage* ("a marca da escravidão"), que ela compara "à marca com ferro em brasa que os romanos deixavam nas testas de seus escravos mais desprezíveis". Também foi o modo pelo qual ela se converteu. Ela escreveu: "Desde então, sempre me considerei uma escrava"[77].

Uma intensa experiência religiosa ratificou esta transformação. Certa vez, num vilarejo de pescadores em Portugal, ela testemunhou uma procissão de esposas de pescadores. Caminhando ao redor dos barcos ali ancorados, elas cantavam um "hino que continha uma tristeza de partir o coração". Diante daquela cena, Weil ficou paralisada. Ali mesmo, "de repente nasceu em mim a convicção de que o cristianismo é, acima de tudo, a religião dos escravos, de que é impossível para os escravos – dentre os quais eu

---

76 "Eu, particularmente, não sou católica", ela reconhecia, mas "considero que as ideias cristãs, que têm raízes no pensamento grego e... serviram de sustentação para toda a nossa civilização europeia, como algo a que não se pode renunciar sem se degradar" (PÉTREMENT, S. *Simone Weil*, p. 290).

77 *Ibid.*

me incluo – não pertencer a ela"[78]. Mesmo que pelas razões erradas, Nietzsche tinha razão.

A perfeição é superestimada

Em grande medida, é necessário, para nós, que as coisas funcionem direito – que elas sejam previsíveis e confiáveis. Cairíamos em desespero se um número excessivo de pessoas deixasse de fazer seus trabalhos. Um mundo no qual as coisas desempenham suas funções é um lugar acolhedor. O que o torna acolhedor é justamente a sua confiabilidade e sua previsibilidade. Há um ponto, contudo, além do qual esta mesma impecabilidade começa a criar uma grave forma de alienação. Isso porque quando as coisas funcionam de modo impecável, sem atritos, cada vez menos vai sendo exigido de nós. No longo prazo, esta ausência de esforço causará a nossa destruição. Não se trata do mero fato de que nos tornamos cada vez mais supérfluos (o que em si já é ruim o suficiente), mas de que vamos nos tornando cada vez mais *parecidos com as próprias coisas*. Em um nível inconsciente, começamos a copiá-las. Tornamo-nos tão previsíveis quanto as coisas, e o mesmo acontece em relação à inércia fundamental delas. Quando estamos próximos de algo cujos padrões nunca são alterados, também acabamos nos movimentando rumo a uma existência rigidamente padronizada. No limite, se nada muda no sentido de demandar nossa atenção, torna-se impossível nos distinguir destas coisas, e acabamos nos perdendo em meio a elas. Um lugar acolhedor é admirável, mas, quando ele é acolhedor demais, torna-se hostil.

A partir do início da Revolução Industrial, gerações de operários declararam "morte às máquinas", chegando às vezes ao ponto

---

78 *Ibid.*

de destruí-las ou incendiá-las, como ocorreu com os ludistas da Inglaterra do século XIX. A explicação que geralmente é oferecida é, ao mesmo tempo, simples e simplista: temendo uma concorrência desleal com as máquinas, os trabalhadores as paralisaram. Mas esta não pode ser a única explicação. Afinal, as máquinas ainda precisavam de humanos que as operassem. A reação dos operários deve ter tido alguma relação com a experiência daquelas pessoas, que trabalhavam naquelas máquinas em jornadas terrivelmente extensas.

No auge de seu desempenho, uma máquina repete os mesmos movimentos, impecavelmente, *ad infinitum*. Porém, tal perfeição é absolutamente desumana, e a necessidade de adequar-se a ela é uma experiência profundamente perturbadora. A máquina tem uma existência padronizada no nível mais opressor. Um operário que manipula uma esteira rolante passa dias, anos, sua vida inteira, numa "espécie de estupor". Ele *se transforma* na esteira rolante. Numa cena reveladora de *Metropolis*, de Fritz Lang (de 1927), ocorre um conflito entre máquinas impecáveis e os operários "demasiadamente humanos", que chega ao paroxismo quando eles são obrigados a curvar-se diante das máquinas e, com isso, tornam-se mais semelhantes às máquinas. No fim, os operários, não suportando mais, rebelam-se. O gesto deles é profundamente humano, é o contrário do comportamento característico da máquina – as máquinas nunca se rebelam. Assim que os operários terminam de destruir toda a operação, eles dançam e comemoram. Tornam-se, de novo, plenamente humanos – embora mais pobres e correndo mais riscos, levando vidas mais precárias do que nunca.

A alienação física causada pela impecabilidade mecânica, por pior que seja, não é a pior coisa que enfrentamos. Se tudo continuar funcionando sem a menor falha, e nada nos desafiar a pensar e a agir, uma certa forma de degradação mental se instalará. A palavra que geralmente empregamos para uma situação dessas – estultificação – tem origem no latim *stultus* (idiota, tolo). Nosso pensamento racional não chegou até nós *ex nihilo*, tendo surgido do nada; ele nasceu e evoluiu a fim de nos ajudar a lidar com as exigências da vida. Com o tempo, passamos também a empregá-lo para o raciocínio abstrato. Hoje, construímos sistemas metafísicos e projetamos complexos modelos matemáticos, mas durante um longo período da história humana o pensamento racional consistiu em algo mais prático, uma ferramenta de adaptação que ajudava os humanos a sobreviver. Como a inteligência não é algo estático, mas um processo, ela permanece viva apenas quando a mantemos em movimento, o que acontece sempre que reagimos a um desafio. No entanto, algo que funciona de modo impecável provavelmente não nos colocará diante de nenhum desafio. Esta autossuficiência, em si, pode até ser digna de reverência e admiração, e esplêndida em sua perfeição, mas ela exclui a maioria de nós. No que diz respeito ao conforto da vida cotidiana, os benefícios são impressionantes; do ponto de vista econômico, este arranjo não poderia ser mais lucrativo. Porém, no longo prazo, o custo humano pode nos levar à ruína[79].

O uso que fazemos das máquinas sempre envolveu um paradoxo. Nós as inventamos para que elas resolvam dificuldades e tornem nossa vida mais confortável – o que elas realmente fazem, mas acabam criando novas dificuldades. Para resolver estas, inventamos novas máquinas, que criam ainda mais problemas. Por fim, criamos

---

[79] Um debate muito interessante sobre este tópico pode ser encontrado em Frischmann, Brett M. e Selinger, Evan, *Re-Engineering Humanity* (Cambridge: Cambridge University Press, 2018). Um ponto de vista diferente é apresentado por Taylor, Mark C. em *Intervolution: Smart Bodies Smart Things* (Nova York: Columbia University Press, 2020).

tantas máquinas a fim de solucionar uma quantidade tão grande de problemas, que acabamos trabalhando *para elas* em tempo integral. O papel essencial do trabalhador moderno parece ser o de alimentar as máquinas. *Tempos modernos*, de Chaplin, retrata este paradoxo de modo brilhante: numa das primeiras cenas do filme, os trabalhadores posicionados ao longo da linha de montagem são os obedientes servos. Ao longo de todo o dia, a tarefa deles é certificarem-se de que as máquinas estão sendo alimentadas, e eles não deixam despercebido um movimento sequer. Ao fazê-lo, os trabalhadores reproduzem os movimentos e o ritmo das máquinas; a tal ponto que acabam tornando-se extensões das próprias máquinas. Para evitar o desperdício de um tempo precioso durante as minguadas refeições na hora do almoço dos funcionários, a gerência considera a adoção de uma máquina especial de fornecimento de alimentos, que de um modo mecânico colocaria o alimento em suas bocas, ao mesmo tempo em que eles continuariam a operar as máquinas. O personagem de Chaplin, o vagabundo, é usado de cobaia. O experimento não transcorre conforme o planejado, o que enlouquece o vagabundo. Como espectadores, damos sonoras gargalhadas, mas apenas para esconder as lágrimas, pois o que vemos retratada na tela é a nossa própria desumanização.

Isso aconteceu há quase um século. Hoje, na era da automação generalizada e da inteligência artificial, o problema ganhou um novo e doloroso senso de urgência. Entregamos nosso trabalho a máquinas que funcionam praticamente sozinhas, e também sacrificamos uma parte importante de nossa vida. São elas que nos dizem o que comprar, com quem namorar, o que devemos ouvir, e são a fonte das notícias que recebemos. E, com exceção de um punhado de especialistas envolvidos com sua programação, elas não precisam de nós. As máquinas compõem um mundo à parte. Elas alimentam e mantêm a si mesmas – chegam a ensinar a si próprias, aprendendo com os erros cometidos por elas e por nós. Livres da dura labuta e de preocupações, deveríamos enfim estar satisfeitos, "saindo para caçar pela manhã, pescar à tarde e pastorear à noite", conforme Karl Marx idealizou a sociedade comunista. Porém, ainda estamos longe da felicidade. Não conseguimos mais ficar longe das máquinas que nos possibilitam tudo isso. As máquinas (desde o computador pessoal e o smartphone até a própria internet) invadiram nossa vida de uma maneira tão intensa que se, por alguma razão, somos separados delas, deixamos de ser nós mesmos. A nossa alienação já é completa.

Nosso estado de desamparo é hoje mais significativo do que antes do advento das máquinas. E não é só isso: ao nos rendermos a elas, deixamos de praticar algumas habilidades importantes, perdemos parte de nossa perspicácia mental, ou então desaprendemos a usar algumas ferramentas simples, porém complicadas. Pior que isso: *alteramos* a nós mesmos. Nossa extrema dependência em relação à automação e à inteligência artificial está não apenas aumentando cada vez mais a nossa dependência de coisas sobre as quais temos limitado controle; está realmente nos tornando mais estúpidos. Cercados de objetos que trabalham de modo independente, resta-nos pouca coisa que nos desafie a pensar. E quando o raciocínio deixa de ser exigido, ele atrofia e morre.

O ato de pensar morre como um cão abusado: faminto e maltratado, só pele e osso e, ainda assim, absurdamente leal a seus abusadores, até o último suspiro. À medida que nos apegamos cada vez mais a nossas máquinas, começamos involuntariamente a imitá-las. Por fim, para que não sejamos superados por elas, nossa tendência será criar uma nova "personalidade de máquina", que, no mundo ideal, deverá atender aos mandamentos das máquinas: não faça digressões desnecessárias, como os humanos costumam fazer, vá "direto ao ponto"; não desperdice tempo nem faça coisas inúteis – máquinas não fazem nada que seja considerado inútil; não empregue uma linguagem ambígua – máquinas não fazem isso; e, acima de tudo, livre-se do humor – máquinas não riem, elas não têm motivo para isso. Por fim, se convivermos um tempo suficiente com elas, acabaremos tão bem-lubrificados, disciplinados e eficientes quanto as próprias máquinas. *Human automata*. Se as máquinas não fossem estes objetos irracionais que conhecemos, talvez ficassem constrangidas com nossa excessiva bajulação; mas, por ser o que são, elas não ligam para isso.

A ironia suprema disso, claro, é que quando uma ferramenta é totalmente automatizada, trata-se de uma proeza da engenharia e uma demonstração de inteligência. Quando um ser humano é automatizado, ele se transforma na estupidez encarnada. A inteligência artificial cria a forma mais elevada de imbecilização.

Somente um deus – ou então o presente que nos é proporcionado pelo fracasso – é capaz de nos salvar, hoje.

Herética

Ao ingressar na fábrica, Simone Weil era uma erudita determinada a compreender a condição do trabalhador moderno; ao deixá-la, uma mística em sua plenitude. Mas – e no caso de Weil há sempre um *mas* – não necessariamente uma mística cristã. Embora simpatizasse com as "ideias católicas" e apesar de ter descoberto Jesus Cristo na fábrica, até o fim de sua vida ela alimentaria sérias dúvidas sobre o cristianismo como religião. Weil nunca se batizou.

"Sou tão próxima do catolicismo quanto é possível... sem ser católica", ela dizia, brincando[80].

Logo depois de ter descoberto Jesus Cristo, Weil se tornou uma herética. Seu livro *Carta a um religioso*, em que ela faz uma série de perguntas a um frade dominicano, Édouard Couturier, sobre algumas de suas ressalvas filosóficas em relação ao cristianismo, é um manifesto herético como poucos, que mostra com muita clareza por que ela jamais seria capaz de tornar-se uma fiel da Igreja Católica – aliás, de nenhuma outra igreja. Para início de conversa, ela não aceitava a ideia de que Jesus Cristo era a única encarnação de Deus: "não podemos ter certeza", escreveu ela, "de que não houve outras encarnações antes da de Jesus, e que Osíris, no Egito, e Krishna, na Índia não se incluíam entre elas"[81]. Rejeitando os ensinamentos da Igreja sobre o caráter exclusivo da encarnação, Weil postula que Cristo se faz presente neste mundo "onde quer que haja crimes e aflições"[82], o que tornaria a sua presença mais disseminada do que até mesmo os missionários cristãos mais ousados poderiam imaginar: "Aquele que é capaz de um gesto de pura compaixão diante de uma pessoa aflita", escreveu ela, "tem dentro de si, talvez de modo implícito, – mas para sempre, na verdade – o amor de Deus e a fé"[83]. Na visão de Weil, um bom pagão está mais apto a receber as graças de Cristo do que um cristão medíocre, pois "Ele não salva todos aqueles que lhe dizem 'Senhor, Senhor'". Cristo salva antes aqueles que "com um coração puro oferecem um pedaço de pão a um homem faminto, sem pensar n'Ele por um único instante"[84].

---

80 PÉTREMENT, S. *Simone Weil*, p.394.

81 WEIL, S. *Carta a um religioso*. Petrópolis: Vozes, 2016.

82 *Ibid.*

83 *Ibid.*

84 *Ibid.*

O ecumenismo de Weil não é político ou diplomático, mas filosófico: "as várias tradições religiosas autênticas são diferentes reflexos da mesma verdade, e possivelmente igualmente preciosas"[85]. Para ela, o espírito do cristianismo já existia muito antes de Cristo, da mesma forma que ele se manifesta em lugares aos quais a Igreja ainda não teve acesso. Este fato diminuiria significativamente a relevância da Igreja, mas esta deve ter sido a menor de suas preocupações. Em outro trecho da *Carta*, ela faz sérias acusações à Igreja (o que o pobre Frade Couturier terá feito para merecer isso?). A origem dos males da Igreja reside no fato de ela ser uma "instituição", uma mera criação humana, que compartilha dos pecados de todos os sistemas humanos: corrupção, cobiça, injustiça, imoralidade. Neste caso específico, o pecado original da Igreja está em sua dupla origem no mundo antigo. "Israel e Roma deixaram suas marcas no cristianismo", Weil escreveu. Israel, "por fazer com que o Velho Testamento fosse aceito como um livro sagrado", e Roma "por transformá-lo na religião oficial do Império Romano, algo que Hitler sonha em fazer"[86].

Ao ler a Bíblia hebraica, Weil ficou horrorizada com as inúmeras atrocidades cometidas a pedido de Yahweh: "Acreditar que Deus pode ordenar aos homens que cometam atrocidades injustas e cruéis é o maior erro que se poderia cometer em relação a Ele"[87]. Para Weil, no que diz respeito a Deus, os judeus antigos entenderam tudo errado. Eles concebiam Yahweh à sua própria imagem e semelhança, e considerando que "o que eles desejavam

---

85 "Na prática", escreveu ela, "místicos pertencentes a quase todas as tradições religiosas convergem, na medida em que mal se pode distingui-los. Eles representam a verdade de cada uma destas tradições" (*Ibid.*).

86 *Ibid.*

87 *Ibid.*

era o poder"[88], o resultado disso foi um Deus com sede de sangue, vingativo e desequilibrado. "Jeová fez a Israel as mesmas promessas que o Demônio fez a Cristo", anotou ela em seus *Cadernos*[89]. Ao que parece, Weil não percebeu – ou não se importou com isso – que, na mesma época em que ela escrevia estas linhas, Hitler apresentava argumentos semelhantes antes de despachá-los para as câmaras de gás.

Com o Império Romano, as coisas não foram muito melhores. Aquele foi, escreve ela na *Carta*, "um regime totalitário e excessivamente materialista, fundado com base na exclusiva veneração ao Estado, assim como o nazismo"[90]. Tendo criado um completo caos em todo o mundo mediterrâneo, desenraizando grandes civilizações e modos de vida, e reprimindo dissidências de todos os tipos, os romanos adotaram o cristianismo apenas para usá-lo em prol de seus próprios objetivos; eles traíram o Evangelho de Cristo assim que fundaram sua Igreja. Nas mãos dos romanos, a Igreja tornou-se um assunto mundano, o comércio profano de advogados e políticos. Seu espírito rígido e disciplinador impregnou o catolicismo a tal ponto que nem sequer seus representantes mais refinados, como Tomás de Aquino, eram capazes de evitá-lo. "A concepção tomista de fé", escreveu Weil, "implica um totalitarismo tão repressor quanto o de Hitler, talvez até maior"[91]. Pobre Frade Couturier!

A busca do poder mundano levou o cristianismo a uma crise que dura praticamente desde sua fundação. Praticamente desde o seu surgimento, a Igreja "sofre de um mal-estar intelectual", conclui Weil. Isso se deve ao fato de ela "ter concebido seu poder de

---

88 *Ibid.*

89 WEIL, S. *First and last notebooks*, p. 100.

90 WEIL, S. *Carta a um religioso. Op. cit.*

91 *Ibid.*

jurisdição e, particularmente, o uso da fórmula *anathema sit*"[92]. O indivíduo que não aceita de modo incondicional os ensinamentos e a disciplina da Igreja não tem nenhum valor, e deve esperar pelo pior. Weil considerava isso intolerável. A obsessão insana com a disciplina, o entusiasmo com a prática de exclusão, e a expectativa de completa submissão da parte dos fiéis transformaram a Igreja de Cristo numa "burocracia" política. Weil não conseguia perdoar a Igreja, não apenas por tudo que ela fez, mas também pelo que ela era.

Tendo apresentado suas opiniões sobre os principais defeitos da Igreja, Weil passou a mostrar de que modo ela gostaria de vê-la reformada. A essa altura, Frade Couturier já devia estar escandalizado, mas o que ele leria na sequência era ainda mais perturbador. Apesar de toda a corrupção em que a Igreja se envolveu ao longo dos séculos, argumenta Weil, havia algo de incorruptível no âmago desta instituição: o sacrifício sobre o qual ela foi fundada. "Não é a Igreja que é perfeita; perfeitos são o corpo e sangue de Cristo nos altares"[93]. O mais importante em relação a Cristo não é a sua ressurreição, como acredita a maioria dos cristãos, mas sua crucificação. Se a história dele tivesse terminado aqui, Weil não poderia estar mais satisfeita. "Quando reflito sobre a Crucificação", escreveu ela num outro texto, "eu cometo o pecado da inveja"[94]. O que interessava a ela era o sofrimento, a aflição e a agonia de Cristo, não a sua glória. "A cruz causa em mim o mesmo efeito que a ressurreição causa nas demais pessoas"[95]. O que Weil buscava não era alívio, mas uma dor ainda mais intensa. Uma angústia infinita.

---

92 *Ibid.*
93 *Ibid.*
94 GRAY, F. D. P. *Simone Weil*, p. 217.
95 WEIL, S. *Carta a um religioso.*

Tanto na *Carta* quanto em outros escritos, ela propõe alguns possíveis reparos. O mais importante deles seria a remoção das raízes tóxicas do cristianismo: uma Igreja que não contivesse ingredientes judaicos e romanos era não apenas algo desejável, como factível. Antes da conquista romana, reflete Weil, as várias nações que ocupavam o Mediterrâneo e o Oriente Próximo compunham uma civilização superior, cuja natureza era profundamente espiritual e filosófica:

> Um único pensamento povoava as melhores mentes e era transmitido de várias formas pelos mistérios e nas seitas iniciáticas do Egito, da Trácia, da Grécia e da Pérsia, e as obras de Platão são a mais perfeita expressão escrita deste pensamento a que temos acesso hoje[96].

O cristianismo nasceu a partir desta *philosofia perennis*, e logo depois, ainda no berço, foi sequestrado por uma cabala de conspiradores romanos e judaicos. Se quiser finalmente ser libertado, ele deverá buscar abrigo em outras regiões: em meio aos gnósticos, os maniqueístas e os cátaros, que "parecem ter mantido sua fidelidade" à grande tradição espiritual do pensamento mediterrâneo. Estes foram os únicos que conseguiram escapar da "pobreza de espírito e da perversidade que se disseminaram em vastos territórios com a dominação romana" e que ainda "constituem o ambiente da Europa"[97].

Weil destaca o catarismo como "a última expressão viva da Antiguidade pré-romana na Europa"[98]. Em Marselha, onde ela permaneceu um tempo aguardando uma oportunidade de escapar da França ocupada pelos nazistas, rumo aos EUA, e onde muitos cátaros haviam vivido na Idade Média, Weil tornou-se amiga de um grupo de

---

96 WEIL, S. *Seventy letters*, p. 130.

97 *Ibid.*

98 *Ibid.*

eruditos e aficionados do catarismo, com quem ela aprendeu novas coisas sobre a heresia medieval. E, quanto mais aprendia, mais ela adorava o tema. Ficou impressionada com a absoluta rejeição do Velho Testamento da parte dos cátaros, com seu desinteresse pela riqueza e pelo poder, e também por sua repulsa, de modo geral, aos apelos da carne, posturas que ela mesma já adotara, sozinha. Weil ficou absolutamente fascinada não apenas com as doutrinas cátaras, mas com o estilo de vida deste povo. "O que faz do catarismo uma espécie de milagre", escreveu ela, "é que se tratava de uma religião, não apenas de uma filosofia"[99].

A esta altura o bom Frade dominicano provavelmente já concluíra que Simone Weil era para a Igreja uma causa perdida. A bem da verdade, Weil tinha uma personalidade complicada, cuja vida espiritual transbordante não caberia nos limites de nenhuma religião isolada. Nenhum sistema religioso (com exceção, talvez, do gnosticismo) teria sido suficientemente amplo para abrigar uma pensadora tão exuberante, tão intrincada e muitas vezes imprevisível. Weil claramente recebera um chamado religioso, mas sua vocação era a de um herético. Em outra época, suas ideias fariam com que ela fosse queimada viva, apedrejada até a morte, ou afogada em um rio. Em 1943, ela não tinha necessidade de nenhuma perseguição do mundo exterior. Ela mesma lidou com o assunto, do modo mais weiliano que era possível.

Humildade

Muitos de nós sofremos de uma doença estranha: a síndrome *umbilicus mundi*, uma tendência patológica de nos colocarmos no

---

99 *Ibid.*

centro de tudo, e de nos acharmos mais importantes do que somos. Do ponto de vista cósmico, o *homo sapiens* deve conter algo de incontrolavelmente hilário. Na maior parte do tempo, comportamo-nos como se o mundo existisse apenas por nossa causa, tudo o que pensamos está relacionado a nossas necessidades, preocupações e interesses. Eternos bebês, temos a expectativa de que universo esteja a nosso serviço, e adapte-se a nossos caprichos. Não nos contentamos em tomar posse de outras espécies; nós as devoramos. Não apenas usamos o planeta, como abusamos dele, privando-o de formas de vida e enchendo-o de lixo. Movidos pela cobiça, pela estupidez ou por ambos, já sujeitamos o mundo natural a tamanha brutalidade que talvez já tenhamos lhe causado danos para além de uma possível reparação. Como regra geral, somos indiferentes ao sofrimento dos outros, e incapazes de sentir empatia em relação aos mais oprimidos que vivem entre nós. Quando nos é dada a oportunidade, em vez de amar nosso vizinho, nós o ridicularizamos, mostramos ressentimento ou o exploramos – isso quando não o ignoramos, simplesmente. O que torna a nossa situação particularmente ridícula é que, no quadro geral, somos criaturas absolutamente insignificantes. A menor das pedras que apanhamos ao acaso, no leito de um rio, existe há muito mais tempo do que nós, e continuará aqui depois que partirmos desta vida. Não somos mais grandiosos do que o restante do mundo; na verdade, temos uma importância menor do que a maioria das coisas.

A boa notícia é que existe uma cura para nossa doença. As falhas da turbina do avião ou do sistema de freio de nosso carro podem nos deixar tão arrasados que, se sobrevivermos a estas experiências, perceberemos que delas saímos transformados. O que define nossa existência transformada é uma nova humildade: o fracasso e as falhas nos *tornaram mais humildes*, e disso pode advir a cura.

A palavra "humildade" tem conotações morais, mas mais do que uma virtude no sentido mais estrito do termo, a humildade envolve um certo tipo de inserção no mundo, e uma maneira diferente de viver a experiência da condição humana. A humildade não é uma virtude comum; conforme Iris Murdoch nos recorda, ela é "uma das virtudes mais complexas e essenciais"[100].

Alguns dos personagens mais cativantes nos filmes de Yasujiro Ozu são mártires da humildade. Eles preferem desperdiçar suas próprias vidas a serem assertivos. A grandeza da arte deste cineasta, contudo, não está apenas no fato de ela retratar a humildade, ela a *personifica*. Graças à maneira como Ozu usa os ângulos de sua câmera baixa, o cineasta nos permite o acesso ao outro lado das coisas, à sua dimensão modesta, que a nós – míopes e autocentrados que somos – normalmente escapa. Este é o método da própria humildade. Assim como nos filmes de Ozu, nos quais os ângulos da câmera baixa criam uma visão surpreendentemente rica do mundo, uma posição humilde nos permite acessar uma camada de realidade que as pessoas normalmente não enxergam.

Nosso ímpeto de autoassertividade coloca uma tela entre nós e o mundo, e o que acabamos vendo, no fim das contas, não é o mundo em si, mas nossas próprias fantasias de poder. É somente por meio da humildade, o oposto da autoassertividade, que conseguimos romper esta tela, e vislumbrar as coisas tal como elas são. No livro *A soberania do bem*, Iris Murdoch apresenta a que talvez seja a melhor definição de "humildade", descrevendo-a como "o respeito altruísta pela realidade"[101]. Em geral, afirma Murdoch,

---

100 MURDOCH, I. *Existentialists and mystics: writings on philosophy and literature*. Nova York: Penguin, 1997, p. 378.

101 MURDOCH, I. *Existentialists and mystics*, p. 378.

deturpamos a realidade pelo fato de termos uma concepção desproporcionada do lugar que ocupamos nela; "o quadro que pintamos de nós mesmos tornou-se grandioso demais" e, como resultado, perdemos "a visão de uma realidade que esteja separada de nós"[102]. Esta deturpação traz mais prejuízos a *nós* do que às demais pessoas. Caso não façamos nada para corrigir isso, acabaremos desconectados do mundo, habitando uma realidade que nós mesmos produzimos, uma mera projeção de nossa autoassertividade.

Mais do que uma forma de comportamento, a humildade deve ser considerada uma forma de conhecimento. Não é de surpreender que místicos e filósofos de diferentes linhagens tenham associado a prática da humildade a uma visão da verdade. De acordo com esta corrente de pensamento, não se deve buscar a humildade em si, mas em prol do bem maior que ela nos proporciona. Bernard de Clairvaux compara a humildade a uma escada: você sobe nela, um degrau por vez (são doze no total), até que chega ao "mais alto pico da humildade" (*summae humilitatis*)[103]. É neste momento que finalmente alcança a verdade, em nome da qual você subiu todos os degraus. Nas próprias palavras dele: "O caminho é a humildade, o objetivo é a verdade. O primeiro é o trabalho; o segundo, a recompensa"[104]. Seguindo a mesma tradição, Vladimir Jankélévitch equipara a humildade à verdade, assim como André Comte-Sponville a define como "amar a verdade mais do que a si mesmo"[105].

---

102 *Ibid.*, p. 338.

103 FOULCHER, J. *Reclaiming humility: four studies in the monastic tradition.* Collegeville: Cistercian, 2015, p. 115.

104 *Ibid.*, p. 165.

105 COMTE-SPONVILLE, A. *A small treatise on the great virtues: the uses of philosophy in everyday life.* Londres: Picador, 2002, p. 141.

Há algo de singular sobre a verdade que a humildade nos permite alcançar. Não se trata de termos alcançado uma compreensão mais "verdadeira" de como as coisas são, mesmo que isso não seja uma conquista menor. Algo de importante está acontecendo *conosco* no caminho que nos conduz a ela: estamos sendo transformados à medida que subimos a escada e contemplamos a paisagem. Quando alcançam o topo, os humildes se sentem tomados por um senso de identidade renovado. Para os crentes, esta é uma epifania da redenção: "Nisso reside a grandeza dos humildes", escreve Comte-Sponville, "que penetram as profundezas de sua mesquinhez, sua infelicidade e sua insignificância – até que chegam àquele lugar onde há somente um *nada*, um *nada* que é tudo"[106].

Não é à toa que a humildade é uma das principais virtudes de todas as grandes religiões.

Uma mágica de desaparição

Assim que entrou no quarto arejado e todo iluminado pela luz natural, Simone comentou: "Que lindo quarto para uma pessoa morrer". E foi neste mesmo quarto que ela de fato morreu, uma semana depois, em 24 de agosto de 1943. Não é que ela tivesse o dom da clarividência, embora tivesse um maravilhoso talento. Mas ela contribuiu para a própria morte. O atestado assinado pelo médico-legista concluiu que "a falecida matou a si mesma ao recusar-se a comer, embora estivesse mentalmente desequilibrada"[107]. Tecnicamente correto, mas longe de corresponder à verdade completa. Como costuma acontecer em casos como este, o documento

---

106 *Ibid.*, p. 147.

107 PÉTREMENT, S. *Simone Weil: A Life.* Nova York: Pantheon Books, 1976, p. 537.

esconde mais do que revela. Ao longo de toda a sua vida, Simone Weil se recusou a comer, não apenas em seus últimos dias. Ela passara por um período de semi-inanição, e com êxito. Quanto à sua mente, embora estivesse num patamar incomum, era uma das mais brilhantes de sua época. O desequilíbrio não estava em sua mente, mas no próprio mundo. Não apenas em razão da guerra, mas porque, conforme ela mesmo argumentava, é natureza do mundo estar fora dos eixos.

A morte, portanto, não é algo que tenha lhe ocorrido naquele quarto "lindo", com uma vista que dava para os prados: Simone Weil estivera morrendo na maior parte de sua vida. Ela praticava a morte como uma questão de convicção filosófica e de vocação pessoal. Grande parte de sua vida foi permeada por um anseio pela aniquilação, que construiu sua biografia, dando-lhe sentido e direção. "Eu sempre acreditei", escreveu ela pouco tempo antes, "que o momento da morte é o centro e o objetivo da vida... eu nunca desejei para mim nenhum outro bem"[108].

A cura pelo barro

O trabalho com a humildade consiste em um processo complexo e dialético. Quero aqui centrar o foco em apenas três de suas fases. Em uma primeira etapa, a humildade envolve a aceitação de nossa insignificância cósmica. A palavra tem origem no latim *humilitas* ("humildade", "modéstia"), que por sua vez é derivada de *humus* ("terra"). As pessoas realmente humildes consideram a si mesmas como pó, ou até menos que isso. Esta compreensão é tão antiga quanto a própria vida espiritual. Adão, o primeiro homem

---

108 WEIL, S. *Espera de Deus*.

da tradição de Abraão, não apenas foi feito a partir do pó, como continha a terra em seu próprio nome (*adamah*). A humildade é o que Deus desejou incutir em Jó ao lhe perguntar: "Onde você estava quando eu criei o mundo?" (Jó 38:4). Jó não era capaz de responder, pois o pó não tem voz, sobretudo para dirigir-se a Deus. Bernard de Clairvaux intuiu algo de essencial sobre a humildade: os humildes podem alcançar alturas celestiais justamente por se rebaixarem de modo tão extremo. Quando os estoicos recomendaram "uma vista a partir do alto" como forma de terapia filosófica, o significado do que diziam era: a pessoa deve acolher a humildade. Enxergar a si mesmo a partir do alto significa dar-se conta da sua insignificância cósmica. É também isso que a Senhora Filosofia, no livro *A consolação da filosofia*, tentava ensinar a Boécio que, aterrorizado, aguardava a execução em sua cela na cadeia. Ou então a ideia que, mais recentemente, Carl Sagan tornou popular de modo tão eficiente. "Nossa presunção, nossa ilusória sensação de autoimportância, a ilusão de que desfrutamos de uma posição privilegiada no universo", escreveu ele em *Pálido ponto azul: uma visão do futuro da humanidade no espaço*, assume um significado diferente quando simplesmente olhamos para a Terra a partir de um ponto remoto no espaço[109]. "Olhar a partir de cima" é o oposto da arrogância: isso nos insere em um quadro mais amplo, que nos permite compreender o verdadeiro tamanho de nossa insignificância. Vistos de uma tal distância, somos nada além de *humus*, se muito. Em seu sentido mais fundamental, ser humilde significa incorporar, ao lidar com o mundo e com as pessoas, a percepção de que estamos mais próximos do *nada* do que qualquer outra coisa.

---

109 SAGAN, C. *Pálido ponto azul*. São Paulo: Companhia das Letras, 2011.

A aceitação de nossa insignificância cósmica é o grau zero de nossa existência. Neste estágio, arrasados pelo fracasso e sobrecarregados pela precariedade, sentimo-nos merecidamente "arrasados", "esmagados", "reduzidos a pó". Desse modo, a humildade nos coloca em nosso próprio lugar; somos reduzidos à nossa condição de nudez. No entanto, esta não é uma proeza pequena: pois, ao mesmo tempo que reduzimos nossa autoimportância, conseguimos nos livrar da mescla de autoilusão e autoadulação que costuma nos manter escondidos de nós mesmos. Os humildes, embora estejam no nível mais baixo, são os que progredirão. "O homem humilde", escreve Murdoch, "por considerar a si mesmo como nada, é capaz de enxergar as coisas tal como elas são". Ele é o tipo de indivíduo "com maior probabilidade de tornar-se uma boa pessoa"[110].

Em um segundo estágio, chegamos à percepção de que, graças ao fato de termos sido trazidos "para baixo, à Terra", encontramo-nos, na verdade, numa posição melhor: pisamos agora em terra firme. É bem verdade que fomos esmagados e derrotados, mas na sequência passamos por uma espécie de renascimento, e podemos agora nos manter em pé. O que importa é termos percebido que, nesta etapa, a degradação não existe, pois, quando aceitarmos nossa insignificância cósmica, seremos verdadeiros para com nós mesmos. Talvez sejamos pobres, mas somos honestos. E este é o melhor ponto de partida: não importa aonde vamos a partir dele, esta jornada valerá a pena. Para mentes tão frequentemente mantidas nas nuvens pela força de suas próprias fantasias, não há nada mais saudável do que ser trazido de volta para a terra de vez em quando. Sonhadores empedernidos que se submetem à cura pelo barro têm tudo para, no fim, deparar-se com um banquete. Se a primeira etapa, que envolve

---

110 MURDOCH, I. *Existentialists and mystics*, p. 385.

uma arrasadora experiência de fracasso, foi traumática, esta agora é muito mais tranquila. Agora aguardamos pacientes, contemplando e desfrutando da paisagem. Mas não se iluda: a insignificância dos humildes pode nos conduzir a compreensões novas e elevadas.

O terceiro estágio é de expansão. Tendo ancorado no mundo, e restabelecido nosso equilíbrio existencial, podemos agora passar a outras coisas maiores. Os sonhos agora contam com o necessário lastro para serem sonhados da maneira adequada. Neste estágio, a humildade deixa de ser um obstáculo e passa a ser uma valorização das ações, caso assim desejemos. Não há nada mais ousado do que as ações da pessoa humilde. A humildade é o contrário da humilhação – esta é a principal lição a ser aprendida nesta etapa. Não há nada degradante ou inglório em relação à humildade; pelo contrário, ela é rejuvenescedora, enriquecedora, estimulante.

A humilhação depende do exercício do poder bruto e exterior; a humildade conta apenas com a força interior. A humilhação envolve uma rudeza do intelecto (uma pessoa realmente inteligente não humilha os outros), ao passo que a humildade é, em si, uma forma de inteligência. Tendo ou não ciência deste fato, aquele que humilha os outros é um rejeitado. Muitas vezes, a humilhação é uma decorrência da frustação. Em contraste, a essência da humildade está na introspecção e na intimidade. Os humildes sabem a partir de dentro – eles veem tudo, compreendem tudo, e tudo perdoam – e isso os coloca numa posição de grande força. A humilhação fatiga a si mesma nas ações de um indivíduo, e aquele que a pratica geralmente revela sua própria impotência. A humildade se desenvolve e prospera por meio da prática, transformando tudo que a cerca, neste processo. A verdadeira humildade, escreve o rabino Jonathan Sacks, "é uma das virtudes mais vastas e enriquecedoras". O que ela revela não é uma "autodepreciação", mas uma "abertura para a imensidão da vida" e uma "disponibilidade para ser surpreendido e inspirado pela bondade"[111]. Afinal de contas, está escrito: os mansos herdarão a terra.

Portanto, como uma reação à experiência do fracasso, a humildade é uma forma de *terapia* – o início de um processo de cura. Devidamente digerido, o fracasso pode ser um remédio contra a arrogância e a presunção. E contra a síndrome *umbilicus mundi* – nossa tendência debilitante de nos imaginarmos no centro do mundo. A humildade pode nos curar, se estivermos interessados na cura.

A endura

No catarismo, havia uma forma de morte ritual – denominada *endura* –, que consistia no suicídio por meio da inanição[112]. Os adeptos do catarismo que optavam por este ritual paravam de comer, com o intuito de se separar do mundo material. Ao deixar o corpo morrer de fome, a alma seria purificada, o que lhes permitiria juntar-se ao Deus verdadeiro e oculto. A *endura*, escreve o historiador Le Roy Ladurie, foi concebida para ser "um ato puramente religioso, destinado a garantir a salvação"[113]. Simone Weil talvez tenha descoberto a *endura* num momento relativamente tardio de sua vida, mas ela já vinha ensaiando esta prática durante a maior parte de sua existência. Um biógrafo solidário, embora intrigado, menciona o "percurso de má nutrição que acompanhou toda a vida

---

111 SACKS, J. The silence of the 'I': humility as an unfashionable virtue. *ABC Religion and Ethics* (Australian Broadcasting Corporation), 14 jun. 2018. Disponível em: https://www.abc.net.au/religion/the-silence-of-the-i-humility-as-an-unfashionable-virtue/10094642

112 No jainismo há uma prática semelhante: *sallekhana* (também conhecida pelos nomes *samlehna, santhara, samadhi-marana* ou *sanyasana-marana*).

113 LADURIE, E.L.R. *Montaillou*, p. 225, n. 1.

de Weil", e de seus hábitos alimentares rotineiros "que tinham como principal base a inanição"[114]. O que ocorreu nos últimos meses da vida dela não foi um acidente, mas uma *performance* que coroou todo um projeto de vida.

A *endura* de Weil, assim como a dos cátaros, não significou apenas um momento na história do corpo: foi um ato metafísico, uma tentativa meticulosamente planejada de se deslocar de um tipo de existência a outro. Assim como os cátaros, Weil apresenta uma justificativa filosófica para a sua saída por meio de procedimentos gnósticos, em grande medida. Considerando seus limitados conhecimentos sobre o gnosticismo, os atributos de que ambos compartilhavam eram espantosos[115]. O cenário mais amplo é praticamente o mesmo: este mundo (uma criação fracassada) de algum modo passou a existir, mas ele não representa, de fato, o verdadeiro Deus; encontramo-nos enredados na densidade da matéria, contudo temos a sensação de que esta não é nossa verdadeira terra natal; nascemos com um grande desejo de deixar este lugar, e a procura por nosso caminho de volta demanda um conhecimento superior (a *gnose*).

"Deus", escreve Weil em seus *Cadernos*, "abandona a totalidade de nosso ser – corpo, sangue, sensibilidade, inteligência, amor – em prol da impiedosa necessidade da matéria e da crueldade do diabo". No entanto, Deus abre uma exceção para "a porção eterna e sobrenatural da alma" (a "centelha divina" dos gnósticos, que pode nos

---

114 YOURGRAU, P. *Simone Weil*, p. 27-30.

115 As ideias de Weil não eram uma mera reprodução das doutrinas gnósticas, mas a religiosidade dela era permeada por um espírito gnóstico. Thibon comentou sobre Weil: "Ao mesmo tempo que exalta Deus, ela deprecia Sua obra: ainda existe um abismo escancarado entre o Criador e a criatura. De um lado, há um Deus que é pura bondade; do outro, um mundo que é regido em todos os níveis por uma necessidade spinoziana" (PERRIN, J-M.; THIBON, G. *Simone Weil as we knew her*, p. 137).

conduzir de volta à nossa fonte primordial[116]). Um trecho como o transcrito abaixo poderia facilmente ter sido escrito por qualquer gnóstico da Antiguidade:

> A Criação é um abandono. Ao criar algo que é diferente de Si mesmo, Deus necessariamente abandonou isso. Ele mantém sob seus cuidados apenas a parte de Criação que corresponde a Ele próprio – a parte não criada de cada criatura. Trata-se da vida, da Luz, da Palavra; trata-se da presença, aqui embaixo, do único Filho de Deus[117].

Nesta passagem, a frase-chave é "a parte não criada de cada criatura". Na visão de Weil, isso é o que constitui a conexão com nossa terra natal, mesmo que passemos nossa vida no exílio. Assim como no gnosticismo, talvez sejamos obrigados a viver em algum lugar remoto, mas ainda assim preservamos algumas lembranças, mesmo que vagas, do lugar de onde viemos. Esta conexão permite que gradualmente avancemos na direção da luz, mesmo que estejamos presos nas trevas. Weil esboça o trajeto da jornada de um ponto a outro: "O nosso pecado consiste em desejarmos existir, e nosso castigo, em que acreditamos que possuímos a existência. A expiação consiste no desejo de não mais existir; e a salvação consiste em perceber que nós não existimos"[118]. A jornada não nos liberta do cativeiro da matéria: ela nos define.

Em seus últimos anos de vida, especialmente em alguns dos ensaios que incluem o texto que se transformaria no livro *A gravidade e a graça*, Weil criou uma teologia mística em torno do conceito de "descriação". "Descriar" significa "fazer com que algo que tenha sido

---

116 WEIL, S. *First and last notebooks*, p. 103.

117 *Ibid.*

118 *Ibid.*, p. 218.

criado se desloque para a esfera do descriado", trazendo-nos, com isso, para mais perto de Deus[119]. A "descriação" é o oposto da destruição, que faz com que "algo que tenha sido criado se transforme em *nada*"[120]. Assim, um complicado jogo, o *potlatch*[121], era eternamente jogado entre Deus e o homem. Neste jogo, Deus faz o primeiro movimento e nos cria. No entanto, ao fazê-lo, Deus "renuncia a ser todas as coisas". Como reação a isso, nosso movimento deve ser o de "renunciar a ser alguma coisa". Isso seria o melhor a fazer, pois "somente possuímos aquilo a que renunciamos; as coisas a que não renunciamos nos escapam"[122]. Deus não pode fazer mais nada além de nos criar, no entanto nós temos uma dívida ontológica, e devemos fazer o pagamento deste empréstimo assim que possível. "Deus me deu a existência para que eu possa devolvê-la a ele", Weil comenta[123]. A "descriação" consiste em devolver a Deus o que naturalmente pertence a ele. Em seus *Cadernos*, ela retrata esta situação por meio de imagens inesquecíveis:

> Em relação a Deus, somos como um ladrão que invadiu a casa de um morador bondoso e a quem foi permitido que ficasse com parte do ouro roubado. Do ponto de vista do proprietário que respeita as leis, este ouro é um presente; do ponto de vista do ladrão, trata-se de roubo... o mesmo ocorre com a nossa existência. Nós roubamos uma porção da existência de Deus, para torná-la nossa[124].

---

119 WEIL, S. *A gravidade e a graça*. São Paulo: Lafonte, 2023.

120 *Ibid.*

121 Cerimônia celebrada em certas sociedades primitivas, na qual se promovia uma troca agressiva e perdulária de presentes e, em casos extremos, até mesmo a destruição ritual de riquezas como forma de demonstrar superioridade sobre os rivais [N.T.].

122 WEIL, S. *A gravidade e a graça. Op. cit.*

123 *Ibid.*

124 *Ibid.*

A "descriação" significa mais do que "retribuir um favor" em nosso jogo com Deus. Ela envolve, por um lado, o restabelecimento de um equilíbrio fundamental entre duas modalidades de existência: "descriar a criatura que mora em nós" significa "restabelecer a ordem"[125]. Quando devolvemos a Deus o que lhe é devido, podemos dar nossa pequena contribuição à grande restauração. Em termos estritamente humanos, um ato de "descriação" é o maior favor que podemos fazer *a nós mesmos*. O mero fato de existir não significa coisa alguma – tudo depende do que fazemos com a existência. Para Weil, o paradoxo é que nos realizamos apenas quando conseguimos nos retirar da existência, transformando-nos em recipientes vazios de Deus. "Consigo imaginar facilmente que Deus adora esta perspectiva de criação que somente pode ser enxergada a partir do ponto em que eu me encontro. Porém, eu funciono como uma tela. Preciso me retirar para que ele possa enxergar a criação"[126]. Poderá alguém aspirar a um bem maior em sua vida do que abrir espaço para o próprio Deus? Quanto menos formos, mais seremos, e maior será o nosso valor.

Daqui nasce a prece do niilista: "Que Deus me conceda a possibilidade de eu me tornar um *nada*. À medida que eu me tornar um *nada*, Deus amará a si mesmo por meio de mim"[127]. Em seus *Cadernos*, deparamo-nos com uma versão ligeiramente mais detalhada desta prece, um trecho que nos deixa de cabelos em pé:

> Pai, em nome de Cristo, permita que eu seja incapaz de desejar fazer qualquer movimento do corpo, ou até mesmo de tentar me mover, como um completo paralítico.

---

125 *Ibid.*
126 *Ibid.*
127 *Ibid.*

> Que eu seja incapaz de sentir qualquer sensação, como alguém que é completamente cego, surdo ou privado de todos os sentidos. Que eu seja incapaz de estabelecer uma mínima ligação entre dois pensamentos, por mais simples que estes sejam, como um daqueles idiotas completos que, além de não saber fazer contas nem ler, sequer aprendeu a falar. Que eu seja insensível a todo tipo de tristeza ou de alegria, e incapaz de sentir amor por qualquer ser vivo ou coisa, e até mesmo por mim mesma, tal como as pessoas em seu último estágio de decrepitude[128].

Mas, como esta "descriação" funciona, na prática? Weil tem algumas respostas, embora estas sejam evasivas, e sejam inferências que precisamos fazer com base em sua biografia. Em um certo sentido, a essência de seu "jeito atrapalhado" pode ser associada a seu projeto de "descriação". Quando a sua personificação é um acontecimento ambíguo, e a experiência de mundo ao seu redor é um lembrete doloroso de que você não pertence, talvez você comece a planejar uma saída. Com efeito, a incompatibilidade fundamental que você descobre em si mesmo à medida que vive sua "atrapalhação" o obriga a enxergar não apenas a sua situação pessoal, mas também a condição humana sob uma nova luz.

Embora alguns possam ceder à tentação de desejar um caminho livre de dificuldades e de sofrimentos, Weil concluiu que apenas a aflição (uma dor física incapacitante, aliada à degradação social) pode nos mostrar o caminho de volta. "É na própria aflição que o esplendor da misericórdia de Deus reluz, a partir da profundeza de si mesma, no coração de sua inconsolável amargura", escreveu ela em *Espera de Deus*[129]. A aflição é uma mão amiga que Deus nos estende

---

128 WEIL, S. *First and last notebooks*, p. 243-244.

129 *Ibid.*

a partir de uma distância infinita, "uma maravilha de técnica divina"[130]. Weil se beneficiou desta maravilha de um modo abundante. Em 1942, quando mal completara 33 anos, ela podia dizer: "Eu sou instrumento que já está avariado, e também estou esgotada"[131]. Ela tinha um enorme desejo de fazer a sua "saída", e considerava que já havia adquirido seu direito de sair.

Em seus últimos meses de vida, ao considerável sofrimento físico de Weil se combinava uma aguda percepção de fracasso pessoal. Em maio de 1942, ela e sua família conseguiram deixar a França, e seguir para os Estados Unidos. No entanto, mal desembarcara em Nova York e, incapaz de se adaptar e consumida pela culpa (o velho padrão de sempre: as demais pessoas sofriam, enquanto ela estava em segurança), ela já começou a planejar seu retorno à Europa, o que não era nada fácil. Em novembro do mesmo ano, superando enormes dificuldades, mas com muitas expectativas, Weil viajou para a Inglaterra, para dar-se conta, porém, de que seus planos bem-intencionados mas totalmente utópicos (por exemplo, ela queria ser lançada de paraquedas em território francês, e receber, na sequência, uma missão suicida por detrás de tropas inimigas) seriam prontamente rejeitados pelos líderes da resistência francesa em Londres. Charles de Gaulle a considerava maluca (*Mais, ele est folle!*, exclamou, numa frase que ficou famosa). Embora aqueles meses finais tenham sido intelectualmente produtivos e espiritualmente determinantes, Weil foi sendo consumida por uma sensação esmagadora de inutilidade pessoal. No momento em que foi acometida de tuberculose, sua vida já estava em frangalhos. Numa carta, ela confessou: "Estou acabada, falida, sem a mínima possibilidade de

---

130 *Ibid.*

131 *Ibid.*

conserto, e isso sem contar o Bacilo de Koch. Este se aproveitou de minha baixa resistência e, claro, tem se ocupado em me demolir um pouco mais"[132]. Ela parecia estar pronta para partir deste mundo. A uma pessoa que era sua acompanhante no quarto do hospital, ela também admitiu: "Você é como eu, uma peça amputada de Deus. Mas eu não serei mais amputada; serei reunida e reatada"[133].

De acordo com a lógica, seu passo seguinte seria parar de comer, assim como faziam os cátaros durante a *endura*. Quanto mais nos alimentamos da carne do mundo, mais engordamos. Em contrapartida, quando deixamos de devorar o mundo, aproximamo-nos de Deus. Weil parecia acreditar que, se rompesse seu envolvimento com o mundo material, este desabaria sob o peso de sua própria irrelevância. Tal raciocínio fazia parte do imaginário dos povos cátaros, de quem Weil tornou-se uma das seguidoras mais receptivas, em tempos modernos. "Há algo de maniqueísta na espiritualidade de Simone Weil, e sua admiração incondicional pelos cátaros foi, sem dúvida, o resultado de uma tendência interior", comenta seu amigo Gustave Thibon[134]. Ela considerava, como qualquer bom cátaro, que o cuidado excessivo com nosso corpo nos deixaria espiritualmente desorientados. O mundo material, embora perecível, projeta uma ilusão de resistência. "A fome (a sede etc) e todos os desejos carnais são uma orientação do corpo na direção do futuro. Toda a porção carnal de nossa alma está orientada na direção do futuro", escreveu Weil em seus *Cadernos*. "A vida do corpo está orientada na direção do futuro. A luxúria é a própria vida"[135]. O cuidado excessivo

---

132 PÉTREMENT, S. *Simone Weil*, p. 531.

133 *Ibid.*, p. 528.

134 PERRIN, J-M.; THIBON, G. *Simone Weil as we knew her*, p. 137.

135 WEIL, S. *First and last notebooks*, p. 97-98.

com nosso corpo implica seguir alimentando esta perigosa ilusão. A morte coloca as coisas em seu devido lugar, pois "congela" o futuro. E quando paramos de comer, paramos de morrer: "A privação é um parente distante da morte"[136]. Portanto, na fome encontramos o "não criado" dentro de nós. E quanto mais jejuamos, maior será a facilidade de "descriarmos" a nós próprios.

Na visão de Weil, também há uma imperdoável dose de arrogância no ato de nos alimentarmos de modo incessante do mundo que nos cerca. "O corpo sente orgulho em sua crença de que ele extrai a vida de si mesmo", escreveu ela. "A fome e a sede obrigam-no a manter uma dependência das coisas externas"[137]. Podemos nos curar desta dependência se aceitarmos a experiência humana que mais nos torna humildes: a morte. "A completa humildade", escreveu Weil, "significa consentir com a morte, o que nos transforma em um *nada* inerte"[138]. A morte é o que confere estrutura, textura e significado à vida de um indivíduo. É a hora da verdade em sua existência: "A verdade está ao lado da morte"[139]. Tudo o que é realmente importante está ao lado dela. "A morte é a coisa mais preciosa que foi concedida ao homem", Weil afirmou em *A gravidade e a graça*. "Por isso é que a irreligiosidade suprema é fazer mau uso dela. Morrer de modo incorreto"[140].

Quando Simone Weil estava em seu leito de morte em Ashford, na Inglaterra, uma conhecida, *Mrs.* Rosin, viajou de Londres para visitá-la. Ela testemunhou seus últimos momentos. "Simone se

---

136 *Ibid.*, p. 98.
137 *Ibid.*
138 *Ibid.*, p. 353.
139 WEIL, S. *A gravidade e a graça. Op. cit.*
140 *Ibid.*

manteve muito lúcida, até o fim", *Mrs.* Rosin comentou. "Ela também parecia muito bela, etérea, translúcida. Tudo o que era material parecia ter sido destruído dentro dela"[141]. É improvável que *Mrs.* Rosin, uma mulher simples, tivesse qualquer conhecimento sobre a filosofia da "descriação" de sua amiga, e de seu conceito de morte como uma verdade e uma liberação – o que torna seu testemunho ainda mais notável. Durante toda a vida, Simone Weil temeu fracassar em sua morte, "morrer de modo incorreto". "Ainda criança, ela se mostrou firmemente determinada a fazer algo com sua vida", lembra-se Simone Pétrement, e "acima de tudo, ela temia fracassar ou 'desperdiçar' sua morte"[142]. A julgar pelo testemunho desta pessoa, isso não aconteceu. Como ela poderia ter fracassado?

Nas mãos do perturbador

A vida tem o mau hábito de estabilizar-se e de se encaixar dentro de padrões. Até mesmo nossos gestos mais espontâneos podem acabar virando rotineiros. A lava mais quente e mais fluida se transforma em pedra. Tudo isso é inevitável, e também razoável. Não chegaríamos a parte alguma se não criássemos rotinas, que nos ajudam a direcionar melhor nossas atividades, e tornar nossa passagem pelo mundo um pouco menos estressante. No entanto, caso haja um excesso de rotina em nossas vidas, e pouca coisa que nos desestabilize, acabaremos mortos por dentro. E a morte em vida é o pior tipo de morte, em razão de sua monstruosidade: não se trata nem de morte, nem de vida. Uma vida humana com rotinas e um direcionamento excessivos não é simplesmente empobrecida, é certamente uma vida ruim. Você não leva esta vida, ela é que o *leva* – a lugar nenhum.

---

141 FIORI, G. *Simone Weil*, p. 7.
142 PÉTREMENT, S. *Simone Weil*, p. 26.

É por isso que precisamos de pessoas como Simone Weil. Não tanto para nos ensinar a como sair deste mundo (sua "mágica de desaparição" foi exclusivamente dela), mas para nos ensinar como viver bem: ou seja, como minar os padrões entorpecedores nos quais a vida está sempre nos enredando. Precisamos dela para nos mostrar como manter nosso *self* mais alerta, vivendo uma vida mais exigente, e menos fácil – assumindo riscos e saltos de fé, em vez de nos acomodarmos em rotinas cômodas. Ela foi severa consigo mesma, uma postura que devemos assumir se nosso interesse for progredir. Aqueles que assumem os maiores riscos obtêm as recompensas mais elevadas. Weil é uma grande "perturbadora", na tradição de Agostinho, Pascal, Kierkegaard, Nietzsche e Cioran. Sua história ilustra uma antiga sabedoria da qual aparentemente nos esquecemos: para poder salvar a sua vida, você precisa estar pronto, a qualquer momento, a despedir-se dela. É neste estado de prontidão que você pode começar a compreender o sentido de sua vida.

Antes de você compreender o significado disso tudo, uma série de fracassos talvez ainda seja necessária. O fracasso político, que será apresentado no próximo capítulo, é um dos mais chamativos.

Capítulo 2

Em meio às ruínas do fracasso político

Dois tipos de coisas

Vale a pena repetir: o fracasso é um tema dantesco e circular. Assim como o grão de trigo precisa passar pelo moinho quando nossa intenção é torná-lo algo mais refinado, nós precisamos atravessar vários círculos de fracasso; cada um deles nos sacodirá da maneira mais adequada, deixando-nos feridos, mas também um pouco mais perspicazes.

O primeiro círculo do fracasso, no sentido estrito da palavra, tem a ver com nossas interações com o mundo à nossa volta. Por mais que tentemos evitar, seremos frustrados por nossas imperfeições e confrontados com nossa finitude enquanto nos movimentamos num mundo em que as coisas estão constantemente fracassando e falhando, de uma maneira ou de outra. Em alguma medida, as coisas que nos cercam têm uma importância limitada. Quando elas falham, isso certamente nos afeta, mas tais coisas continuam sendo alheias àquilo que somos. Não importa com que frequência eu uso meu carro, ou o quanto eu possa depender dele em minha vida cotidiana, ele sempre continuará sendo essencialmente alheio a mim. Até mesmo um dispositivo mecânico que os médicos coloquem dentro de meu corpo, como um marca-passos, que carregarei comigo o tempo todo, e do qual minha vida dependerá, permanecerá externo ao indivíduo que eu sou. As coisas e os humanos pertencem a diferentes sistemas de existência, por mais que eles se mesclem e se misturem.

O próximo círculo do fracasso nos conduz a um território menos estranho, e mais íntimo: *a polis*. Por sermos animais sociais, todos nós vivemos numa comunidade ou numa "república" – nos sentidos estrito e amplo do termo (*respublica*), que significa "coisa pública". Diferentemente das coisas físicas, que permanecem externas, as coisas públicas interrompem o fluxo de nossas vidas, e nos moldam de um modo mais definitivo. As *res publique* são os inúmeros laços que, visível ou invisivelmente, unem-nos uns aos outros.

Apreciemos ou não este fato, ser humano significa estar com os outros, estar envolvido em projetos coletivos e investir neles uma considerável parte de nós mesmos. E, tendo em vista que o fracasso é essencial para a experiência humana, estar com os outros é, muitas vezes, simplesmente mais uma oportunidade para nos depararmos com o fracasso – às vezes, de um modo tolerável; em outras vezes, catastrófico, mas sempre revelador. Pois no momento que estas relações de intimidade começam a ruir e nos flagram em meio às ruínas, nesta experiência de tristeza e de destruição podemos descobrir algo de importante sobre nós mesmos. O colapso nos deixa arrasados e feridos, mas também nos oferece uma melhor compreensão de nossos limites. Nesse sentido, pode-se considerar que até o mais catastrófico fracasso político tem um valor terapêutico. Talvez jamais escapemos vivos das ruínas, mas se isso acontecer, delas sairemos mais refinados. No fim das contas, é assim que o fracasso funciona: a peçonha da serpente é, ao mesmo tempo, veneno e remédio.

O erotismo das multidões

Este filme tem como foco provavelmente um dos indivíduos mais inusitados da história recente, mas nós raramente olhamos para ele como ele é. Se existe algo que o distingue, é a fluidez com que ele se relaciona com as pessoas ao seu redor. Ali está ele, numa das tomadas do filme, misturando-se às massas – apertando mãos, conversando, sorrindo, fingindo ter empatia, com a habilidade de um ator veterano. Em outra cena, ele se separa da multidão, emergindo lentamente em meio ao público como se fosse uma secreção natural. Ele já alcançou certo prestígio social e, no entanto, seja qual for este prestígio, este se deve ao relacionamento que ele criou com a massa humana que o cerca. Momentos mais tarde, nós o vemos – a multidão e ele – juntos novamente, mas agora a relação entre ambos é diferente: ele está no palanque, numa posição mais alta, dirigindo-se às pessoas na multidão, de um modo enérgico.

"Dirigir-se" talvez não seja a melhor palavra. Dirigir-se a alguém significa envolver-se em uma forma de comunicação estabelecida de um modo racional. Porém, o que o orador está fazendo com aquelas pessoas é tudo menos racional: ele não está simplesmente lhes falando, dando uma palestra nem mesmo um sermão. Ele está seduzindo aquelas pessoas. O relacionamento é visivelmente erótico: a experiência que a multidão está vivendo nas mãos deste homem é uma *jouissance*[143] coletiva, irracional e ilimitada. Eles – o indivíduo que fode e o que está sendo fodido – são agora uma coisa só, apanhados numa cópula mística e política. O orador tem a respiração pesada, e a multidão parece ofegante. Ele age como um grande e intuitivo amante, sempre se antecipando aos desejos do outro e lhe oferecendo exatamente isso. E a multidão não se decepciona: ela parece estar tendo um orgasmo político de primeira categoria. Eles gritam juntos, suam juntos e gozam juntos. O pronunciamento daquele homem pode ser totalmente vazio, até mesmo *nonsense*, mas isso tem pouca importância. Cada uma de suas palavras conduz a massa excitada a novos picos de prazer.

Ao que tudo indica, o prazer é mútuo. O orador também se deleita com aquele exercício. Não há nada mais afrodisíaco do que o próprio poder. Se ele conhecesse aquele famoso ditado siciliano, com ele concordaria de bom grado: *Cummannari è megghi 'ca futtiri.* ("Comandar é melhor do que foder"). Mas é bem provável que ele não o conheça – afinal, há muitas coisas que ele desconhece. Assim como o orador alcançou o clímax, ele talvez tenha percebido que agora pode fazer *o que bem entender* com seus extasiados ouvintes: com uma doce sensação de abandono, eles se renderão aos caprichos mais delirantes do orador.

Algo de importante está acontecendo a estas pessoas. Durante o tempo em que elas se entregam ao priapismo verbal do orador, elas sentem como se suas vidas finalmente tivessem adquirido um sentido. O que ele está lhes oferecendo talvez não seja nada além de frases vazias, mentiras deslavadas e conspirações ridículas; no entanto, verbalizadas por alguém que lhes proporcionou uma experiência

---

143 Em francês, no original. Pode-se traduzir como: prazer intenso, gozo, orgasmo [N.T.].

emocional tão intensa, estas frases não precisam fazer sentido. *Ele* é que precisa fazer sentido para elas, e é o que acontece, mesmo que de um modo que elas seriam capazes de explicar. Graças a ele, há agora uma grande promessa de que a vida destas pessoas adquira um senso de propósito, e elas fariam qualquer coisa para que esta promessa se realizasse. Se o orador lhes disser que a Terra é plana, eles estarão dispostos a eliminar qualquer pessoa que ouse dizer o contrário. Com efeito, no intervalo de uma década, muitas daquelas pessoas assassinariam e seriam assassinadas por causa das palavras vazias deste homem.

Adolf Hitler certamente era uma figura histriônica, mas a sua plateia, registrada em imagens no filme *Triunfo da vontade*, de Leni Riefenstahl, é composta por pessoas reais, que experimentam um prazer genuíno. Trata-se de um documentário que registra o Congresso do Partido Nazista em Nuremberg, em 1934, que atraiu um público de 700 mil pessoas. Como Riefenstahl era uma cineasta meticulosa, o documentário inclui uma dose considerável de encenação e de cuidadoso planejamento, mas as pessoas que aparecem na tela não são atores. O público é composto por donas de casa e operários, alunos de ensino secundário e universitários, fazendeiros e outros profissionais. E, como estamos imersos numa Alemanha intelectualizada, podemos imaginar que, em meio àqueles entusiastas reunidos em Nuremberg, havia uma quantidade grande de pessoas com alto nível de escolaridade. Não é, simplesmente, que o país fosse, *das Land der Dichter und Denker* ("a terra dos poetas e pensadores"); de modo geral, a população alemã estava entre as que detinham a mais alta escolaridade no mundo. Simone Weil visitara a Alemanha pouco tempo antes, e ficou impressionada. A classe trabalhadora alemã, da qual se originaram muitos dos apoiadores de

Hitler, era uma das mais avançadas politicamente, à época. Quando Karl Marx anteviu uma revolução do proletariado, quase um século antes, era sobretudo a Alemanha que ele tinha em mente.

No entanto, seria difícil encontrar alguém mais inútil, segundo os padrões alemães, do que o tolo sujeito que discursava para aquele público. Hitler era um mentiroso compulsivo, ignorante e incompetente, sem o menor refinamento e com limitada escolarização, isso quando não era abertamente vulgar. Seu amor-próprio consistia em um amor patológico. As pessoas sensatas da Alemanha o consideravam um "patife meio insano", um "falastrão" e um "arruaceiro". Sua ética era precária, ele não tinha uma profissão definida, e nenhuma conquista realizada em nenhuma área. Era o tipo de sujeito imprestável de quem os alemães costumam rir às gargalhadas. Disse Thomas Mann: "O sujeito é uma catástrofe... um homem que é um fracasso multiplicado por dez, um completo indolente, incapaz de ter um emprego regular; um homem que passou longos períodos em internatos; um artista boêmio frustrado; um completo inútil"[144]. Hitler era uma piada ruim. Charlie Chaplin era capaz de representar o papel de Hitler muito facilmente, e fez isso de um modo inesquecível no filme *O grande ditador,* justamente por seu histórico anterior, em que encarnara personagens apalhaçados. Como é possível, então, que cidadãos de tamanha sofisticação tenham sentido tamanha atração por um palhaço como aquele?

Meio século antes, Fiódor Dostoiévski aventara uma possível resposta a esta pergunta, em *Os irmãos Karamázov.* O Grande Inquisidor comenta, muito tempo antes de Viktor Frankl apresentar

---

144 MANN, T. *Death in Venice, Tonio Kroger and other writings.* Londres: Continuum, 1999, p. 298.

o mesmo argumento, que, mais do que qualquer outra coisa – até mesmo mais do que comida ou de abrigo –, os humanos precisam de um *sentido*. Se não têm um sentido, eles não são nada. Podemos suportar as piores torturas, as mais profundas humilhações, contanto que saibamos *por que* estamos passando por isso tudo. O "mistério de um ser humano não consiste apenas em viver, mas para que se está vivendo", diz o Grande Inquisidor. "Sem uma ideia sólida de por que ele está vivendo, o homem não pode concordar em viver, e destruirá a si mesmo, em vez de permanecer na Terra, mesmo que disponha de alimentos em abundância"[145].

Isso explica o porquê de a religião desempenhar um papel tão crucial em qualquer sociedade humana: ela oferece às pessoas a percepção de que existe um sentido. Na medida em que conseguem se conectar com as narrativas sagradas, os ritos e os rituais, os crentes vivem uma existência significativa. Uma das funções básicas da religião está na *hermenêutica* que ela carrega consigo. Por mais que você sofra, este sofrimento é útil para que você encontre um sentido. Ele lhe diz por que você está sofrendo, e isso fará não apenas com que você aceite a dor, mas que peça para que ela seja mais intensa. E o que torna a religião tão importante é que o sentido oferecido por ela não é algo abstrato, mas *corporificado*: é isso que faz as pessoas sentirem, movimentarem-se e agirem. A religião, escreveu John Gray, é "uma tentativa de encontrar sentido nos acontecimentos, e não uma teoria que tenta explicar o universo"[146]. Poucas pessoas se arriscariam em nome de uma teoria científica ou uma ideia filosófica, mas inúmeras outras morreram em nome de sua fé.

---

145 DOSTOIÉVSKI, F. *Os irmãos Karamázov*. São Paulo: Editora 34, 2009.

146 GRAY, J. *Seven types of atheism*. Nova York: Farrar, Straus and Giroux, 2018, p. 3.

Tendo em vista que o aspecto distintivo de todas as religiões maduras é sua inesgotável capacidade de atribuir sentido à vida das pessoas, a política sempre se sentiu tentada a roubar o máximo que pôde da religião – apropriando-se de símbolos e rituais, de gestos e da linguagem. Ao assumir algumas das funções hermenêuticas da religião, o poder político tenta consolidar sua própria autoridade e seu próprio prestígio. Quando a religião começa a perder relevância – como tem acontecido com o Ocidente, há algum tempo –, o Estado não hesita em intervir e apresentar-se como o único provedor de sentidos. É assim que a própria política se torna uma forma de religião – "religião política", como tem sido denominada[147]. E isso cria problemas sérios. Se Deus estiver nas sombras, as pessoas passarão a acorrer, em bandos, ao político carismático que lhes oferecer uma mínima ilusão de sentido. Estarão prontas a engolir qualquer coisa que ele diga, mesmo que seja a maior asneira, e considerá-lo como o salvador. Uma vida sem sentido seria assustadora demais para elas. Se não puderem encontrar uma vida como esta, elas a inventarão.

É exatamente isso a que assistimos em *Triunfo da vontade*. O Hitler de Riefenstahl não é um ser humano comum: sua chegada de avião em Nuremberg, na cena de abertura do filme, tem a intenção de evocar a imagem de um ser divino descendo à Terra. Aqui está ele, chegando em plena glória, o messias de bigode, o redentor da

---

147 "A religião política", escreveu Emilio Gentile, "é a sacralização de um sistema político fundado com base num incontestável monopólio de poder, num monismo ideológico, e na subordinação obrigatória e incondicional do indivíduo e da coletividade a seu código de mandamentos. Consequentemente, uma religião política é intolerante, invasiva e fundamentalista, e sua intenção é impregnar-se em todas as esferas de uma vida individual e da vida coletiva da sociedade" (GENTILE, E. *Politics as religion*. Princeton: Princeton University Press, 2001, p. xv).

raça alemã. A faceta histriônica de Hitler (ele fazia ensaios descomunais diante do espelho, e certa vez descreveu a si mesmo como "o maior ator da Europa") deve lhe ter sido útil: ajudou-o não apenas a sustentar todo o fingimento, mas a solidificá-lo. O complexo ritual que se seguia – a multidão de adoradores, os gritos, a orgia pagã – só ajuda a consolidar a impressão sagazmente criada com a cena inicial. Um testemunho notável do poder da arte, de transfiguração da realidade, e também da cegueira do artista, é o fato de Riefenstahl conseguir transformar um palhaço austríaco medíocre e cafona em uma aparição sobrenatural.

Porém, não devemos atribuir toda a culpa a Riefenstahl. Havia o envolvimento daquela plateia com o evento. Pois Hitler não se materializou a partir do nada: primeiro, ele nasceu nos corações de muitos alemães, fruto de sua necessidade de ter certezas na mais incerta das eras. Em sua busca por um sentido, ao fazer preces para que pudessem alcançá-lo, os alemães inadvertidamente invocaram este falso messias em suas mentes. Então, para a infelicidade geral, suas preces foram atendidas. Ao abrirem os olhos, o que viram não foi o pequeno palhaço de Linz, mas uma figura celestial que viera para resgatá-los da ausência de sentido. A superficialidade e o colossal narcisismo de Hitler, longe de solapar a fé daquelas pessoas nele, tornou-a ainda mais forte. Tal é o poder da fé – mesmo quando ela é equivocada. "As pessoas que não têm uma boa religião", observou Milton Mayer, "terão uma religião ruim". Elas simplesmente não podem ficar sem ela. "Elas encontrarão uma religião; algo em que possam acreditar"[148].

---

148 MAYER, M. *They thought they were free: the Germans, 1933-1945*. Chicago: University of Chicago Press, 1917, p. 281.

"Um homem bastante frustrado"

Momentos antes de sua morte, o fracasso encarou-o com olhos fixos. Com um olhar zombeteiro, maneiras evasivas e um inconfundível ar de cumplicidade, o fracasso estava ali, bem atrás de seu assassino. O gatilho pode ter sido puxado por Nathuram Godse, mas o fracasso é que facilitou tanto as coisas para que ele assassinasse Mohandas Gandhi[149]. Foi também o fracasso que tornou Gandhi tão vulnerável, que o transformou numa vítima sacrificial, e acabou com ele. Tão logo a bala da arma cumpriu sua função, o observador mais perspicaz pôde perceber o fracasso se aproximar lentamente, e fechar os olhos de Gandhi. Derramando, talvez, uma lágrima de compaixão. Foi assim que Gandhi morreu, em 30 de janeiro de 1948, pelas mãos de um fanático e às sombras do fracasso.

Também foi assim que Gandhi viveu: sob uma ampla sombra do fracasso. Seu encontro final e fatal com o fracasso não deve tê-lo surpreendido; muito pelo contrário: ele teria se surpreendido se o fracasso *não* tivesse aparecido. No verão de 1947, enquanto tentava enfrentar a violência pública que vinha tragando várias regiões do país, Gandhi confidenciou a um assessor próximo, o antropólogo Nirmal Kumar Bose: "Não quero me sentir um fracassado, ao morrer... Mas talvez eu seja um fracassado... Estou tateando em busca da luz, mas estou cercado pela escuridão"[150]. A partir de então, as

---

149 Para a reconstrução desta fase da vida de Gandhi, bem como de sua personalidade e carreira pública, recorri, em grande medida, à pesquisa realizada por Jad Adams, Douglas Allen, Faisal Devji, Louis Fisher, Ramachandra Guha, Arthur Herman, Pyarelal Nayar, Robert Payne, Tridip Suhrud, Ananya Vajpeyi, Kathryn Tidrick e Alex von Tunzelmann, entre outros. Meu agradecimento especial a Tridip Suhrud pelo esclarecedor e inesquecível diálogo que tivemos sobre os fracassos de Gandhi em Shimla.

150 HERMAN, A. *Gandhi and Churchill: the epic rivalry that destroyed an empire and forged our age.* Nova York: Bantam Dell, 2008, p. 558.

coisas não ficaram menos obscuras para ele. Em 30 de janeiro de 1948, horas antes de seu assassinato, ele confessou a um jornalista americano: "Não posso mais viver em meio à escuridão e à insanidade. Não posso continuar assim"[151].

E isso tinha um bom motivo. A Índia com que Gandhi sonhara estava longe de despontar em seu horizonte, muito embora os britânicos tivessem deixado o país, que conquistara a independência. O sonho de uma Índia grandiosa se transformara no pesadelo de um país dividido contra si mesmo – "vivissectado" foi a palavra que ele empregou – repartido entre duas novas entidades políticas, cada uma delas contendo uma miríade de Índias em disputa, cada uma mais raivosa e insatisfeita que a outra. Isso desencadeou uma violência em massa de proporções catastróficas, com milhões de pessoas mortas ou feridas, e um número ainda maior de desabrigados. A palavra "holocausto" seria usada, e mais de uma vez, para descrever o que ocorreu logo após a Partição. Ao longo de décadas, Gandhi tentara ensinar aos indianos a superioridade de uma resistência não violenta – *satyagraha* – em relação ao uso da força bruta. Parecia, agora, que tudo o que ele conseguira foi despertar o interesse de seu povo pela força bruta.

Para um homem que fizera da não violência (*ahimsa*) a ideia central de sua filosofia, de sua carreira pública e de seu programa político, um resultado desses só poderia ter sido um fracasso retumbante. É muito improvável que ele não tenha percebido a ironia daquilo tudo: no início de sua carreira, uma de suas preocupações era o fato de os indianos carecerem de um "espírito de luta". Os estrangeiros (afegãos, mogóis e britânicos) puderam governar a Índia

---

151 TUNZELMANN, A. *Indian summer: the secret history of the end of an empire.* Nova York: Henry Holt, 2007, p. 267.

durante séculos pela simples razão de que os indianos lhes permitiram fazê-lo. Sua queixa era a de que os indianos eram "frouxos" demais. "Não se pode ensinar a não violência a um homem que é incapaz de matar alguém", Gandhi costumava dizer. Ora, muitas pessoas pareciam determinadas a provar que ele estava errado: não apenas os indianos *eram capazes de* matar, como o faziam com entusiasmo. As pilhas de cadáveres insepultos que Gandhi podia observar ao seu redor, nas ruas de Calcutá e em outras partes do país, serviam-lhe de prova empírica.

A Índia havia conquistado sua tão desejada independência, mas teve tantas perdas em meio a este processo que alguns se perguntavam se o preço pago não tinha sido exorbitante. Para Gandhi, a independência da Índia não significava o *swaraj* (autogoverno), tal qual ele o concebia, e ele tampouco conseguia ver a si mesmo cumprindo uma função qualquer dentro daquele sistema. Quando, em 15 de agosto de 1947, as elites políticas da Índia se reuniram em Nova Déli para celebrar o evento, a ausência de Gandhi chamou a atenção de todos. Ele tinha poucos motivos para comemoração. Um artigo publicado dias antes no *Times of India* oferecia um vislumbre de Gandhi em um país prestes a conquistar a independência. Trata-se de um excelente estudo sobre o fracasso:

> O Sr. Gandhi é hoje um homem bastante frustrado. Ele viveu para ver seus seguidores transgredirem suas mais estimadas doutrinas; seus conterrâneos entregaram-se a uma guerra sangrenta, desumana e fratricida; a não violência, o *khadi* e vários outros de seus princípios foram varridos pela atual enxurrada política. Desiludido e frustrado, talvez ele seja hoje o único expoente inabalável daquilo que se convencionou chamar de gandhismo[152].

---

152 *Times of India*, 9 ago. 1947.

Em certas situações, ele não parecia nem chegar a tanto. A determinada altura, durante as negociações com o vice-rei da Índia, em agosto de 1946, um Gandhi desesperado supostamente teria dado um tapa na mesa e esbravejado: "Se a Índia quiser ter um banho de sangue, ela terá!"[153]. Mal sabia ele qual seria a extensão daquele banho de sangue, ou que ele próprio seria uma das vítimas daquele banho. À medida que a violência eclodia, houve presságios. Durante uma visita a Amritsar, ele ficou assustado ao ouvir "Volte para casa, Gandhi!", ao invés das eufóricas boas-vindas que costumava receber. Para os muçulmanos da Índia, ele era um hindu, apesar de todas as suas tentativas de ecumenismo. Para muitos hindus, ele era um traidor, por causa de seu ecumenismo. Para a maioria dos indianos, naqueles dias sangrentos, ele era, em grande medida, irrelevante.

E Gandhi sabia disso. "Se para a Índia a não violência já não tem utilidade, será que ela poderá ser violenta comigo?", ele se perguntava[154]. Revelou-se que ele tinha razão: ele se tornara descartável. Com uma frequência cada vez maior, nos meses que antecederam o janeiro de 1948, as turbas gritavam: *Gandhi Murdabad!* ("Morte a Gandhi!"). Gandhi sempre se mostrou hábil para lidar com as multidões, com suas alterações de ânimo, com suas demonstrações de amor ou de ódio. Sua sensação em relação à vida de uma multidão era semelhante ao modo como um amante sente o corpo de sua amada[155]. Portanto, ele provavelmente tinha consciência do

---

153 HERMAN, A. *Gandhi and Churchill*, p. 555.

154 *Ibid.*, p. 582.

155 "Entre as massas e mim", afirmou Gandhi, "existe uma ligação que desafia qualificações, mas que, no entanto, é sentida da mesma maneira por elas e por mim. Nesta minha ligação com elas, enxergo o Deus que eu venero" (GANDHI, R. *Mohandas: a true story of a man, his people and an empire*. Nova Delhi: Penguin India, 2007, p. 300).

verdadeiro significado da frase *Gandhi Murdabad!* : que seu programa político estava completamente em frangalhos. Todas aquelas décadas de intimidade com a multidão acabaram resultando em nada. Raras vezes o fracasso se expressou de modo tão claro como neste episódio, em meio a tamanho caos e confusão.

A julgar por seus próprios padrões, a vida de Gandhi, embora aparentemente tenha sido bem-vivida, parece ter sido desperdiçada. Ele não morreu em conflitos com a polícia na África do Sul, nos primeiros anos de sua carreira política, ou então carregando companheiros feridos durante a guerra dos Boer; não morreu durante uma das várias vezes em que esteve encarcerado, ou enquanto tentava pacificar multidões iradas, ou enquanto as desafiava, como fez várias vezes em seus últimos anos de vida. Nem sequer morreu de inanição, por mais que tenha tentado. Ele teve a mais desonrosa das mortes – tão brutal quanto comum. Gandhi foi morto, furtiva e rapidamente, pela bala da arma de um assassino, como um animal liquidado num matadouro. Este homem certamente merecia uma morte melhor, o que talvez explique a presença do fracasso na cena do crime, e o olhar cúmplice dele enquanto testemunhava a queda de Gandhi.

A fragilidade da democracia

Mas isso não pode estar certo, ouço você dizendo. Hitler era excepcionalmente malvado, e aquelas foram situações excepcionais. Em toda parte, as pessoas desejam viver livres, mais do que sob uma tirania, não é mesmo?

De fato, as pessoas têm sonhado com uma vida "em liberdade e com dignidade", durante o tempo que dura a sua convivência. A democracia parece encarnar a imagem da decência. Sua ideia central é desconcertantemente simples: sendo membros de uma comunidade, todos temos o mesmo direito de opinar sobre nossos modos de convivência. "Na democracia, como deveria ser", afirma Paul Woodruff em seu relato histórico sobre a democracia ateniense, "todos os adultos têm a liberdade de participar dos debates e conversas sobre como deveriam organizar sua vida comunitária. E ninguém tem a permissão de desfrutar do poder descontrolado que conduz à arrogância e aos abusos"[156]. Haverá algo mais sensato que isso? Mas quem disse que nós somos pessoas sensatas?

A História – único guia verdadeiro de que dispomos sobre este assunto – tem nos mostrado que a verdadeira democracia é algo raro e efêmero. Ela irrompe de um modo quase misterioso em um ou outro local mais afortunado, e logo desvanece, tão misteriosamente quanto surgiu. A genuína democracia é algo difícil de alcançar, e uma vez conquistada, é frágil. No grande esquema dos eventos humanos, trata-se de uma exceção, não de uma regra.

E isso acontece por boas razões. Por mais desejável e desconcertantemente simples que a democracia seja, ela não nos chega de um modo natural. É muito revelador que, ao tentar explicar qual é o ideal democrático, um historiador da democracia sinta a necessidade de recorrer a ideias como "poder", "arrogância" e "abuso". Essencialmente, os humanos não têm a pré-disposição de viver de modo democrático. Pode-se até mesmo apresentar o argumento de que a democracia "não é natural", já que contraria nossos instintos e impulsos vitais. O que é mais natural para nós, assim como para qualquer ser vivo, são a busca da sobrevivência e a reprodução. E, para atingir estes fins, nós nos impomos – de um modo egoísta, implacável e selvagem – diante das demais pessoas: nós as empurramos para o lado,

---

156 WOODRUFF, P. *First democracy: the challenge of an ancient idea*. Londres: Oxford University Press, 2005, p. 2.

pisamos nelas, nós a derrubamos de seus cargos, e até mesmo as aniquilamos, caso necessário. Apreciemos ou não este fato, esta *libido dominandi* ("o intenso desejo de exercer o domínio") está no âmago de quem somos. O modo como vivemos e como morremos, como sentimos e o que pensamos, o modo como representamos o mundo – tudo isso é marcado por nossa sede inata de poder, a principal manifestação de nosso instinto de sobrevivência. A teoria filosófica de Nietzsche sobre este tema só nos deixa horrorizados pelo fato de nos reconhecermos tão completamente nela.

O desejo de dominar os outros, e até mesmo de aniquilá-los caso seja necessário, tem definido o *homo sapiens*. Nós certamente colaboramos com os outros, mas na maioria dos casos só o fazemos para nos impormos de um modo ainda mais eficaz. Assim como os outros animais, buscamos a colaboração não devido ao altruísmo, mas para sobrevivermos. Por trás de nossa fachada de boas maneiras e de sofisticação social, continuamos sendo o mesmo *homo sapiens* de milhares de anos atrás. A civilização não passa de uma máscara; e precária, ainda por cima. Basta chacoalhar um pouquinho o homem moderno, e junto com sua máscara cairá toda a sua presunção: o que você obterá é a natureza humana em seu estado bruto, governada pela força animal a fim de permanecer viva. Esta força, observa Simone Weil, é "tão impiedosa para o homem que a possui – ou então acha que a possui – quanto para suas vítimas; ela aniquila suas vítimas, e deixa o homem inebriado"[157]. Alguns anos após a vitória da revolução bolchevique, que supostamente criaria a mais avançada sociedade humana que se poderia imaginar, Stálin confessou, com uma sinceridade admirável: "O maior deleite está em distinguir o inimigo, fazer todos os preparativos, vingar-se

---

157 WEIL, S. *The Iliad or the poem of force*. Wallingford: Pendle Hill, 1991, p. 11.

dele, e então ir dormir"[158]. Cabe perguntar se os homens das cavernas eram capazes de uma selvageria tão refinada.

Se há uma esfera na qual nossa presunção se revela em plena forma, é a esfera política. Na *polis*, traímos nossa verdadeira natureza, mais do que em qualquer outro lugar. Não é à toa que somos chamados de "animais políticos". Nosso comportamento político deveria ser estudado por zoólogos, não por cientistas sociais. "A organização social dos chimpanzés é quase humana demais para ser verdade", escreve o primatologista Frans De Waal. "Excertos inteiros de Maquiavel parecem se aplicar diretamente ao comportamento dos chimpanzés"[159]. "A ilógica e insensata natureza humana", escreve um outro zoólogo, Konrad Lorenz, "faz com que dois partidos políticos ou duas religiões com projetos de salvação incrivelmente semelhantes lutem entre si com tanta veemência", assim como obriga um Alexandre ou um Napoleão a sacrificar milhões de vidas numa tentativa de colocar o mundo inteiro sob o seu domínio"[160]. A história do mundo, em grande parte, é a história de animais políticos excessivamente presunçosos em busca de variadas maneiras de exercer o poder. E, para piorar as coisas, uma vez que um animal destes é entronado, os demais submetem-se prontamente aos seus caprichos. E com que abandono esta rendição acontece! *O triunfo da vontade* nos dá um vislumbre de como este processo funciona.

Grosso modo, este é o pano de fundo por trás do surgimento das ideias democráticas. Não é de surpreender que se trate de uma batalha

---

158 PATENAUDE, B.M. *Stalin's Nemesis: the exile and murder of Leon Trotsky*. Londres: Faber and Faber, 2009, p. 231.

159 WAAL, F. *Chimpanzee politics: power and sex among apes*. Baltimore: Johns Hopkins University Press, 2007, p. 4.

160 LORENZ, K. *On aggression*. Londres: Routledge, 2002, p. 228-229.

perdida. A genuína democracia não faz promessas grandiosas, tampouco tenta seduzir ou cativar as pessoas. Ela apenas aspira alcançar uma certa dose de dignidade humana. A democracia não é erótica; comparada ao que acontece em regimes populistas e autoritários, ela é um tema um tanto quanto frígido. Que indivíduo, em sã consciência, optaria pelas enfadonhas responsabilidades da democracia, ao invés da gratificação instantânea oferecida pelo demagogo? A frigidez, em vez do êxtase ilimitado? E, no entanto, apesar disso, a ideia de democracia já esteve próxima da personificação algumas vezes ao longo da História – momentos de graça, nos quais a humanidade foi capaz de surpreender a si mesma. Em seu formato ideal, a democracia ainda não foi bem-sucedida, mas as pessoas nunca pararam de tentar alcançá-la. Trata-se de um dos sonhos que têm mantido a História viva.

Um dos requisitos necessários para que a democracia possa emergir é um sólido senso de humildade. Uma humildade que seja, ao mesmo tempo, coletiva e pessoal, pública e internalizada, visionária mas verdadeira. O tipo de humildade autoconfiante e ciente de suas próprias habilidades – uma humildade que, por conhecer o próprio valor e os próprios limites, seja até mesmo capaz de rir de si mesma. Uma humildade que, tendo testemunhado muitas situações absurdas e aprendido a tolerá-las, tornou-se sábia e paciente. Ser um verdadeiro democrata significa, em outras palavras, compreender que, na convivência com um grupo, você não é melhor nem mais inteligente do que a pessoa ao seu lado, e então adotar a postura adequada. Numa verdadeira democracia, o encanador analfabeto e o vencedor do Prêmio Nobel estão em pé de igualdade: o voto de cada um deles tem exatamente o mesmo peso. Se eles cometerem erros – e, por serem humanos, isso sempre acontecerá –, tais erros não devem desqualificá-los, e sim aproximá-los um do outro. Como afirmou Camus, "a democracia é o exercício social e político da modéstia"[161].

Embora os regimes não democráticos muitas vezes se considerem perfeitos (eles nunca se cansam de prometer uma "sociedade perfeita", uma "ordem social perfeita", "virtudes perfeitas" e assim por diante), as democracias trazem, em sua essência, a falibilidade. "A democracia teve origem numa respeitosa consciência da loucura humana", observa Woodruff[162]. Viver democraticamente significa aceitar a imperfeição, lidar com o fracasso e, de modo geral, não alimentar muitas ilusões em relação à sociedade humana. Somente uma tal humildade, que beira a santidade, seria capaz de criar uma democracia genuína. Se a democracia é algo tão difícil de alcançar na prática, é porque é praticamente impossível criar esse tipo de humildade em grande escala[163]. A democracia fracassa quando dá espaço para que o fracasso se manifeste – quando as pessoas não conseguem deixar de considerar a si mesmas melhores do que realmente são. Ou seja, praticamente o tempo todo.

Eis um motivo adicional para rendermos louvores aos atenienses da Antiguidade[164]. De certa maneira, eles intuíram a associação

---

161 CAMUS, A. Democracy is an exercise in modesty. *Caliban*, n. 21, nov. 1948.

162 WOODRUFF, P. *First democracy*, p. 6.

163 "A democracia prospera por meio da humildade", escreveu John Keane. "Não devendo jamais ser confundida com mansidão dócil ou com submissão, a humildade é uma virtude democrática essencial, o antídoto para o orgulho arrogante: trata-se da condição de ter consciência dos próprios limites e dos limites alheios" (*The life and death of democracy*. Nova York: Norton, 2009, p. 855).

164 Para John Keane, a terra natal da democracia se encontra em um outro lugar: "A lâmpada da democracia baseada nas assembleias foi acesa, em primeiro lugar, no 'Oriente', nas terras que geograficamente correspondem à região onde hoje estão Síria, Irã e Iraque" (*ibid.*, p. xi). Meu enfoque aqui está centrado na democracia ateniense pelo fato de ela nos ser apresentada em sua maturidade, com uma descrição razoavelmente boa de seu funcionamento na prática, e por ela ser a versão que acabou inspirando tentativas modernas de alcançar a democracia.

entre democracia e humildade. No momento que os atenienses trouxeram à tona o conceito que se revelaria uma das mais radicais invenções da história humana, a *isonomia* (igualdade perante a lei), eles tinham consciência de estar caminhando na contramão de alguns fortes instintos humanos. No entanto, eles estabeleceram que, uma vez que o direito de governar era assegurado a todos os cidadãos atenienses do sexo masculino, e o número de cargos no poder era limitado, o modo mais sensato de nomear funcionários públicos era realizar um sorteio (*sortition*). A igualdade se revela de maneira aleatória. Para os indivíduos que instauraram a democracia em Atenas, as eleições (no sentido que hoje damos a esta palavra) teriam significado um golpe no coração das ideias democráticas, pois isso teria dado a algumas pessoas a possibilidade de imporem-se às demais. A riqueza individual, o prestígio, a influência familiar e os títulos não tinham grande importância na nova democracia ateniense: o que realmente importava era a cidadania ateniense. A julgar por padrões tradicionais, este conceito deve ter soado como escandaloso. Podemos imaginar o modo como as velhas elites de Atenas – os aristocratas e os ricos, as pessoas bem-relacionadas e aquelas que receberam uma educação refinada – devem ter reagido.

Os fundadores da democracia ateniense previam que isso ocorreria. Foi a partir de então que eles criaram uma outra instituição fundamental em sua democracia: o ostracismo. Sempre que alguns de seus cidadãos começavam a revelar um excesso de presunção, deixando evidente a sua sede de poder, os atenienses podiam votar para exilá-los da cidade por um período de dez anos, inscrevendo os nomes deles em fragmentos de cerâmica (*óstracos*). Este era um castigo incomum: os indivíduos condenados ao ostracismo pagavam sua pena com o exílio não por algo que tinham feito, mas por aquilo que *poderiam fazer* caso não houvesse restrições para seus atos. Ciente de sua própria fragilidade, a democracia não poderia se dar ao luxo de correr riscos, e então adotava medidas preventivas. Os atenienses tinham a consciência de ser excessivamente vulneráveis e imperfeitos para resistir a seduções políticas (o complicado episódio que envolveu Alcibíades lhes servia de um excelente exemplo), e eles abdicavam destes prazeres. Por ser uma criação humana, a democracia é frágil – é melhor não submetê-la a testes.

O ostracismo é o perfeito exemplo de uma instituição política concebida com um fracasso inerente. Ao mesmo tempo, o ostracismo fez com que a política na Atenas democrática se assemelhasse a um curioso jogo social: você precisava ser, ao mesmo tempo, uma pessoa presente e ausente, visível e invisível. A expectativa era que você tivesse a postura de um cidadão bom e engajado; no entanto, fazê-lo de um modo excessivamente ostentatório poderia significar a sua destruição, pois isso poderia ser interpretado como *hybris*, um excesso de presunção, que lhe daria o tipo de notoriedade que todos evitavam em Atenas. "A lista das pessoas condenadas ao ostracismo tinha a aparência de um *Quem é Quem* ateniense", ironizou um erudito[165].

Todo o arranjo institucional chama a nossa atenção para a absoluta precariedade da democracia de Atenas. Seus fundadores parecem ter acreditado que, tão logo os cidadãos tivessem decidido quais seriam as regras do jogo democrático, o restante seria resolvido por si. As próprias pessoas não precisariam passar por nenhuma transformação; tudo o que precisavam fazer era jogar conforme as regras do jogo. Basta um exemplo para ilustrar isso: a fim de dificultar – ou mesmo impossibilitar – o suborno dos júris, o sistema democrático

---

165 STUTTARD, D. *Nemesis: Alcibiades and the Fall of Athens*. Cambridge: Harvard University Press, 2018, p. 122.

ateniense funcionava com um grande número de jurados (mais um caso de fracasso inerente). No julgamento de Sócrates, havia 501 jurados. É improvável que alguém tenha tentado – quanto mais conseguido – subornar todos eles. O que os fundadores da democracia não conseguiram prever, contudo, foi a possibilidade de que os atenienses *se deixariam corromper* ao tornarem-se presas fáceis da demagogia, deixando-se enganar e comportando-se como uma turba. A julgar pelas aparências externas, eles respeitavam as leis, e a democracia parecia funcionar; no entanto, a coisa toda começou a apodrecer por dentro. A declaração de Platão, de que não havia nada de bom na democracia, equiparando-a ao governo de uma turba, talvez tenha algo a ver com o fim que seu mestre acabou tendo.

Quando os atenienses assassinaram Sócrates, eles agiram de um modo perfeitamente democrático; segundo os padrões então vigentes, o julgamento foi impecável. No entanto, o veredito do julgamento deixou claro que a democracia não causara uma significativa transformação *interior* nos indivíduos de Atenas. A mudança tinha sido apenas exterior: ela fez emergir um novo jogo político na cidade, embora os jogadores continuassem a ser, em essência, os mesmos. O mero fato de tornar os atenienses formalmente iguais perante a lei não alterou o que eles eram. Continuaram sendo os mesmos animais políticos, presunçosos, sedentos de poder e movidos pela vingança, tal como antes. A única diferença é que, por Atenas ser o que era, eles passaram a praticar o sanguinário esporte da política por detrás de uma fachada mais respeitável. A *isonomia* era um princípio formal da democracia, e os atenienses se mostraram incapazes de criar uma nova humanidade com a qual pudessem atender a este princípio. Para que isso fosse possível, eles teriam que ter passado por uma radical transformação interior, e é sempre difícil operar uma mudança desse tipo.

Paul Woodruff avalia que as deficiências da democracia ateniense poderiam ter sido resolvidas por meio de um significativo acesso das pessoas à educação. "O principal fracasso da democracia ateniense", escreveu ele, "foi seu malogro em estender o acesso à educação para além da classe das pessoas abastadas"[166]. Tivessem tido um maior discernimento, os atenienses teriam sido melhores cidadãos, e sua democracia teria sido salva. Conhecimento é sinônimo de virtude, segundo esta linha de raciocínio, e o próprio Sócrates foi um dos defensores mais ardorosos desta ideia. Seguindo esta mesma linha, Woodruff considera a educação (*paideia*) como uma experiência profunda e transformadora que deveria fazer de nós seres humanos melhores. Segundo este argumento, o *self* com o qual você deixa a escola é diferente daquele com o qual você a adentrou. O pressuposto talvez esteja correto – a educação pode, de fato, transformar as pessoas. Porém, ainda paira no ar a pergunta: é realista imaginar – ou mesmo esperar – que neste mundo exista uma escola capaz de operar, numa escala suficientemente grande, uma transformação radical como esta, que possa matar o animal arrogante e sedento de poder que habita no âmago de nosso ser?

Mais humilde do que o pó

Há uma razão adicional para que o fracasso estivesse ao lado de Gandhi naquela noite de janeiro, em 1948. Ambos tinham um relacionamento íntimo que já vinha de décadas. Se existe algo que Gandhi conheceu na intimidade, talvez até mais do que si mesmo,

---

166 WOODRUFF, P. *First democracy*, p. 169.

foi o fracasso, que sempre esteve a seu lado. Sempre que acontecia de ele ter êxito em alguma coisa – e, em certa medida, o Mahatma foi um dos homens mais bem-sucedidos de sua época –, o fracasso emergia, para apequená-lo, ou então para contê-lo. Sempre que ele fracassava – e, assim como qualquer homem grandioso, os fracassos de Gandhi foram inúmeros –, esta sombra perseguidora também emergia: para puxá-lo e trazê-lo de volta à terra, para, por meio da vergonha, conduzi-lo ao autoaprimoramento. Dois anos antes de morrer, Gandhi admitiu: "Eu só consigo aprender com os meus erros... só consigo aprender quando tropeço, caio, e sinto dor"[167]. Em grande medida, Gandhi foi um autodidata, que podia se permitir abrir mão de uma escolarização e professores sofisticados. Mas havia um professor que lhe era imprescindível: o fracasso.

Em 1925, já com cinquenta e poucos anos, Gandhi começou a publicar (em gujarati e em inglês) um relato de sua vida até então: *Autobiografia – Minha vida e minhas experiências com a verdade*. Quando o livro foi publicado na África do Sul, onde ele vivera a maior parte de sua carreira pública, uma amiga de Pretoria teve dificuldades de reconhecê-lo naquele autorretrato escrito. Ela lhe escreveu: "Gostaria que você não tivesse nos apresentado este retrato de si mesmo. O sr. Gandhi que eu conheci é uma pessoa muito mais agradável"[168].

Talvez de modo não deliberado, a colega sul-africana com quem Gandhi mantinha correspondência tenha tropeçado numa das

---

167 GANDHI, M.K.K. *The collected works of Mahatma Gandhi*. 100 vols. Nova Déli: Publications Divisions, Ministry of Information and Broadcasting, Government of India, 1958-1994, vol. 90, p. 38.

168 SUHRUD, T. Editor's Introduction. *In*: GANDHI, M.K. *An autobiography, or the story of my experiments with truth*. New Haven: Yale University Press, 2018, p. 21.

principais características do modo gandhiano de abordar a vida: não se conforme com nada, com exceção do fracasso. Pois o fracasso pode ser usado como uma técnica para a vida. Para levar uma vida boa, você precisa colocar a si mesmo numa posição de eterna decepção: como ponto de partida, comece pela pior pessoa que você jamais poderia ser, e então, aos poucos, você começa a se desenvolver. Por meio deste método, a vida adquire sentido, até você conseguir se desvencilhar do fracasso. Quanto mais você fracassa, maior é a chance de você encontrar o seu próprio valor.

No texto original em gujarati, a palavra para "autobiografia" é *atmakatha*: "a história de uma alma". É exatamente isso que Gandhi nos oferece neste livro: um relato detalhado de como as suas "fracassadas experiências com a verdade", ao longo de décadas, influenciaram sua alma, deram uma estrutura a seu *self*, fazendo com que, por fim, ele se tornasse quem foi. Uma questão crucial que emerge aqui é: onde, exatamente, esta jornada tem início? Por medida de precaução, Gandhi concluiu que deveria descer até o degrau mais baixo possível, e, ao fazer isso, estabelecer para si mesmo altos padrões. "O buscador da verdade deve ser mais humilde do que o pó", escreveu ele. "O mundo esmaga o pó sob seus pés, mas o buscador da verdade deveria ser tão humilde que até mesmo o pó poderia esmagá-lo. Somente então, mas não antes disso, ele poderá ter um vislumbre da verdade"[169]. Tornar-se "mais humilde do que o pó", por mais difícil que seja, é apenas um primeiro passo.

Logo na introdução do livro, Gandhi faz menção a seus "deslizes do tamanho do Himalaia", prometendo "não esconder nem minimizar quaisquer coisas feias que devem ser reveladas". Sua expectativa

---

169 GANDHI, M.K. *An autobiography, or the story of my experiments with truth. Op. cit.*

é a de "fazer com que o leitor se inteire plenamente de seus fracassos e erros"[170]. E ele cumpre sua promessa. Neste livro, nada fica por ser dito. Tudo – incluindo o episódio mais constrangedor – é realmente confessado, descrito em dolorosos detalhes, e lamentado pelo autor. A fim de evitar qualquer traço de ambiguidade, vários títulos de capítulos dão uma clareza cristalina ao autojulgamento de Gandhi: "Uma tragédia" (subdividido em dois capítulos) narra em detalhes seu experimento com a ingestão de carne. "A morte de meu pai e minha dupla vergonha" relaciona Eros a Thanatos, num relato autotorturante e marcado pela culpa. O capítulo intitulado "Um erro do tamanho do Himalaia" relembra os reveses que enfrentou ao longo de uma de suas campanhas *satyagraha*. Assim como outras pessoas se vangloriariam de suas conquistas, o Gandhi da *Autobiografia* parece orgulhar-se de seus erros, de seus defeitos e das armadilhas em que caiu.

Em sua infância, Gandhi, já apresentava alguns sinais de fracasso. Escreve ele: "Foi com certa dificuldade que consegui lidar com as tábuas de multiplicação… meu intelecto devia ser preguiçoso; minha memória, tosca"[171]. Embora tenha vivido eventuais experiências promissoras na escola, ele "só poderia ter sido um aluno medíocre". O homem que futuramente cativaria multidões e destruiria impérios era uma pessoa excessivamente tímida; evitava todo tipo de companhia "para evitar que zombassem de mim"[172]. Aliás, cheguei a mencionar que ele era um covarde? De acordo com sua *Autobiografia*, foi um covarde digno de nota. Antes de travar uma guerra contra o Império Britânico, Gandhi teve de lidar com uma diferente espécie de inimigos:

---

170 *Ibid.*
171 *Ibid.*
172 *Ibid.*

> Eu era atormentado pelo medo de ladrões, fantasmas e serpentes. Não ousava sair de casa à noite. Para mim, a escuridão era um terror. Era praticamente impossível dormir no escuro, pois eu começava a imaginar fantasmas que vinham de uma direção, ladrões vindo de outra, e serpentes de uma terceira[173].

Gandhi passou por uma importante transformação pessoal em Londres, onde estudou Direito por três anos (1888-1891). Mas isso não significa que houve alguma alteração significativa em seu relacionamento com o fracasso; pelo contrário, ele adquiriu uma nova intensidade. Ao retornar para a Índia, Gandhi deu início a uma promissora carreira na condição de "advogado sem clientes", primeiro em Bombaim (Mumbai) e, a seguir, em Rajkot, cidade natal de Manilal, seu segundo filho. Seu primeiro caso na Justiça destaca-se por uma eloquente brevidade. Um réu contratou o advogado graduado em Londres no Juizado de Pequenas Causas. Vestindo roupas chiques de um advogado, Gandhi apareceu na Corte, pronto para causar agitação. Chegou, então, o momento em que deveria interrogar a testemunha do requerente. "Eu me levantei, mas me sentia completamente esmorecido", recorda-se.

> Minha cabeça começou a dar giros, e eu senti como se a Corte inteira estivesse girando junto. Eu não conseguia pensar numa única pergunta a fazer. O juiz deve ter dado risada, e os *vakils* [advogados] certamente estavam adorando o espetáculo. Mas eu não conseguia perceber nada que acontecia ao meu redor. Sentei-me e comuniquei ao oficial que eu não poderia continuar acompanhando o caso[174].

---

173 *Ibid.*

174 *Ibid.*

Em sua vida privada, o Gandhi da *Autobiografia* era um marido impaciente e até mesmo abusivo. Demorou décadas até que conseguisse firmar-se num relacionamento decente com sua esposa, Kasturba. Antes disso, sua principal receita para a resolução de crises conjugais envolvia a decisão de expulsar Kasturba do lar do casal. Na condição de pai, seu desempenho tampouco foi melhor. Metaforicamente falando, o Mahatma talvez tenha sido o "pai da Índia", mas, como pai, na verdade deixou muito a desejar. "Eu não me revelei o pai ideal", escreve ele, numa frase que soa como um eufemismo[175]. O mundo admirava Gandhi como um professor seu, e talvez ele lhe tenha ensinado algumas coisas. No entanto, é estranho que ele não tenha oferecido a seus próprios filhos a chance de serem escolarizados: "Eles e também eu lamentamos o fato de eu não lhes ter dado uma formação literária"[176]. Gandhi não era necessariamente indiferente à escolarização formal de seus filhos, mas "certamente não hesitou em sacrificá-la" em nome daquilo que para ele tinha um propósito mais elevado: sua carreira a serviço dos outros, uma carreira que o absorvia completamente. Ao que parece, estes "outros" não incluíam seus próprios filhos.

O inventário de fracassos listado na *Autobiografia* é tão extenso quanto sofisticado. Gandhi poderia ter intitulado o livro "A história de minhas experiências com o fracasso". A intenção da obra, menos do que apresentar um relato fiel da jornada de Gandhi, é lhe oferecer uma resposta para as questões mais prementes da vida: como viver com o fracasso; como aproveitá-lo ao máximo; como transformar o fracasso em fonte de uma vida mais significativa. Não faz sentido tentar evitar o fracasso, Gandhi parece pensar; ele sempre o

---

175 *Ibid.*
176 *Ibid.*

acabará encontrando. O fracasso tem a mesma capacidade de penetração que a água: não há nada que ela não possa alcançar, ninguém permanece intocado. O Gandhi que vemos aqui está nadando nas águas do fracasso, e às vezes parece prestes a afogar-se.

No entanto, o espaço existente entre o quase-afogamento e o afogamento em si, por mais estreito que seja, é mais do que o suficiente. O quase-afogamento pode ser uma experiência de formação, tão enriquecedora e transformadora quanto uma ameaça à vida. No momento em que está arquejando em busca do ar, você se vê tocando os limites de sua existência terrena – consegue sentir isso em seus pulmões. Contudo, às vezes esse tipo de experiência é exatamente o que precisamos para despertar: moral, espiritual e existencialmente. As "experiências de Gandhi com a verdade" são confissões públicas de fracasso, mas este é exatamente o sentido de todo o projeto. Caso queira encontrar o ponto de apoio para seus pés, primeiro você precisa fracassar – fracassar com frequência, e passar por um fracasso de grandes proporções. Se todos estes fracassos não o aniquilarem, então você ainda tem uma chance. Não necessariamente uma chance de êxito, mas de alcançar a autorrealização, o que, para Gandhi, era algo pelo qual valia a pena viver. Portanto, o fracasso não é algo a ser silenciosamente ignorado ou rejeitado, tampouco uma pílula a ser dourada. É algo a ser enfrentado, com toda a sua feiura. Portanto, é à terapia do fracasso que Gandhi se submete em sua *Autobiografia*.

Assim como as *Confissões* de Santo Agostinho, ou as de Rousseau, o livro de Gandhi é *performativo*, com uma exposição das mais cruéis – uma forma de autoflagelo. Nenhuma queda é insignificante demais, nenhuma vergonha é constrangedora demais para ser admitida. Gandhi usa a caneta para agir contra si mesmo – para provocar a própria dor, para envergonhar-se, para penitenciar-se. Ele tinha uma sólida crença nos poderes regenerativos da confissão, e muitas vezes a recomendava às pessoas. Pouco importava se suas quedas eram grandes ou pequenas, se seus deslizes tinham ou não "o tamanho de um Himalaia" – a severidade que ele mostrava em relação a si mesmo tinha um propósito claro: o autoaprimoramento. Um indivíduo pode se mostrar complacente com os outros, mas nunca consigo mesmo. "Os santos devem ser sempre considerados culpados até que provem sua inocência", afirmou George Orwell em suas "Reflexões sobre Gandhi"[177]. Raras pessoas seguiram o conselho de Orwell com mais entusiasmo do que o próprio Mahatma.

Próximo à conclusão de sua *Autobiografia*, Gandhi escreve: "Sempre acreditei que somente quando uma pessoa enxerga seus próprios erros através de uma lente convexa, e faz exatamente o contrário no caso dos outros, é que ela consegue formar uma opinião relativa de ambos"[178]. Quando você anuncia que a sua vida são as mensagens que você transmite, coloca-se na posição mais difícil de todas: você se desnuda completamente, para poder ser julgado pelos outros. E então você fica emperrado. Não tem mais aonde ir, pois negou a si mesmo o direito à privacidade. Como bem observou um contemporâneo: "Gandhi *não tinha uma vida privada*, do modo como nós, ocidentais, entendemos este termo"[179]. Para que a sua mensagem faça algum sentido, é preciso que você a articule em sua totalidade. Dizer que "minha vida é minha mensagem" significa reconhecer, em algum nível, que a sua vida deixou de ser sua.

---

177 ORWELL, G. *A collection of essays*. Nova York: Harcourt, 1981, p. 171.

178 GANDHI, M. *Autobiografia*.

179 GUHA, R. *Gandhi: the years that changed the world, 1914-1948*. Nova York: Knopf, 2018, p. 892.

É aqui, portanto, que começam as verdadeiras dificuldades. Pois a frase "minha vida é a minha mensagem" é um convite aberto para que os outros comecem a encará-lo fixamente, a medi-lo e a avaliá-lo tão impiedosamente quanto lhes parecer adequado. O Gandhi da *Autobiografia* pode ser severo consigo mesmo, mas como ele mesmo é quem está narrando, ainda tem controle sobre esta narrativa; é capaz de estruturar a história deste jeito ou daquele, de direcionar o olhar do leitor, de distraí-lo ou de mantê-lo ocupado. Não existe o que se denomina "narrador inocente". No entanto, a vida que você narra e a vida que os outros veem desvendada diante de si são duas vidas diferentes. O fracasso que você reconhece – por mais honesto e contrito que você se mostre – e o fracasso que os outros identificarão em você são duas coisas diferentes. Em relação a isso, aos olhos de seus críticos e até mesmo para seus seguidores, Gandhi revelou-se um presente que nunca deixa de doar de si mesmo. Havia uma dose maior e mais profunda de fracasso em Gandhi do que ele mesmo estava disposto a reconhecer, ou capaz de relatar.

Um caso de fé deslocada

Porém, você poderá argumentar, isso tudo faz parte da História Antiga. Não vivemos na Atenas de Sócrates, mas num mundo muito diferente. Sim, nosso mundo é bem diferente do universo de Sócrates. Mas isso talvez só piore a nossa situação.

Vinte e cinco séculos após a morte de Sócrates na democracia ateniense, parece que aprendemos, afinal, que as transformações ocorridas por meio de uma educação humanista, em grande escala, são praticamente impossíveis. A *paideia* (definida como uma formação rigorosa e abrangente em ciências humanas tradicionais) é uma das experiências mais requintadas que uma pessoa pode ter na vida. A verdadeira educação contém em seu âmago a transformação. "Todo o segredo do poder do professor", escreveu Emerson, "reside na convicção de que os homens são passíveis de ser transformados. E são. Eles desejam despertar"[180]. Porém, por sua própria natureza, esta forma de educação é um exercício individual, e bastante individualizado; ela só funciona com um número limitado de pessoas e – quando é bem-sucedida – cria pessoas altamente individualizadas. A transformação proporcionada pela *paideia* ocorre no interior do indivíduo, e só indiretamente na sociedade. Em termos estatísticos – fosse qual fosse a expectativa dos pensadores da Renascença e do período revolucionário –, é simplesmente impossível de operar, somente com a educação, uma transformação radical na sociedade como um todo. Embora a *paideia* possa criar alguns cidadãos responsáveis e de mentalidade democrática, estes nunca serão suficientemente numerosos para desencadear o tipo de transformação coletiva necessário para criar uma verdadeira democracia.

Temos aqui algumas comprovações para este fato. Nos últimos cinquenta anos, o acesso em larga escala ao ensino superior não teve como resultado uma população mais esclarecida no Ocidente; na verdade, o resultado disso foi um declínio significativo na qualidade intelectual da própria educação. Quanto maior o número de pessoas com acesso ao ensino superior, menos exigente ele se torna, e mais superficiais são os resultados obtidos. O sistema produz um número suficiente de profissionais com uma qualificação decente (médicos, engenheiros, professores), mas isso não afeta a vida interior destas pessoas a ponto de causar uma mudança mais significativa na sociedade. A profunda humildade pressuposta por uma genuína democracia – a ideia

---

180 DELBANCO, A. *College: what it was, is, and should be.* Princeton: Princeton University Press, 2012, p. 45.

de que você não é melhor do que o seu vizinho e que, apesar de toda a escolaridade que obteve, você pode estar errado, e ele, certo, a percepção aguda da sua *libido dominandi* e a necessidade internalizada de estar atento a ela – não é algo que devemos esperar de um curso superior oferecido na universidade moderna.

O populismo e o autoritarismo prosperam, hoje em dia, em lugares onde os níveis de escolaridade são extraordinariamente altos. A despeito de toda a conversa autoadulatória sobre consciência social e engajamento político, nosso senso de cidadania não está em melhor forma do que estava cem anos atrás. E, ao que parece, conformamo-nos com esta situação. Derek Bok, um ex-presidente da Universidade de Harvard, comentou informalmente que nas universidades americanas, as faculdades de artes e ciências "demonstram um interesse muito limitado em preparar os alunos da graduação para se tornarem cidadãos democráticos, tarefa que já foi considerada o principal objetivo de uma educação liberal"[181]. Ao que parece, precisamos aprender a viver com este dilema: sem uma educação capaz de transformar a natureza humana, a democracia continuará sendo apenas um sonho; no entanto, é improvável que alcancemos tal transformação em larga escala.

O que complica ainda mais o nosso dilema é que, embora os atenienses da Grécia antiga estivessem razoavelmente enraizados em tradições religiosas – o que atendia à necessidade coletiva dos atenienses de encontrar um sentido –, nós vivemos num mundo em que a morte dos deuses antigos relegou as pessoas a um estado de orfandade espiritual e, ao mesmo tempo, de desorientação política. Nossa radical secularização fez desmoronar um quadro de

---

181 BOK, D. *Universities in the marketplace: the commercialization of higher education*. Princeton: Princeton University Press, 2003, p. 30.

referência que, durante milênios, dava sentido à vida das pessoas ao atender suas necessidades espirituais, ao lhes proporcionar uma sensação de pertencimento cósmico. A "morte de Deus" alterou tudo, particularmente aquelas coisas (a política, por exemplo) que aparentemente não tinham muita relação com Deus. O quadro de referências tradicional foi fragmentado em incontáveis pedaços e, por mais que tentemos, não seremos capazes de juntá-los novamente. Privados de tal quadro, muitos de nós somos levados a um movimento browniano, oscilando infinitamente entre a autoadoração, o consumismo compulsivo, a demagogia política e as mais recentes teorias da conspiração – qualquer coisa que possa dar às nossas vidas uma ilusão de sentido.

Umberto Eco associa a atual proliferação das conspirações a uma desesperada necessidade de busca de sentido, que a secularização não tem como satisfazer. Em *O pêndulo de Foucault* e em outros escritos, ele recorre às ideias de Karl Popper, para quem a "teoria conspiratória da sociedade" nasceu do "abandono de Deus e da pergunta que surgiu logo na sequência: 'Quem está no lugar dele?'"[182]. Sejam quais forem as imperfeições que os filósofos possam ter encontrado no antigo conceito de Deus, ele cumpriu razoavelmente bem a função de uma fonte confiável de sentido – social e epistêmico, individual e coletivo – neste mundo e além deste. Por mais severo que pudesse parecer, o velho Deus nos prometia uma sensação de ordem cósmica e, com isso, uma dose de conforto existencial. Quando tal ordem desapareceu, ela retirou o chão que havia sob os pés das pessoas. Com propriedade, Nietzsche refere-se à "morte de Deus" como um evento

---

182 ECO, U. *O pêndulo de Foucault*. Rio de Janeiro: Record, 1989.

de proporções catastróficas. Encontrar uma nova fonte de sentido que contenha uma semelhante confiabilidade exigiria nada menos do que um *Übermensch*[183].

Se Deus deixou de servir como fonte de sentido, então qualquer coisa poderia cumprir esta função. O aforismo apócrifo registrado por Chesterton sintetiza este drama: "Quando as pessoas deixam de acreditar em Deus, não é que elas não acreditam em mais nada, mas que acreditam em qualquer coisa". Porém, acreditar *em qualquer coisa* cria um sério problema, como já começamos a constatar. Quando as pessoas têm uma intensa necessidade de sentido, comenta um personagem de *O pêndulo de Foucault*, elas estarão dispostas a devorar até mesmo a mais intragável das conspirações. "Se você lhes apresentar uma conspiração, estas pessoas se atirarão sobre ela como uma alcateia de lobos. Você inventa, e elas acreditarão"[184]. Como bem sabem os políticos populistas, não importa o nível de insanidade das histórias que eles fabricam, uma multidão desorientada irá se empanturrar com elas. As sociedades humanas precisam de histórias, pois o sentido é a narrativa existente na natureza: quando não houver mais histórias sagradas capazes de criar um sentido coletivo, nós as buscaremos do mais profano dos lugares. Pois, conforme nos ensinou o Grande Inquisidor de Dostoiévski, você pode privar as pessoas de tudo, de suas posses e até mesmo da liberdade, mas não pode lhes tirar a única coisa que faz suas vidas valerem a pena: o sentido.

---

183 Traduzido por "super-homem", na edição de *Assim falou Zaratustra*, da Companhia das Letras (tradução de Paulo César de Souza, que numa longa nota explicativa justifica sua opção pelo termo). Há tradutores que preferem traduzir esta palavra com a expressão "além-do-homem" [N.T.].

184 ECO, U. *O pêndulo de Foucault. Op. cit.*

"Se quiser compreender a política moderna", escreve John Gray, você precisa deixar de lado a ideia de que os movimentos seculares e os religiosos são opostos"[185]. Em seu cerne, a política populista é um caso de *fé deslocada*: um líder carismático, mesmo que tenha uma moralidade duvidosa e nenhuma credencial cívica, surge para encarnar a promessa de sentido buscada por uma comunidade espiritualmente ansiosa por encontrar um sentido. Em meio a um pronunciamento atabalhoado e repleto de absurdos, seu público encontrará palavras proféticas; ele gesticulará feito um maluco, e o público identificará nisso sinais de um caminho a seguir. Em um vácuo espiritual, até mesmo um palhaço despudorado poderá lhes bastar. Com efeito, quanto mais descarado for seu estilo histriônico, melhor; para uma multidão cega pela incerteza e enlouquecida pela ausência de sentido, truques baratos como estes ganharão a aparência de momentos decisivos em suas vidas.

Se o palhaço consegue fazer a multidão acreditar nele como uma fonte de sentido, ela engolirá, irracionalmente, a mais escandalosa das mentiras, os enredos e as conspirações mais idiotas. Pois "o que convence as massas não são os fatos, e nem mesmo os fatos inventados", escreveu Hannah Arendt em *As origens do totalitarismo*, "mas tão-somente a coerência do sistema do qual eles supostamente fazem parte"[186]. Quando se trata de incitar as multidões, a coerência não é uma questão de lógica, mas de emoções. E poucas coisas são mais coerentes do que o controle emocional exercido por uma figura carismática sobre seus seguidores. Para Simone Weil, a política já se apresentava como uma "farsa sinistra". Desde então, as coisas só pioraram.

---

185 GRAY, J. *Seven types of atheism,* p. 72.

186 ARENDT, H. *As origens do totalitarismo*. São Paulo: Companhia de Bolso, 2013.

"Hitler, meu amigo"

A vida e a obra de Gandhi contêm uma natureza "etérea, transcendental", que o torna, ao mesmo tempo, fascinante e perturbador. O homem parecia viver entre nós, mas ao mesmo tempo estava, definitivamente, em um outro mundo. Quando Winston Churchill referiu-se a ele como um "faquir seminu", fez este comentário como uma ofensa, mas Gandhi o tomou como um elogio. Se sua intenção era seguir uma carreira, esta não seria na área do Direito ou da política, mas em algo completamente diferente: "Há muito tempo eu venho tentando me tornar um faquir, e tornar-me um faquir nu é uma tarefa um pouco mais complicada"[187].

Em inúmeras circunstâncias, a aspiração de Gandhi em transformar-se em faquir colocou-o em apuros. A convivência com este intruso metafísico não era exatamente agradável. Mahadev Desai, fiel secretário e discípulo de Gandhi, certa vez ironizou de maneira poética: "Conviver com um santo no Paraíso é uma bem-aventurança e uma glória; conviver com um santo na Terra é uma história bem diferente"[188]. De fato, Gandhi às vezes conseguia ser uma pessoa bastante pragmática. "No interior do santo, ou quase-santo", escreveu Orwell, "havia uma pessoa muito astuta e qualificada, que poderia, se assim o desejasse, ter alcançado um sucesso brilhante como advogado, como administrador ou então como homem de negócios"[189]. Ele provinha da subcasta Bania, cujos membros eram famosos por sua sagacidade e suas refinadas habilidades. No entanto, Gandhi também conseguia dar mostras espetaculares

---

187 HERMAN, A. *Gandhi and Churchill*, p. 538.
188 GUHA, R. *Gandhi*, p. 777.
189 ORWELL, G. *A Collection of Essays*, p. 172.

de ingenuidade, de ignorância e até mesmo de cegueira. Diante de exemplos óbvios de um mal político, era capaz de exibir um discernimento de extraordinária estupidez[190]. Na questão do genocídio armênio, por exemplo, o grande homem tomou o partido dos otomanos. Enquanto o exército japonês devastava a China, ele aconselhou os chineses a não contra-atacar:

> É descabido que uma nação de 400 milhões de habitantes, uma nação culta como a China, revide a agressão japonesa recorrendo a métodos japoneses. Se os chineses adotassem a não violência, tal como eu a concebo, o Japão não teria a necessidade de empregar suas modernas máquinas de destruição[191].

Enquanto Hitler causava a devastação da Europa, Gandhi se mostrou surpreendentemente solidário. Em maio de 1940, ele escreveu: "Não considero Hitler tão mau quanto ele é retratado. Ele tem demonstrado uma habilidade incrível e parece estar conquistando suas vitórias sem grande derramamento de sangue"[192]. Na opinião de Gandhi, "futuras gerações de alemães reverenciariam *Herr* Hitler como um gênio, um homem corajoso, um estrategista incomparável e muito mais"[193]. Por medida de precaução, ele escreveu cartas pessoais a Hitler, dirigindo-se a ele como "Caro amigo", e instando-o a adotar a não violência. Seu amigo não teve a oportunidade de lhe responder, já que estava ocupado em ampliar a extensão do Holocausto. Mas Gandhi não era o tipo de pessoa que desistia

---

190 Jad Adams refere-se à "incapacidade persistente e inata de Gandhi de compreender o mal radical" (ADAMS, J. *Gandhi: the true man behind modern India*. Nova York: Pegasus, 2011, p. 222).

191 GANDHI, M.K. *The Collected Works of Mahatma Gandhi*, vol. 68, p. 203-204.

192 TUNZELMANN, A. V. *Indian Summer*, p. 94.

193 HERMAN, A. *Gandhi and Churchill*, p. 446.

facilmente. Em dezembro de 1941, novamente cobriu de elogios o seu silencioso amigo alemão: "Ele não se casou. Dizem que seu caráter é puro. Ele se mostra constantemente alerta"[194]. Mas justiça seja feita: Gandhi não negligenciou os judeus. Ele lhes recomendou que orassem – por Hitler. "Mesmo se um único judeu agir assim, ele terá preservado o seu autorrespeito e deixado um exemplo que, se disseminado, poderá salvar todo o povo judeu"[195].

A meio mundo de distância da Europa, e sobrecarregado com os inúmeros problemas de seu próprio país, Gandhi não estava, exatamente, na melhor posição para compreender o que vinha acontecendo na Alemanha nazista. Porém, isso não o impediu de fazer pronunciamentos constrangedores do estilo: "Os judeus da Alemanha são capazes de submeter-se à *satyagraha* contando com uma proteção infinitamente melhor do que os indianos tiveram na África do Sul", afirmou[196]. Mesmo após a Guerra, quando já não poderia restar a menor dúvida sobre o que acontecera, e sobre os atos do "alerta" Herr Hitler, Gandhi não reviu suas opiniões de maneira significativa. Disse ele: "Os judeus deveriam ter oferecido a si próprios ao açougueiro e a seu facão... Isso teria despertado o mundo e a população da Alemanha"[197].

"A democracia é para os deuses"

Após a experiência radical de Atenas com a igualdade, a democracia emergiu em outros lugares, mas muitas vezes em formatos que os atenienses da Antiga Grécia teriam dificuldade de reconhecer.

---

194 GANDHI, M. K. *The Collected Works of Mahatma Gandhi*, vol. 75, p. 177.

195 HERMAN, A. *Gandhi and Churchill*, p. 445.

196 *Ibid.*, p. 406.

197 *Ibid.*, p. 445.

Pelos padrões atenienses, a tão louvada democracia americana atual seria considerada "oligárquica". É uma minoria rica (*hoi oligoi*) que geralmente decide não apenas as regras do jogo político, mas também quem serão seus vencedores e perdedores. Ironicamente, o sistema favorece aquele que os Pais Fundadores[198] queriam a todo custo evitar quando optaram pela representação democrática, no início de tudo: o animal político arrogante e opressivamente presunçoso. Desdobramentos de fatos recentes já mostraram que até mesmo o sistema americano seria algo fácil de ser desmantelado. Muito mais fácil, em todo caso, do que gostaríamos de imaginar.

Porém, não devemos nos surpreender. "Se existisse um povo formado por deuses, ele governaria a si mesmo democraticamente", escreveu Jean-Jacques Rousseau há dois séculos e meio em seu *Contrato Social*. "Um sistema de governo tão perfeito não é algo feito para os homens"[199]. É tão difícil encontrar a democracia no mundo humano que, na maior parte do tempo em que falamos sobre ela, estamos fazendo referência a um ideal distante, mais do que a um fato: algo que as pessoas tentam colocar em prática de tempos em tempos, mas nunca de maneira adequada e nunca por um longo tempo – sempre de modo atrapalhado, tímido, como se servisse apenas para um período de experiência. Até hoje, a maioria de tais tentativas fracassaram. No entanto, mesmo que elas tenham fracassado, em algumas situações elas causaram a redução da quantidade de sofrimento desnecessário no mundo – um motivo mais do que o suficiente para preferirmos a democracia a outras alternativas.

---

198 Políticos que assinaram a Declaração de Independência ou participaram da Revolução Americana como líderes dos Patriotas, ou que participaram da redação da Constituição dos Estados Unidos onze anos mais tarde [N.T.].

199 ROUSSEAU, J.-J. *The basic political writings*. Indianápolis: Hackett, 2011, p. 200.

Em vez de seguir com a interminável conversa sobre "como tornar o mundo um lugar melhor", como diz a expressão clichê – o que geralmente é um excelente pretexto para não se fazer nada –, talvez tenhamos que nos empenhar um pouco mais para tornar o mundo um lugar menos horrível, para início de conversa. Esta seria uma meta admirável, ainda que muito mais difícil se ser atingida, na prática. Se o círculo dos fracassos políticos nos ensina algo, esta lição é: por mais ambiciosas que sejam nossas aspirações, por mais nobres que sejam nossos sonhos, devemos estar dispostos a nos contentar com menos.

Um milhão de mortos

A Índia tampouco foi poupada dos deslizes políticos de Gandhi. Para o político Gandhi, a morte de um milhão de indianos não era uma coisa tão ruim, contanto que suas mortes servissem a um bom propósito. "Eu concluí", disse ele em 1942, "que seria uma coisa boa se, durante uma resistência corajosa e não violenta contra o Império Britânico, um milhão de pessoas fossem assassinadas"[200]. A morte é capaz de realizar muitas coisas, e até ter uma excelente serventia – tudo o que se precisa é alguém que saiba como ter controle sobre ela. Gandhi se achava capaz disso. "Neste momento, meu coração está duro como pedra", declarou durante a Marcha do Sal. "Estou nesta luta pelo *swaraj* [autogoverno], disposto a sacrificar milhares, centenas de milhares de homens, caso seja necessário"[201].

Os oficiais britânicos ficaram "em choque", nas palavras de um historiador, ao ouvir Gandhi, "comentar friamente sobre o número

---

200 HERMAN, A. *Gandhi and Churchill*, p. 492.
201 GANDHI, M. K. *The Collected Works of Mahatma Gandhi*, vol. 49, p. 15-18.

de mortes que resultariam do não atendimento de suas exigências durante os protestos, ou se algum conflito social eclodisse em alguma cidade indiana"[202]. Talvez o choque deles não devesse ser tão grande – eles haviam sido alertados, afinal. Pois Gandhi não escrevera, no *Hind Swaraj*: "Aquela grandiosa nação apoia sua cabeça na morte, que usa como travesseiro"?[203] Ao apresentar sua defesa, Nathuram Godse, o assassino de Gandhi, mencionou justamente este fato de sua carreira pública. Para ele, conforme explicou tempos depois, "Gandhi era um violento pacifista que causou um número incalculável de calamidades ao país, tudo em nome da verdade e da não violência"[204].

Em 1915, logo após ter mudado de volta para a Índia, vindo da África do Sul, durante a oração noturna em um ashram recém-fundado próximo a Ahmedabad, ao mesmo tempo em que exaltava as virtudes da disciplina e da resiliência, Gandhi anunciou aos moradores do ashram que

> ele aguardava ansiosamente pelo dia em que convocaria todos os moradores do *ashram*, que haviam sido treinados naquelas disciplinas, a imolarem a si próprios no altar da não violência. Impassível, ele os assistiria tombando, um após o outro, sob uma chuva de balas, sem o menor traço de medo ou de ódio, somente com amor em seus corações. E então, quando o último deles tivesse tombado, ele próprio os seguiria em sua imolação[205].

---

202 HERMAN, A. *Gandhi and Churchill*, p. 193.

203 GANDHI, M.K. Hind Swaraj. *In*: MUKHERJEE, R. (org.). *The Penguin Gandhi Reader*. Nova York: Penguin 1996, p. 51.

204 GODSE, N. *Why i assassinated Mahatma Gandhi*. Nova Delhi: Surya Bharti Parkashan, 1993, p. 40.

205 NAYAR, P. *Mahatma Gandhi: the early phase*. Ahmedabad: Navajivan, 1965, p. 15.

Deparamo-nos, aqui, com uma das facetas mais perturbadoras de Gandhi: sua postura de indiferença diante da *morte dos outros*, a tranquilidade com que ele usava as demais pessoas em suas próprias batalhas, transformando-os em mártires de uma causa sobre a qual eles não tinham informações suficientes. Gandhi não era inconsciente do excepcional poder que exercia sobre as pessoas. "Eu não sei que mal há em mim", confessou a certa altura. "Há traços de crueldade dentro de mim... de tal modo que as pessoas se obrigaram a fazer coisas, e até mesmo tentar coisas impossíveis, só para me satisfazer"[206]. O profeta da resistência passiva nem sempre conseguia resistir à tentação de abusar de tal poder.

O problema das revoluções

A ideia de que a sociedade humana possa ser transformada pela *paideia* é apropriada às pessoas otimistas e às pacientes. É necessária uma boa dose de otimismo, e uma dose ainda maior de paciência, para acreditar que livros e professores possam, um dia, transformar animais sedentos de poder em cidadãos exemplares que trabalham de modo altruísta pelo bem-comum – lobos transformados em ativistas vegetarianos. Os impacientes dispõem de uma alternativa para tentar operar esta mudança: queimar a casa, e recomeçar tudo do zero, reconstruir a humanidade inteira. Não a *paideia*, mas a *revolução*. A crença de que algo assim seja possível e exequível é mais um elemento que tem mantido a história viva – mesmo que, às vezes, demasiadamente viva.

Em *A ideologia alemã*, Karl Marx e Friedrich Engels descrevem com clareza como este processo funciona na prática. Tendo demonstrado a necessidade de uma "alteração dos homens em

---

206 GANDHI, M. K. *The Collected Works of Mahatma Gandhi*, vol. 10, p. 202.

grandes proporções", eles ressaltam que isso "só pode ocorrer por meio de um movimento de natureza prática, uma *revolução*". A seguir, eles detalham a dupla função da revolução como um ato histórico altamente inovador e violento[207]. "A revolução é necessária", acrescentam eles, "não apenas porque a *classe dominante* não pode ser derrubada de nenhuma outra forma, mas porque é somente por meio de uma revolução que a classe *que derruba* detém o poder de desembaraçar-se de toda a antiga imundície, e de se tornar capaz de uma nova fundação da sociedade"[208].

Marx e Engels publicaram *A ideologia alemã* em 1846. Embora se referissem a uma futura revolução comunista, eles não estavam profetizando-a *ex nihilo*: estavam projetando um futuro imaginário com base nos eventos ocorridos apenas uma geração antes, que tinham tudo a ver com "uma nova fundação da sociedade". A Revolução Francesa foi, em sua essência, um projeto com uma inovação radical. No quente verão de 1789, constatou-se que todo o sistema de instituições sociais e políticas no qual os franceses confiaram durante séculos era não somente opressivo e injusto, mas também irracional. Subitamente, *l'ancien régime* (o "Antigo Regime") passou a ser motivo de vergonha, precisando ser substituído por instituições novas, racionalmente concebidas, com visão de futuro. Assim, a ideia de novidade tornou-se o primeiro mandamento da Revolução: "Reinventarás todas as coisas". E, como era de se esperar, muito

---

207 Não há ambiguidade no ponto de vista de Marx e Engels, de que a revolução precisa ser violenta. No *Manifesto Comunista*, por exemplo, eles afirmam que "o proletariado estabelece sua dominação pela derrubada violenta da burguesia". Em *O Capital*, Marx escreveu: "A violência é a parteira de toda sociedade velha que está prenha de uma sociedade nova".

208 MARX, K.; ENGELS, F. The German ideology. *Karl Marx, Friedrich Engels Collected Works*, vol. 5. Londres: Lawrence and Wishart, 1989, p. 52-53.

em breve a *tabula rasa*, o início a partir de uma lousa em branco, passaria a ser um vício. Georges Danton, que, assim como a maioria dos revolucionários franceses, reinventou a si mesmo de maneira radical, foi quem melhor descreveu isso: "Precisamos olhar para todas as coisas novamente, recriar todas as coisas". A *Declaração dos Direitos do Homem e do Cidadão*, que acabara de ser adotada, "não é impecável, ela merece ser reexaminada por uma população verdadeiramente livre", afirmou Danton[209]. Somente uma revolução permanente poderia ser suficientemente revolucionária.

A ideia de uma completa ruptura com o passado foi herdada dos filósofos iluministas; porém, viver a experiência prática de tal ruptura era uma outra história. À medida que se acompanha o desenrolar dos eventos revolucionários na França, sente-se não apenas a enorme empolgação criada por tudo que aquelas pessoas tentavam alcançar, mas também a ansiedade generalizada, a angústia e um estado de apreensão. Sinais de tal estado podem ser encontrados nas palavras de Philippe Le Bas, membro radical da Convenção Nacional (o primeiro regime político da França revolucionária), logo após a execução de Luis XVI. Le Bas votara a favor da decapitação do rei, e alcançara agora uma compreensão mais ampla do que ele e seus colegas revolucionários haviam feito: "O caminho de volta foi bloqueado, temos que seguir em frente, querendo ou não, e agora pode-se realmente dizer 'Viva em liberdade ou morra'"[210]. Não havia mais nenhum ponto ao qual os revolucionários pudessem retroceder no caso de um fracasso de seus ousados experimentos. A maioria das antigas formas e práticas

---

209 POPKIN, J.D. *A new world begins: the history of the French Revolution*. Nova York: Basic Books, 2019, p. 304.

210 POPKIN, J. D. *A new world begins*, p. 315.

sociais havia sido abandonada, e praticamente tudo precisava ser refeito do zero – desde o calendário até o sistema de medidas, e incluindo a educação pública. Para aqueles visionários, nada era proibido. Os membros da Sociedade dos Amigos da Verdade, um dos clubes políticos que proliferaram pela Paris revolucionária, sonhavam com a "recriação do próprio universo" e com "a criação de uma nova religião da humanidade"[211].

Houve quem avaliasse, com preocupação, que a busca implacável de novidades da parte dos revolucionários tornara seu projeto não apenas impraticável, mas realmente perigoso. Nesse sentido, poucos críticos à Revolução foram mais perspicazes do que Edmund Burke. Quando seu livro *Reflexões sobre a Revolução na França* foi publicado, em novembro de 1790, o tema seguia em discussão; no entanto Burke conseguiu captar o que realmente estava em jogo. Na visão dele, o erro fundamental dos revolucionários teve origem na rejeição deles ao passado: "Vocês optaram por agir como se nunca tivessem sido influenciados pela sociedade civil, e tivessem que começar tudo novamente. Vocês começaram mal, pois logo de início desprezaram tudo que lhes pertencia. Vocês abriram um negócio sem possuir capital"[212].

Burke postula que, sozinha, a razão é frágil e imperfeita, jamais é encontrada em abundância, e ela é soterrada pela complexidade das tarefas iminentes. Não deveríamos confiar muito na razão quando se trata de questões de vida mais sérias: "Receamos deixar os homens vivendo e negociando cada qual com seu próprio suprimento de razão, pois suspeitamos que o estoque de cada homem

---

211 *Ibid.*, p. 218.

212 BURKE, E. *Reflections on the Revolution in France and other writings*. Nova York: Everyman's Library, 2015, p. 454.

seja limitado… a natureza do homem é intrincada; os indivíduos da sociedade são mais complexos do que se imagina"[213]. A razão é algo admirável, mas confiar apenas nela pode nos conduzir a resultados irracionais.

Os fracassos espetaculares que ocorreram em rápida sucessão – o Reinado do Terror, a ascensão e o império de Napoleão Bonaparte, a Restauração (uma horrível ressaca após uma festa esplêndida) – pareciam confirmar as críticas feitas por Burke. Nesse sentido, a Revolução Francesa adiantou-se a tentativas recentes de se alcançar uma total ruptura com o passado, tais como a revolução bolchevique na Rússia, a Revolução Cultural na China, e o regime do Khmer Vermelho no Cambodja. Em todos estes episódios, pagou-se um alto preço por uma lição um tanto quanto banal: a humanidade envolve muito mais coisas do que a simples razão. Somos uma mescla complexa de racionalidade e emoção, de lógica e imaginação, de sensatez e preconceitos. Detalhes pequenos, como a cultura local e laços afetivos, tradições particulares e costumes locais, por mais irracionais que possam parecer, desempenham um papel tão importante a numa verdadeira sociedade quanto os planos abstratos concebidos pelos revolucionários mais bem-intencionados. A bagagem emocional e de lembranças, culturas e costumes talvez seja apenas um lastro, mas sem ele é imprudente navegar. No livro *Escuridão ao meio-dia*, de Arthur Koestler, Rubashov, um velho bolchevique, enquanto aguarda em sua cela a própria execução, observa: "Já nos livramos de todos os lastros; apenas uma âncora nos mantém firmes: a fé em nós mesmos"[214].

---

213 *Ibid.*, p. 500.
214 KOESTLER, A. *Escuridão ao meio-dia*. Campinas: Sétimo Selo, 2022.

"Fé", é isso que ele acaba de dizer? Feita por um racionalista radical como Rubashov, esta é uma confissão e tanto! Quando Robespierre, ao perceber que sociedade nenhuma poderia sobreviver sem alguma forma de vida religiosa, fundou o Culto ao Ser Supremo, ele fez mais concessões do que talvez desejasse. Anos mais tarde, com a decisão de reatar ligações com a Igreja Católica, Napoleão demonstrou entender muito mais sobre o coração humano do que os revolucionários. Não é que Napoleão acreditasse em Deus, mas ele sabia que os franceses não acreditariam nele a menos que ele mostrasse ter alguma fé. Foi uma atitude cínica, mas não delirante. "Haverá quem diga que eu sou um papista; não sou coisa nenhuma; no Egito, eu era muçulmano; aqui, pelo bem do povo, eu serei católico"[215]. A fé tem razões que a simples razão jamais entenderá.

A busca por uma inovação radical não foi o pior que a Revolução Francesa produziu. O maior problema foram os meios empregados para alcançá-la: o *terror*. Um dos objetivos da Revolução, você deve se lembrar, era nos purificar da "antiga imundície", de modo que possamos "nos tornar capazes de uma nova fundação da sociedade". Precisamos de uma limpeza profunda que se assemelhe a um renascimento. Não teremos como adentrar a nova era da história humana enquanto estivermos apegados a nosso velho e imundo *self*. Embora os adeptos da democracia (antiga e moderna) alimentem a expectativa de que uma tal limpeza transformadora aconteça a partir de regras adequadas e das instituições, mesmo que isso leve séculos, os revolucionários dispõem de pouco tempo, e de menos paciência ainda, para processos históricos demasiadamente longos. Eles acreditam que podem chegar à reconstrução

---

215 POPKIN, J. D. *A new world begins*, p. 544.

do material humano num tempo curto. Certamente, seus métodos precisam ser brutais, mas quando consideramos a nobreza deste objetivo, qualquer preço vale a pena.

E o objetivo da Revolução Francesa era *realmente* nobre: aquelas pessoas sonhavam com nada menos que uma "República da Virtude", que daria um fim à história tal como a conhecemos. Nada menos do que uma "sociedade perfeita" poderia satisfazê-los. O intento da Revolução era transcender sua época e espaço particulares, tornando-se um limiar no desenrolar da História humana. Não se tratava de uma política comum, mas da escatologia colocada em prática. "A Revolução Francesa", comentaria Alexis de Tocqueville, "foi uma revolução política que se desenvolveu nos moldes das revoluções religiosas"[216]. E quando se trata da realização do trabalho do Paraíso sobre a Terra, não se pode recorrer a padrões comuns. Tudo é permitido: maus-tratos, assassinatos, o extermínio dos *ennemies de la Révolution* (reais ou imaginários), o regicídio e até mesmo o genocídio. Quando a perfeição humana está em jogo, manter-se amarrado a insignificantes detalhes jurídicos significa trair a própria humanidade.

O Reinado do Terror surgiu a partir de um grande amor pela humanidade; aquelas pessoas eram *terroristes* somente porque eram filantropos apaixonados. O desenrolar do Terror demonstrou o fortalecimento da conexão entre a *pureza* dos ideais revolucionários e a *violência* dos meios empregados para alcançá-los; quanto mais nobres forem as aspirações, mais sangue eles têm nas mãos. O que permitiu a "suspensão temporária da lei", e particularmente dos "direitos humanos", observou François Furet,

---

216 TOCQUEVILLE, A. *The Ancien Régime and the French Revolution*. Cambridge: Cambridge University Press, 2011, p. 19.

foi justamente "a necessidade mais nobre de fundar uma sociedade com base na virtude dos cidadãos"[217]. A busca pela virtude exigia o emprego de métodos brutais.

O resultado disso foi uma devastação em larga escala. A Revolução ceifou a vida de centenas de milhares de pessoas: guilhotinadas, decapitadas por espadas ou machados, assassinadas pelas turbas, afogadas nos rios, queimadas, colocadas em rodas de tortura. Muitas vezes, as estatísticas se revelam precárias ao retratar os fatos. Por vezes, o depoimento de uma testemunha pode se revelar mais eloquente do que as estatísticas mais detalhadas. "É totalmente impossível expressar o horror do profundo e sombrio silêncio que envolveu aquelas execuções", relembra François Jourgniac Saint-Méard, oficial do exército e apoiador da monarquia que quase por milagre sobreviveu ao massacre de setembro de 1792, que marcou o início do Reinado do Terror. O silêncio

> era interrompido somente pelos berros das pessoas que estavam sendo sacrificadas, e pelo som dos golpes de sabre em suas cabeças. Tão logo eles eram colocados sobre o chão, ouviam-se murmúrios, intensificados pelos gritos de "Longa vida à nação!", que para nós eram mil vezes mais assustadores do que o terrível silêncio[218].

A teoria e a prática do faquirismo

Sua natureza etérea e transcendental – ou seu faquirismo, por assim dizer – é o que melhor poderia definir Gandhi. No islamismo sufi, *faqīr* é o indivíduo que leva uma vida de completa abnegação e de dedicação aos outros; ele não tem interesses pessoais, nenhum

---

217 FURET, F. *The French Revolution, 1770-1814*. Oxford: Blackwell, 1998, p. 137.

218 POPKIN, J.D. *A new world begins*, p. 289-290.

desejo pelas coisas terrenas, e pode viver sem posses pessoais. Em geral, o faquir vive de esmolas, ou então de brisa. O termo tem origem na palavra árabe *faqr* ("pobreza"). Durante um longo período os faquires sufi fizeram parte da paisagem religiosa da Índia, sendo determinantes para a vida espiritual não apenas dos muçulmanos, como também dos hindus. Eles têm sido reverenciados por ambos os grupos. Quando Churchill chamou Gandhi de "faquir", Gandhi se sentiu lisonjeado. Como poderia ser diferente? O homem mais poderoso do Império Britânico acabara de referir-se a ele como um "mestre espiritual". Se ele tinha algum tipo de apreensão, era pelo fato de *não ser um completo faquir*.

Enquanto ainda morava na África do Sul, Gandhi tomou a decisão consciente de levar uma vida de faquir. Primeiro, ele acolheu o chamado à pobreza: faquires não têm nenhuma posse. Conforme ele diria tempos depois, "as serventias da pobreza são muito mais agradáveis do que as da riqueza"[219]. Ele abandonou sua carreira como advogado e desvinculou-se dos demais assuntos mundanos. Deixou de usar roupas europeias chiques e passou a viajar somente de terceira classe. Por medida de precaução, decidiu que as pessoas de seu entorno teriam de ser pobres como ele (faquires colaboradores), e, num gesto apropriado, informou à sua família que a partir de então, eles teriam que viver com muito menos. Quando Manilal, seu filho, manifestou o desejo de prosseguir os estudos e ter uma carreira, Gandhi logo lhe cortou a fala: "Somos pobres e queremos continuar sendo pobres"[220]. O faquirismo é, em si, uma carreira.

Quando você se empenha muito para tornar-se um faquir, como Gandhi o fez, não basta ser pobre – é preciso que as pessoas vejam

---

219 FISHER, L. *The life of Mahatma Gandhi*. Nova York: Harper & Row, 1983, p. 92.
220 GANDHI, R. *Mohandas*, p. 140.

isso. Para poder mostrar sua pobreza, Gandhi passou a vestir cada vez menos roupas, até as pessoas começarem a se preocupar, se perguntando quando ele pararia com aquilo. Logo depois, passou a ingerir cada vez menos alimentos. Enquanto Gandhi buscava modos de reduzir suas necessidades materiais, deparou-se com uma regra de ouro: tudo que você estiver usando e que esteja além do mínimo essencial consiste em roubo. Ele afirmou:

> Se eu preciso de apenas uma camisa para me vestir, mas uso duas, sou culpado por estar roubando uma camisa de alguém. Pois a camisa que poderia estar sendo usada por alguém não me pertence. Se cinco bananas são o suficiente para me manter em pé, comer uma sexta banana é um tipo de roubo[221].

Nenhum outro faquir poderia ter expressado isso de um modo melhor. Assim como os faquires sufis de antigamente, para Gandhi a pobreza não consistia simplesmente numa vida minimalista; era um caminho rumo à autotranscendência. Você se torna um faquir não apenas por não gostar deste mundo, mas porque está apaixonado pelo outro mundo. Gandhi optou por ter menos porque desejava muito mais.

Havia apenas mais uma coisa que Gandhi tinha de cuidar para poder atender plenamente às exigências do faquirismo: sua sexualidade. Presume-se que faquires não sejam incomodados pelos apelos carnais. No entanto, por sua própria natureza, Gandhi era uma pessoa com forte apelo sexual, e extraordinariamente fogosa. Na adolescência, e posteriormente em sua juventude, ele tinha dificuldades de ficar longe de sua esposa. Sua batalha contra o próprio corpo era um conflito que só aumentava; porém, no fim das contas ele venceu,

---

221 GANDHI, M.K. *The collected works of Mahatma Gandhi*, vol. 14, p. 384.

mesmo que recorrendo a medidas drásticas. Enquanto ainda morava na África do Sul, depois de um longo autoexame e de conversas com amigos, Gandhi decidiu deixar de dormir com Kasturba, sua esposa, e tornar-se um *brahmachari* ("celibatário" por motivos religiosos). Para tomar sua decisão, ele não sentiu a necessidade de consultar a própria Kasturba. Porém, cavalheiro como sempre foi, ele a informou sobre sua decisão assim que a tomou.

Gandhi era nada menos do que um perfeccionista. Em todas estas esferas – alimentação, vestuário, sexualidade –, ele nunca se conformava em simplesmente fazer algo bem-feito; sempre buscava ascender a um patamar superior – o que, às vezes, é a melhor maneira de estragar tudo. George Orwell, novamente: "Sem dúvida, o álcool, o cigarro e outras substâncias são coisas que um santo deve evitar, mas a santidade também é algo que os seres humanos devem evitar"[222].

Quando o fracasso deixa de ser uma opção

Quando se trata de violência revolucionária, poucas figuras poderiam ser mais emblemáticas do que Maximilien Robespierre (1758-1794). Ao encontrar-se com o ex-advogado de Arras, Mirabeau proferiu a famosa frase: *Cet homme ira loin car il croit tout ce qu'il dit* ("Este homem irá longe, pois acredita em tudo que diz"). Numa sociedade em que o discurso era uma arte refinada, que se buscava atingir não por necessidade, mas sobretudo pelo valor da experiência em si, o *bon mot* [uma expressão ou palavras espirituosas] de Mirabeau era mais um alerta do que um elogio.

Antes da Revolução, o que distinguia Robespierre era o fato de ele não ter nenhum traço distintivo. O homem era a insipidez encarnada.

---

222 ORWELL, G. *A collection of essays*, p. 172.

Após 1789, foi justamente esta insipidez, conforme observou François Furet, que lhe permitiu perder-se tão completamente no curso dos acontecimentos e integrar-se a eles. Ele não tinha vida própria, nenhuma existência privada, nenhuma paixão ou interesses além da Revolução. "Não há como separar o indivíduo Robespierre da Revolução", escreveu Ruth Scurr. Capturados juntos pelo turbilhão, Robespierre e a República "tornaram-se o único e o mesmo tirano"[223]. Para Robespierre, defender a Revolução até as últimas consequências tornou-se algo instintivo, conforme puderam constatar, desapontados, muitos de seus colegas revolucionários. Já que o fracasso da Revolução deixara de ser uma opção, quaisquer meios se justificavam, na visão dele, contanto que contribuíssem para o êxito da Revolução – o que, ironicamente, é sempre uma receita para o fracasso. Quanto mais visíveis se mostravam os sinais de fracasso da Revolução, maior a determinação de Robespierre para não enxergar ou aceitar este fato.

Julgando a si mesmo como moralmente puro (não é à toa que ele era conhecido como *l'incorruptible*), Robespierre assumiu a responsabilidade pela pureza moral da França. "Ele não mostrava muito interesse por dinheiro, nem, até onde sabemos, por sexo. Não tinha uma mente voltada para os negócios, e tampouco chegou a saber o que é viver fortes emoções"[224]. Isso fazia com que ele tivesse, ao mesmo tempo, um comportamento escrupuloso e totalmente devastador. Robespierre era a correção encarnada, o que se revelava em seu modo de vestir e em seu comportamento na sociedade, e até mesmo no modo como enviava as pessoas (incluindo seus próprios amigos)

---

223 SCURR, R. *Fatal Purity – Robespierre and the French Revolution*. Londres: Vintage 2007, p. 6-7.

224 *Ibid.*, p. 89.

à guilhotina. Tivesse ele sido um pouco mais frouxo, o destino da Revolução poderia ter sido diferente.

Muitíssimo influenciado pelo Iluminismo, Robespierre usava a razão como um guia para a ação. De maneira um tanto pedante, ele fazia com que suas normas derivassem dos princípios de moralidade universal, enraizados na premissa de um "Ser Supremo". E esta fundamentação racional de sua existência o blindou de quaisquer sentimentos humanos. Assim que ele compreendeu de onde vinham os perigos da Revolução, agiu contra eles do mesmo modo implacável que um matemático apresenta provas para sua conclusão lógica. Tal qual um Sumo Sacerdote da antiguidade – e de maneira igualmente casta e desprovida de humor –, Robespierre fazia seus pronunciamentos e executava todas as funções exigidas por seu cargo sagrado, incluindo sacrifícios humanos. Quando o Marquês de Condorcet afirmou que "a Revolução é uma religião", e que Robespierre, "liderando uma seita dentro dela", é um "sacerdote liderando seus adoradores", demonstrou não apenas discernimento, mas um conhecimento de primeira mão[225].

A melhor solução encontrada por Robespierre foi o terror. Sem o terror, pensava ele, "a virtude torna-se impotente", e sem a virtude, o projeto inteiro perde sentido. "O terror é simplesmente a justiça, rápida, severa e inflexível", e considerando-se que a justiça deve ser aplicada, o terror não poderia ser interrompido[226]. Nas mãos de Robespierre, o terror se transformou num assunto puramente racional. Em geral, é necessário que o gesto do indivíduo que deseja matar alguém seja motivado por alguma espécie de emoção

---

225 *Ibid.*, p. 215.
226 *Ibid.*, p. 275.

(ódio, raiva, medo etc). Robespierre, um homem da razão, estava acima das emoções. Suas decisões de executar *les ennemies de la Révolution* não eram fruto de vingança ou de ódio; eram o resultado lógico de um processo racional. Para esta máquina humana, o perdão teria sido sinônimo de fraqueza – teria sido, acima de tudo, o fracasso da razão, o que para ele teria sido uma coisa intolerável. Isso fazia com que Robespierre se tornasse ainda mais assustador. Para ele, conforme nos lembra François Furet, "o derramamento de sangue era abstrato, assim como o sistema político: a guilhotina era alimentada pelo seu moralismo"[227].

Nesse aspecto, Robespierre encarna uma das grandes ironias do projeto iluminista: quando é levada para além de seus limites, a razão se transforma no seu oposto. Um projeto político que exige um derramamento de sangue para a sua implementação – por mais nobre que seja o seu objetivo, e por mais convincentes que sejam as suas justificativas – é tudo menos racional. A ilustração mais explícita de tal ironia é a própria guilhotina. É significativo que esta máquina tenha sido a encarnação visível do Iluminismo: além de este dispositivo envolver a aplicação rigorosa da ciência moderna (de um fabricante de guilhotinas exigia-se uma boa compreensão da física newtoniana, para calcular o peso e o ângulo da lâmina, a altura da estrutura de madeira, e assim por diante), sua mera existência era a materialização de uma ideia filantrópica e progressista. O Doutor Joseph-Ignace Guillotin, que *não foi* o inventor da guilhotina (a máquina já vinha sendo usada antes, em outros formatos), foi um humanista sensível e atencioso que, no fim de 1789, propôs uma série de medidas visando à reforma do sistema judiciário criminal da França. Durante o *Ancien Régime*, as punições

---

227 FURET, F. *The French Revolution*, p. 146.

consistiam em eventos cruéis, humilhantes e até mesmo injustos. Na forca, reservada às pessoas comuns, os plebeus, levava alguns minutos até que a morte fosse consumada; o indivíduo precisava passar por várias mortes até encontrar-se com o fim da vida. Os membros da nobreza tinham uma sorte ligeiramente melhor: eram executados por decapitação – por espada ou machado. Mas esta era rápida somente se o carrasco fosse habilidoso. A execução por tortura na roda era particularmente medonha. Portanto, preocupado com seus semelhantes da raça humana, Dr. Guillotin criou o conceito de um método uniforme, menos doloroso e mais rápido: "a decapitação por um mecanismo simples". Tal "máquina filantrópica de decapitação", como foi denominada, já fora usada antes com bons resultados – tudo o que eles precisavam fazer era aperfeiçoá-la. E foi o que fizeram, transformando a guilhotina, por fim, em uma arte refinada. A construção do protótipo coube à pessoa mais adequada: um fabricante de pianofortes, um tal de Tobias Schmidt.

Quando finalmente foi adotada, em abril de 1792, a máquina operava milagres. Na verdade, ela funcionava tão bem que acabava frustrando as pessoas: o condenado mal havia chegado, e já era despachado. Acontecia como o bom Dr. Guillotin previra: "a cabeça sai voando... e a vítima deixou de existir". Isso significava que praticamente não havia mais espetáculos públicos – e, portanto, nenhuma diversão[228]. A "máquina filantrópica de decapitação" revelou-se um estraga-prazeres de primeira classe. Ao eliminar a inebriante mistura de emoções que durante séculos vinha atraindo as pessoas

---

228 "A máquina racional e desumanizada carecia da cumplicidade de sentimentos: o horror ao crime, a catarse da punição, o evidente sofrimento do penitente, a participação e o conluio da multidão, o poder mediador da justiça da mais alta instância e o agente da lei, o carrasco" (GRAEME, F. *The terror: the shadow of the guillotine: France, 1792-1794*. Nova York: St. Martin's Press, 2004, p. 56-57.

a assistir às execuções públicas, ela estragou tudo. Para as plateias revolucionárias, a ideia de uma "punição humana" deve ter soado não apenas como uma piada cruel, mas também como algo consideravelmente idiota: era como um bife sem carne, sexo sem o parceiro, bebida destilada sem álcool. Aqueles valentes *sans-culottes* [229] não queriam execuções indolores – eles as assistiam para deleitar-se com o espetáculo de um sofrimento verdadeiro, prolongado e grave; não com um despacho "filantrópico" e rápido, mas com uma morte lenta e demorada. "As execuções de caráter humano" nunca foram páreo para "a paixão pela punição e pelo terror, alimentada por um profundo desejo de vingança e de reviravolta social, um sentimento abundante entre os *sans-culottes* naqueles tempos[230].

Uma vendedora de limonada de Paris, uma senhora de admiráveis sentimentos *terroristes* (ela afirmou que gostaria de comer o coração de qualquer um que fizesse oposição aos *sans-culottes*") expressou a frustração coletiva com a velocidade e com a precisão da guilhotina: "Eles falam muito sobre o corte de cabeças, mas não tem sangue suficiente sendo derramado"[231]. Na verdade, o sangue *estava* sendo derramado, e em grande quantidade, mas como a operação era conduzida de um modo tão organizado, tinha-se a impressão contrária: a guilhotina estava trabalhando mais rápido do que o tempo necessário para os espectadores assimilarem a experiência. Para saciar a sede de sangue do povo, era preciso eliminar cada vez mais pessoas na guilhotina, mas tudo isso foi em vão.

---

229 Trabalhadores urbanos, pequenos comerciantes ou mesmo desempregados. Durante a Revolução, a expressão passou também a fazer referência aos grupos políticos mais radicais, constituindo a base de apoio dos políticos populares [N.T.].

230 FURET, F. *The French Revolution*, p. 131.

231 FIFE, G. *The terror*, p. 66.

146

A execução praticada de modo manual, além de agradar às plateias, teria ralentado o ritmo do processo, mantendo o Terror sob controle. Em vez disso, a velocidade vertiginosa da máquina demandava um número cada vez maior de sentenças de morte. E por mais numerosas que estas fossem – e o eram –, as plateias continuavam insatisfeitas. Quando se deram conta, os revolucionários já estavam com sangue à altura dos joelhos[232], e as plateias continuavam a pedir mais. A certa altura, o local das execuções públicas teve de ser transferido, pois o sangue já começava a contaminar o reservatório de água.

Quando o projeto da guilhotina foi apresentado pela primeira vez, o abade Jean-Siffrein Maury argumentou contra o seu estabelecimento e contra a série de "decapitações rotineiras" que ele criaria. Não é que ele desse preferência aos métodos de punição da França pré-revolucionária, mas sua preocupação era que um rápido despacho "pudesse corromper o povo, ao acostumá-los com a visão de sangue"[233]. Ela estava coberto de razão – além do que poderia ter imaginado.

Em cada um de seus detalhes, a guilhotina era um instrumento admirável e perfeitamente racional; uma característica representante do Iluminismo. No entanto, ela representava a irracionalidade em pleno funcionamento. A guilhotina trabalhava sem apresentar falhas, e esta inflexibilidade talvez tenha sido o seu maior problema.

Espalhafatoso

Para uma pessoa que dava conta de viver ingerindo tão pouca comida, a obsessão de Gandhi pela alimentação é um enigma.

---

232 A certa altura, a guilhotina teve que ser "retirada do centro da cidade porque o derramamento de sangue no local já começava a poluir o reservatório de água da cidade" (SCURR, R. *Fatal purity*, p. 296).

233 SCURR, R. *Fatal purity*, p. 134.

O tema da alimentação está em toda parte: em seus textos publicados, na correspondência que mantinha com as pessoas, em seus sermões e em suas conversas privadas. Sua *Autobiografia*, em grande medida, é um livro sobre comida: sobre o vegetarianismo de Gandhi, que para ele significava mais do que os simples hábitos alimentares; sobre a pequena quantidade de alimentos que ele ingeria e as várias coisas que ele não comia; sobre suas experiências com diferentes hábitos alimentares (que o acompanharam ao longo da vida), e as vantagens comparativas de cada uma. Durante seus tempos de estudante em Londres, no fim de cada dia ele religiosamente fazia uma lista de tudo que comera: a quantidade de bananas e laranjas, de nozes e uvas passas – descrevendo detalhes de sua má digestão. A obsessão de Gandhi com a comida crescia em direta proporção com a pequena quantidade de alimentos que ingeria; com o avançar da idade, sua aversão à ingestão de alimentos foi ficando cada vez mais sofisticada, como puderam observar as pessoas que o serviam, pagando o preço por isso.

"A alimentação é um processo tão sujo quanto a evacuação", ele dizia, "a única diferença é que, enquanto a evacuação termina com um sentimento de alívio, a ingestão de alimentos, se a língua da pessoa não é mantida sob controle, causa desconforto"[234]. Assim como Simone Weil, Gandhi considerava que havia algo de nojento na ingestão dos alimentos. Ele podia ter uma repentina explosão de raiva e submeter seus servos-discípulos a longos sermões caso eles cometessem um erro no tamanho das porções – por exemplo, servindo-lhe 25 uvas passas, ao invés das 19 previstas. Gandhi era um "não comedor" exigente e rabugento.

---

234 GANDHI, M. K. *The collected works of Mahatma Gandhi*, vol. 13, p. 301.

Privar-se de roupas não era menos importante para Gandhi do que deixar de comer. Seu projeto de *strip-tease* – que durou sua vida inteira – começou em Londres, onde ele provavelmente vestiu suas melhores roupas. Logo que chegou à cidade, decidiu reinventar a si mesmo e tornar-se um respeitável "cavalheiro inglês". Abandonou suas vestimentas indianas e passou a comprar todo tipo de roupa que lhe desse a aparência de um inglês: desde uma cartola de seda a uma gravata de cores berrantes, passando por luvas de couro e a bengala com castão de prata. Certo dia, ao encontrar-se em Londres com este sujeito que usava roupas chiques, um aluno indiano ficou com a impressão de que Gandhi "mostrava mais interesse pela moda e por futilidades do que pelos estudos"[235]. Porém, sua aparência de "cavalheiro inglês" não lhe foi particularmente útil para encontrar clientes na Índia. Talvez para colocar um ponto-final neste longo período, na África do Sul ele decidiu trocar a cartola por um sofisticado turbante oriental que ele mesmo criou. Ao que parece, o truque funcionou, pois os clientes começaram a aparecer.

No entanto, quando ele aparecia no Tribunal, aquela combinação intrigava o juiz: àquela altura, Gandhi não era nem inglês nem indiano, embora ele passasse a ser conhecido, posteriormente, como "o advogado *coolie* [236]". Ao decidir enveredar pela carreira de faquir, Gandhi decidiu que era melhor ser indiano do que inglês; portanto, abandonou suas roupas europeias e adotou as vestimentas simples dos trabalhadores que ele agora representava politicamente, e no tribunal: uma túnica branca de algodão, que chegava à altura dos joelhos, descalço, cabeça raspada (exceto por uma pequena área no

---

235 GANDHI, R. *Mohandas*, p. 36.

236 Termo pejorativo, que designa os trabalhadores não qualificados provenientes do Extremo Oriente [N.T.].

topo da cabeça). Por fim, ele retirou o título de "advogado" de seu nome, e passou a vestir-se como um *coolie* – o que, na essência, ele era. Isso funcionou por um tempo até que, ao voltar para a Índia, Gandhi começou a sentir-se oprimido com tantas roupas. A posse de uma única camisa passou a significar a posse de muitas. Foi assim que, finalmente, ele passou a usar o tapa-sexo (*dhoti*) que se tornaria sua marca registrada – menos como um item de vestuário do que como um sinal da pouca quantidade de roupa que ele usava. Felizmente, ele parou por aí, já que não havia muito mais a ser abandonado.

"Meu tapa-sexo é uma evolução orgânica em minha vida", escreveu Gandhi. "Ele surgiu naturalmente, sem premeditação minha"[237]. Esta é uma confissão admirável, mas não é exatamente verdadeira. Quando se tratava do vestuário de Gandhi, assim como de vários aspectos de sua vida, nada era feito "sem premeditação". Tudo o que ele fazia ou dizia era, de modo geral, muito debatido e ensaiado. Um "estrategista excessivamente astuto", conforme a descrição de um biógrafo, este perfeccionista nunca teria perdoado a si mesmo se tivesse deixado algo ao acaso, especialmente sua *persona* pública[238]. Todas as suas aparições em público eram *performances* de alta qualidade, e se elas pareciam espontâneas, isso se deve ao mero fato de ele ser um ator de grande talento. Quando olhamos para fotografias daquele tempo, vemos um *performer* com plena autoconsciência, olhando para a câmera de um modo, ao mesmo tempo, ousado e ansioso. Em 1931, ele se dirigiu ao Palácio de Buckingham para um encontro com o rei George V, vestindo somente um tapa-sexo. Quando um jornalista lhe questionou sobre a inconveniência de

---

237 GANDHI, M. K. *The collected works of Mahatma Gandhi*, vol. 47, p. 119.
238 GANDHI, R. *Mohandas*, p. xi.

suas roupas, Gandhi replicou: "Mas o rei já estava vestindo roupas suficientes para nós dois". O comentário arrancou gargalhadas de todos ao redor, exatamente como ele planejara.

Gandhi sabia que, caso desejasse transformar os corações de seus companheiros indianos, não teria como fazê-lo por meio de argumentos ou discursos. Concluiu que só poderia fazê-lo oferecendo a si mesmo – seu completo e despido *self* – a eles. Muito dependia da maneira como esta oferta era feita. É por isso que ele dava tamanha importância ao modo como se vestia – ou, melhor, dizendo, *não* se vestia. O *strip-tease* apresentado por Gandhi era a mais complicada das *performances*, por ser, ao mesmo tempo, um exercício político, espiritual e indumentário. O tapa-sexo de Gandhi, em que pese sua precariedade material, estabelecia uma forte conexão não apenas com os milhões de indianos subjugados sem condições financeiras para comprar as coisas básicas, mas também com a aparência imediatamente reconhecível do *sadhu* indiano: o santo mendicante que vivia de esmolas e trabalhava em prol da edificação espiritual de seu povo. Se você não transformar o seu faquirismo em espetáculo, ele não serve para nada.

No que diz respeito às despesas de subsistência de faquires nus, o faquirismo de Gandhi envolvia um alto custo financeiro. Para uma pessoa que supostamente não tem muitas necessidades, o tamanho de seu exército de assessores, assistentes, discípulos e secretários privados era notável. À medida que ele envelhecia, suas exigências em relação a seus funcionários só cresciam, em número e em complexidade: alguns tinham a função de carregar seus livros; outros, ler para ele; alguns escreviam o que lhes era ditado; outros, enviavam sua correspondência; alguns cuidavam de seu banho, enquanto outros o colocavam na cama. Outros, ainda, cuidavam do preparo de suas elaboradas refeições frugais. No longo prazo, as poucas necessidades de Gandhi levaram as finanças de sua família à beira da ruína. Sarojini Naidu, uma poeta e espirituosa amiga de Gandhi, comentou, irônica: "Gastava-se muito dinheiro para manter o Mahatma vivendo na pobreza"[239].

O *brahmacharya* de Gandhi também era um assunto complicado. Para este perfeccionista, abster-se de manter relações sexuais não era o suficiente; ele precisava ir um passo além. Portanto, deu início a uma vigorosa campanha contra todas as formas de atividade sexual, lícitas ou não, dentro ou fora do casamento. "O adultério não se limita simplesmente ao ato sexual praticado com a esposa de outro homem... pode haver adultério até mesmo na relação sexual entre um homem e sua própria esposa", escreveu ele[240]. Em tese, uma exceção poderia ser feita, aqui, à situação em que a relação sexual é "o resultado de um desejo de ter filhos". Porém, uma vez que o ato sexual era, em si, mau e impuro, Gandhi não estava propenso a permitir exceções. Escreve ele: "Não se casar é um dever de todo indiano consciencioso. Caso não possa evitar o casamento, ele deve abster-se de manter relações sexuais com sua esposa"[241]. Antes apagado do que maculado.

De modo geral, em assuntos relacionados à intimidade, Gandhi funcionava com suas próprias regras. Estar nu diante de mulheres nunca foi um problema para ele: "Eu nunca senti o menor constrangimento por estar nu na presença de uma mulher"[242]. Amigas tornavam-se as parceiras ideais para conversas quando ele precisava

---

239 FISHER, L. *The life of Mahatma Gandhi*, p. 375.

240 *Indian Opinion*, dez. 1907.

241 ADAMS, J. *Gandhi*, p. 91.

242 GANDHI, M. K. *The collected works of Mahatma Gandhi,* vol. 70, p. 236.

abordar temas candentes como a ejaculação involuntária. Algumas vezes, eram impressionantes os limites a que Gandhi chegava para revelar – e expor – a si mesmo.

Terror: um manual do usuário

A outra função da violência revolucionária, como você deve se lembrar, é eminentemente pragmática: uma revolução violenta é necessária, dizem-nos Marx e Engels, pois "a classe dominante não pode ser deposta de nenhuma outra maneira". Aqueles que estão no poder têm de ser *forçados* a deixá-lo – literalmente. Na verdade, os revolucionários precisam da violência, não apenas para que tomem o poder, mas – tão importante quanto – para mantê-lo. E isso não é fácil, sobretudo numa época em que todo o poder parece estar acessível a qualquer indivíduo.

Embora Robespierre mostrasse "um enorme talento como estrategista"[243] e muitas vezes revelasse ser mais esperto do que seus adversários, como é o caso de políticos profissionais, em última instância o que predominava era a primeira função da violência revolucionária: uma purificação transformadora. Na essência, Robespierre não recorria ao terror com a finalidade de atingir objetivos políticos triviais, mas visando a um propósito mais elevado, quase espiritual. Nas palavras de um biógrafo, "ele considerava a si mesmo o instrumento da Providência, proporcionando à França o encontro com um futuro glorioso"[244]. Ele colocava o terror no lugar central de um cenário mais amplo de redenção e de autotranscendência, por meio do qual os seres humanos (incluindo ele) seriam purificados

---

243 FURET, F. *The French Revolution*, p. 144.

244 SCURR, R. *Fatal purity*, p. 10.

e elevados a um novo patamar de existência histórica, mesmo que muitos tivessem de ser aniquilados neste processo, como ele mesmo acabou sendo. Nas mãos de Robespierre, o terror adquiriu uma dimensão desumana e realmente aterrorizante.

E isso também parece ter acontecido com *la Terreur*, em termos mais gerais. A despeito de toda a corrupção e a sujeira política envolvidas (ambas em abundância), continuou existindo algo estranhamente idealista com relação àquele imenso banho de sangue. À medida que os *sans-culottes* se transformavam numa turba sedenta de sangue, exigindo vingança social, eles se fundiram a um incêndio enorme e incontrolável. Suas inflamadas ações eram de uma intensidade desmedida, irracionalmente cruéis, e destrutivas a ponto de quase tornarem-se sublimes. Você pode chamar isso de tudo, exceto de "trivial". Uma combustão extraordinária como esta não poderia durar muito. No fim, tendo destruído tudo (incluindo a própria Revolução), o incêndio tinha de se apagar. Mas que conflagração foi aquela! Passados mais de dois séculos, ainda sentimos o seu calor. Uma destruição como esta, que consome tudo, sempre termina deixando uma marca profunda na história, mesmo que diferente dos objetivos daqueles que a iniciaram.

Em comparação, a revolução bolchevique foi uma situação diferente. Houve um período genuinamente revolucionário no Império Russo (sobretudo na região de São Petersburgo) no inverno de 1917. Uma enorme e espontânea insurreição efetivamente deu fim ao *ancien régime* da Rússia. O governo de coalizão que resultou da revolução refletia bem a nova situação política do país. A esta altura, o envolvimento dos bolcheviques era bastante limitado. Lênin estava na Suíça; Trotsky, nos EUA, e Stálin era uma figura insignificante para a grande maioria dos soviéticos. Não apenas eles não se envolveram com aqueles eventos, como parecem ter sido surpreendidos por eles. Em janeiro de 1917, semanas antes da revolução de fevereiro, enquanto discursava numa assembleia de jovens socialistas em Zurique, Lênin parecia ser a resignação encarnada: "Nós, veteranos, talvez não estejamos vivos para testemunhar as batalhas decisivas da revolução que está por vir", ponderou[245]. Tudo indica que a visão revolucionária de Lênin não era das mais penetrantes. A Revolução de fevereiro permitiu o retorno dos exilados à Rússia, onde eles conspiraram ativamente nos vários meses que se seguiram, dando o melhor de si para sabotar o trabalho do novo governo.

O que foi deposto pelos bolcheviques em outubro daquele ano não foi o czarismo, mas um Governo Provisório instaurado pela Revolução de outubro. O que eles fizeram não foi uma revolução, mas, basicamente, um golpe de Estado. Nas palavras do historiador Richard Pipes, o poder governamental foi "capturado" por "uma pequena minoria"[246]. Diferentes gerações de historiadores da União Soviética e de outros países fariam referências *ad nauseam* à "Grande Revolução socialista de outubro". Na verdade, o golpe bolchevique foi uma operação tão pequena que "passou despercebido pela imensa maioria dos habitantes de Petrogrado[247]", que dirá no restante do país. "Teatros, restaurantes e bondes funcionaram normalmente enquanto os bolcheviques ascenderam

---

245 McMEEKIN, S. *The Russian Revolution: a new history*. Nova York: Basic Books, 2017, p. 129.

246 PIPES, R. *The Russian Revolution*. Nova York: Vintage, 1991, p. 387.

247 Nome de São Petersburgo entre os anos de 1914 e 1924, quando a cidade foi rebatizada de Leningrado. Em 1991, com o colapso da União Soviética, retomou a sua denominação original [N.T.].

ao poder"[248]. Porém, os russos devem ter percebido a aproximação bolchevique. No verão de 1917, durante os preparativos para o golpe, Lênin foi bastante explícito sobre o que os bolcheviques (politicamente, uma minoria) estavam prestes a fazer: "Já vimos inúmeros exemplos em que a minoria mais organizada, mais conscientizada e mais bem armada impôs sua vontade sobre a maioria, e a derrotou"[249]. Ao que parece, as mudanças revolucionárias não foram assim tão espontâneas.

A "classe operária" russa, em cujo nome os bolcheviques tomaram o poder, era ritualmente mencionada e convenientemente invocada, mas nunca teve um verdadeiro envolvimento. Por uma razão muito simples: ela não existia. Predominantemente agrícola à época, o Império russo não era suficientemente industrializado para possuir uma "classe operária" digna deste nome. Os líderes bolcheviques estavam diante da necessidade de um milagre: provocar uma revolução proletária em um país sem proletários. Lênin foi o primeiro a admitir o embaraço criado por esta situação: "estamos lidando com um país no qual o proletariado representa uma minoria", ponderou[250]. Alexander Shliapnikov, líder bolchevique de origem proletária, certa vez parabenizou Lênin por estar "na vanguarda de uma classe inexistente" (tempos depois, este comentário irônico lhe custaria a própria vida)[251]. Os bolcheviques tentaram recorrer

---

248 FIGES, O. *Revolutionary Russia, 1891-1991: a history*. Nova York: Henry Holt, 2014, p. 96.

249 PIPES, R. *The three "whys" of the Russian Revolution*. Nova York: Vintage, 1995, p. 32.

250 McMEEKIN, S. *The Russian Revolution*, p. 312. "É uma desgraça terrível que a honra de ter dado início à primeira revolução socialista tenha sido dada ao povo mais atrasado da Europa", Lênin lamenta em um outro texto" (SERGE, V. *Memoirs of a Revolutionary*. Nova York: New York Review Books, 2012, p. 133).

251 PIPES, R. *The three "whys" of the Russian Revolution*, p. 7.

aos habituais truques de propaganda, mas eles sabiam que, no longo prazo, isso não funcionaria[252]. A única esperança deles era que uma vitoriosa revolução comunista em algum país avançado da Europa (a Alemanha, por exemplo) pudesse de algum modo reavivar a revolução deles, o que, àquela altura, parecia-lhes natimorta[253].

No momento em que tentativas de movimentos revolucionários malogravam em Munique e em Budapeste, os líderes bolcheviques deram-se conta de que havia apenas um modo de permanecer no poder: pela força bruta. Para manter as falsas aparências, uma pseudorrevolução precisa de uma polícia secreta altamente eficaz e brutal. Somente o sucesso desta polícia é capaz de disfarçar o fracasso desta revolução. Foi assim que nasceu a Tcheka, a polícia secreta bolchevique.

"Acredito que a criação da Tcheka foi um dos erros mais graves e mais inadmissíveis que os líderes bolcheviques poderiam ter cometido em 1918", relembra Victor Serge, importante intelectual marxista e genuíno revolucionário, que se tornaria uma das inúmeras vítimas da Tcheka[254]. A criação desta polícia secreta talvez tenha sido um "erro" aos olhos de um idealista como Serge, mas para o regime bolchevista aquele foi um golpe de mestre político. A ideia

---

252 No fim de 1917, descreve Richard Pipes, "pouco mais de 5% dos trabalhadores industriais da Rússia eram ligados ao Partido Comunista, num país em que os trabalhadores da indústria representavam somente 1 ou 1,5% da população" (PIPES, R. *The three "whys" of the Russian Revolution*, p. 32-33).

253 Conforme notou Victor Serge, "uma tese geralmente aceita, afirmada várias vezes por Lênin, era que a Rússia, agrícola e atrasada (do ponto de vista industrial) como era, não seria capaz de criar um sistema socialista duradouro para si mesma por meio de seus próprios esforços, e que, consequentemente, seríamos ultrapassados mais cedo ou mais tarde, a menos que a revolução europeia... assegurasse ao socialismo uma base mais ampla e mais viável" (SERGE, V. *Memoirs of a revolutionary*, p. 112).

254 SERGE, V. *Memoirs of a revolutionary*, p. 94.

partiu do próprio Lênin. Em setembro de 1918, ele escreveu: "É necessário que, secretamente – e *urgentemente* – preparemos o terror"[255]. Tendo aprendido com os erros do Governo Provisório, que eles puderam derrubar tão facilmente, os bolcheviques criaram um amplo sistema de vigilância e repressão. "A força da Revolução Francesa", afirmou Trótski em 1917, "estava na máquina que decapitava os inimigos do povo. Este é um instrumento refinado. Precisamos ter um destes em cada cidade"[256]. Para não ser superado por Trótski, Lênin fez a pergunta retórica: "Como é possível fazer uma revolução sem pelotões de fuzilamento?"[257]. Tróstski não pôde contar com suas guilhotinas, mas os pelotões de fuzilamento da Tcheka nunca tiveram descanso sob o novo regime. Somente em seus dois primeiros dois meses, quase 15 mil pessoas foram executadas, o que representava "mais que o dobro do número total dos prisioneiros executados no último *século* do governo czarista (6.321 pessoas)"[258]. E quanto mais pessoas eram executadas pelo novo regime, mais autoconfiança este ganhava. Lênin fez este petulante comentário, em 1920: "Não hesitamos ao assassinar milhares de pessoas, e não hesitaremos em fazer isso novamente"[259]. Conforme Simone Weil afirmaria, de modo perspicaz, cerca de uma década mais tarde, o regime bolchevique não era uma mera continuação da autocracia czarista; era o aperfeiçoamento desta. As "verdadeiras forças" do regime czarista, como "a grande indústria, a polícia, o exército, a

---

255 PIPES, R. (org.). *The unknown Lenin: from the secret archive.* New Haven: Yale University Press, 1996, p. 56.

256 RUBENSTEIN, J. *Leon Trotsky: a revolutionary life.* New Haven: Yale University Press, 2011, p. 90.

257 FIGES, O. *Revolutionary Russia, 1891-1991*, p. 217.

258 McMEEKIN, S. *The Russian Revolution*, p. 267.

259 PIPES, R. *The unknown Lenin*, p. 183.

burocracia", escreveu ela, "longe de serem aniquiladas pela Revolução, conquistaram, graças a esta, um poder jamais visto em outros países"[260]. O bolchevismo era sinônimo de negócios.

Nos negócios do terror de Estado soviético, tudo gravitava ao redor da seguinte expressão: "inimigo do povo". Ser considerado um "inimigo do povo" era o pior que poderia acontecer a uma pessoa que vivesse na União Soviética. Se você quisesse sobreviver, teria de fazer todo o possível para evitar este rótulo: fazer concessões e envolver-se com atos covardes, trair amigos e família, prejulgar as pessoas, rotulando-as de "inimigos do povo". Mas quem, exatamente, era um inimigo do povo? Esta talvez fosse a pergunta mais difícil de responder no país. Quando Lavrentiy Beria, futuro chefe da Polícia Secreta, afirmou: "um inimigo do povo é... qualquer um que duvide da retidão da política oficial do Partido", mais do que responder à pergunta, ele quis deixar claro que não se tratava, ali, de uma pergunta a ser respondida, mas de uma ferramenta de controle político[261]. Pois a "política oficial do Partido" (fosse ela qual fosse) poderia ser alterada a qualquer momento – da noite para o dia, entre o almoço e o jantar. Na verdade, parecia fazer parte do plano geral o Partido *não* ter uma política oficial clara – deste modo, ninguém poderia se sentir seguro. A intenção não era coagir as pessoas a acreditar nisso ou naquilo, mas destruí-las obrigando-as a engolir *qualquer coisa*, incluindo o absurdo – especialmente o absurdo. Esta era uma distinção importante, que Orwell ilustraria, com detalhes angustiantes, em seu romance *1984*. A intenção do regime não era, necessariamente, doutrinar as pessoas. Seu objetivo era, acima de tudo, conduzi-las a um cárcere mental.

---

260 WEIL, S. *Oppression and liberty*. Londres: Routledge and Kegan Paul, 1958, p. 74.

261 APPLEBAUM, A. *Gulag: a history*. Nova York: Doubleday, 2003, p. 102.

Para realizar este trabalho, a Tcheka empregava uma ampla rede de delatores, espiões, informantes e colaboradores. Eles estavam em toda parte – "nas fábricas e escritórios, em lugares públicos e em apartamentos comunitários". Quando o Grande Terror atingiu seu auge, no fim da década de 1930, "milhões de pessoas denunciavam seus próprios colegas, vizinhos e amigos"[262]. E, como se isso não bastasse, a Tcheka se infiltrava dentro das próprias famílias. Muitas vezes, crianças eram recrutadas para espionar seus pais. "Esposas desconfiavam de seus maridos; maridos, de suas esposas". As pessoas não sabiam "em que acreditar quando um parente era preso"[263].

E a série de prisões nunca tinha fim. Ser preso, estar na expectativa de ser preso, ou preocupar-se com alguém querido que fora preso, tudo isso marcava a vida das pessoas sob o governo de Stálin. As prisões deixaram de ser um fato social – e é justamente isso que o terror de Estado almejava –; elas passaram a ocupar o pensamento das pessoas, a influenciar não apenas as suas vidas, mas também o seu inconsciente, e a afetar todos os aspectos de sua subjetividade – até mesmo seu senso de humor. Em 1937, como nos lembra Margarete Buber-Neumann, circulava uma piada famosa em Moscou:

> "Você ficou sabendo? Capturaram Teruel". Era a época da Guerra Civil Espanhola. "Não me diga uma coisa dessa! E a esposa dele também?". "Não, não. Teruel é uma cidade". "Meu Deus! Agora eles estão capturando cidades inteiras?"[264].

---

262 FIGES, O. *Revolutionary Russia, 1891-1991*, p. 199.

263 *Ibid.*, p. 201.

264 BUBER-NEUMANN, M. *Under two dictators*. Nova York: Dodd, Mead & Co. 1950, p. 9.

A utopia de Gandhi

O lugar onde Gandhi encontrava a autorrealização era o *ashram*: uma forma de vida comunitária que ele criou na África do Sul e que, posteriormente, aperfeiçoou na Índia. Uma mescla de monastério budista, vilarejo tolstoiano, comunidade New Age e utopia messiânica, tratava-se de um acontecimento exclusivamente gandhiano. O *ashram* permitia a Gandhi colocar em prática algumas de suas ideias mais radicais: a igualdade perfeita, o *brahmacharya*, a honestidade, a não violência, o fim do regime da *intocabilidade*, e a nobreza do trabalho manual, do trabalho de fiação ao de cozinhar, passando pela limpeza de banheiros.

De acordo com a boa tradição utópica, o *ashram* de Gandhi não era um lugar em que a convivência fosse fácil. Uma hierarquia interna o dividia em três classes: administradores, noviços e estudantes. O Mahatma ficava no topo, embora seja mais exato dizer que ele era onipresente. No *ashram*, o controle era absoluto, a disciplina era militar e exigia-se de seus membros uma submissão incondicional. Um centro de treinamento de recrutas operava em todas as estações do ano, só que com menos alimentos e mais orações. Em um país que tinha (e ainda tem) uma percepção de tempo um tanto flexível, o *ashram* de Gandhi deveria funcionar com a precisão de um relógio suíço: toque de alvorada às 4h, orações às 5h, trabalho manual de 7 às 8h30, almoço às 11h, e assim por diante. A margem de manobra era limitada, e a liberdade, no sentido habitual da palavra, não existia. A violação de regras do *ashram* (atrasar-se para as orações, por exemplo) poderia resultar em expulsão. Sem poder contar com serviços especializados de espionagem, o *ashram* tinha de recorrer a métodos tradicionais: uma vigilância atenta e uma abundância de fofocas.

A reivindicação do direito a uma vida privada pareceria algo deslocado no *ashram* de Gandhi – mas estava em sintonia com as tradições utópicas. Tudo deveria ser feito de maneira pública, até mesmo as tarefas mais constrangedoras. Gandhi fazia questão de ter acesso irrestrito aos aspectos mais íntimos da vida dos moradores do *ashram*. Você sentiu algum desejo sexual recentemente? Algum outro desejo pecaminoso? Relate-os ao Bapu[265]. Aconteceu de você, de modo deliberado ou não, despir em pensamentos uma companheira de *ashram*? Vá em busca da punição adequada. Bapu mostrava um interesse particular pelas atividades dos moradores do *ashram* nos sanitários. "O intestino de vocês se comportou bem esta manhã, irmãs?"[266], perguntava ele a duas discípulas mais próximas, Abha e Sushila, como saudação matinal. Por sua vez, ele expunha e oferecia a si mesmo – até o último centímetro de seu corpo – aos olhares famintos das mulheres do *ashram*, que não se cansavam de contemplá-lo. Conforme uma residente do *ashram* recordaria, tempos depois, "Gandhi não mostrava o menor constrangimento em urinar ou defecar, era como uma criança... se quiséssemos falar com ele, podíamos entrar e sair a qualquer momento"[267]. Se uma mulher do *ashram* desejasse ter um momento de intimidade com Bapu, bastava fingir uma prisão de ventre. Como esta era uma das doenças prediletas de Gandhi, ele então largaria tudo para fazer, ele mesmo, um enema [lavagem intestinal] nela. Por outro lado, o banho de Gandhi era um evento a que o acesso era mais limitado: como sinal de um favor especial, ele permitia que algumas mulheres

---

265 Palavra que significa "pai" em vários idiomas da Índia, incluindo o gujarati, língua materna de Gandhi [N.T.].

266 ADAMS, J. *Gandhi*, p. 210.

267 *Ibid.*, p. 211.

do *ashram*, selecionadas previamente, lhe dessem banho. Apesar de todas as semelhanças, os moradores da *Utopia* de Thomas More ficariam horrorizados se conhecessem a comunidade de Gandhi.

Foi neste ambiente saborosamente esquisito que Gandhi pretendia estabelecer seu "Reino dos Céus na Terra"[268]. Pois o *ashram* não era apenas o lugar onde Gandhi praticava seu faquirismo, mas também o lugar onde este era levado aos limites: a missão de Gandhi deixara de ser a autorrealização e a iluminação das pessoas a seu redor; e passara a ser iluminar a Índia de maneira geral – e, por meio disso, o mundo como um todo. Escreve ele na *Autobiografia*: "Se eu estava inteiramente absorvido no serviço à comunidade, isso se devia ao meu desejo de autorrealização. Eu tinha transformado a religião do serviço em algo meu, e senti que só conseguiria alcançar a Deus por meio do serviço. E, para mim, servir significava servir a Índia"[269]. Após o retorno de Gandhi à Índia, depois de sua passagem pela África do Sul, percebe-se em sua linguagem e em suas ideias, e até mesmo em seu comportamento, tendências cada vez mais messiânicas[270]. Apesar de sua aparência despretensiosa, ainda que ligeiramente hilária, o *ashram* era o lugar onde se ensaiava a Índia ideal, onde ela passaria a existir. O projeto de Gandhi era mais

---

268 "Mohandas Gandhi entrou no mundo da política", escreveu Kathryn Tidrick, "não para libertar seu país, no sentido concebido por outros líderes indianos e pelo público ocidental, que acompanhavam fascinados a sua carreira, mas para criar o Reino dos Céus sobre a Terra. As massas indianas, que o reverenciavam, compreenderam isso até certo ponto. Elas sabiam que um Mahatma caminhava entre eles, manifestavam a ele sua completa devoção, esperando obter resultados" (TIDRICK, K. *Gandhi: a political and spiritual life*. Londres: Verso, 2013, p. xi.

269 GANDHI, M. *Autobiografia*.

270 Em seu instigante livro, Kathryn Tidrick examina este aspecto da vida e do pensamento de Gandhi.

antropológico do que político. O que ele antevia não eram novas instituições políticas, mas uma *humanidade transformada*. Se seu projeto desse certo no *ashram*, ele teria êxito na Índia; e se funcionasse na Índia, poderia ser bem-sucedido em qualquer lugar. "Se um único homem conquista a espiritualidade", escreveu Gandhi, "o mundo inteiro a conquista com ele; se um único homem fracassa, o mundo inteiro fracassa na mesma proporção"[271]. Em última instância, o que Gandhi almejava era o faquirismo planetário.

Isso ajuda a explicar as extraordinárias exigências feitas por Gandhi aos praticantes de *satyagraha*: pureza e pobreza absolutas, altruísmo, honestidade e, acima de tudo, *brahmacharya* (castidade absoluta). Sem a *brahmacharya*, considerava Gandhi, é impossível chegar à *satyagraha*: "Somente o indivíduo capaz de uma total *brahmacharya* pode obter uma formação completa na não violência"[272]. A ação politicamente significativa só pode ser fruto de uma sexualidade adequadamente canalizada. Gandhi esboçava uma teoria sobre o poder que associava a sublimação do desejo sexual à eficácia do serviço prestado aos outros. Ele afirmou: "Todo poder tem origem na preservação e na sublimação da vitalidade que é responsável pela criação da vida. Se a vitalidade for poupada, em vez de dissipada, será transmutada em energia criativa da mais alta qualidade"[273]. Profundamente enraizada na espiritualidade indiana clássica, a teoria de Gandhi talvez possa explicar seu excessivo interesse pela sexualidade. De acordo com esta teoria, para podermos fazer qualquer coisa que vale a pena, temos que transcender a nós mesmos – desafiar e negar a biologia que há em nosso interior. Isso é particularmente verdadeiro quando se trata da

---

271 GANDHI, M. K. *The collected works of Mahatma Gandhi*, vol. 29, p. 408.

272 GANDHI, R. *Mohandas*, p. 431.

273 GANDHI, M. K. *The collected works of Mahatma Gandhi*, vol. 67, p. 195.

política. Por isso, a exortação feita por Gandhi: "Aqueles que desejam prestar um serviço à nação… devem levar uma vida de celibatários, independentemente de serem casados ou solteiros"[274].

Uma pessoa e uma coisa

Comunista alemã que fugiu rumo à União Soviética assim que Hitler ascendeu ao poder, Margarete Buber-Neumann foi presa em 1938. Ela não fez nada de errado, e nem precisaria: foi condenada por ser a esposa de "um inimigo do povo"; com isso acabou sendo enviada a um campo de trabalhos forçados no Cazaquistão. Tão logo Hitler e Stálin firmaram seu pacto, ela foi entregue às forças da Gestapo e levada a um campo de concentração nazista. Em seu livro de memórias, *Under Two Dictators*, ela compara suas anotações.

Originalmente concebidos com o objetivo de neutralizar as pessoas politicamente indesejáveis, os campos de trabalhos forçados rapidamente tornaram-se uma importante força econômica na União Soviética. Eles se encontravam "na base da economia soviética", afirma a historiadora Anne Applebaum, que não é a única a chegar a esta conclusão[275]. De acordo com Orlando Figes, "o Gulag era um vasto arquipélago de campos de trabalhos forçados, de minas para canteiros de obras e de locais para a construção de ferrovias, uma economia escravocrata que causava aflições e pavor a todo o povo soviético"[276]. Estes campos jamais foram concebidos a fim de "reeducar" as pessoas, mas para destruí-las e escravizá-las.

---

274 ADAMS, J. *Gandhi*, p. 137.

275 APPLEBAUM, A. *Gulag*, p. 109.

276 FIGES, O. *Just send me word: a true story of love and survival in the Gulag.* Londres: Penguin 2012, p. 192-193.

Os milhões de prisioneiros (*zeks*) espalhados por toda a Rússia compunham um enorme reservatório de mão de obra escrava praticamente gratuita, usada pelas autoridades soviéticas para obter lucro[277]. Aqui, "escravo" está longe de ser uma metáfora: para todos os efeitos, aquelas pessoas eram propriedade do Estado soviético, que fazia com elas o que lhes aprouvesse. No livro *One Day in the Life of Ivan Denisovich*, o autor Alexander Solzhenitsyn (ele mesmo, um escravo) faz Shukhov, o protagonista, calcular o tempo exato a que um *zek* tem direito: "Tirando as horas de sono, o único tempo que um prisioneiro vive para si mesmo é dez minutos pela manhã, no café da manhã, cinco minutos no almoço, e outros cinco no jantar"[278]. O resultado disso era uma completa desumanização. Conforme observou um outro *zek*, uma vez que o indivíduo passa pela experiência de viver neste lugar, "não consegue mais ser uma pessoa inteira"[279].

Eugenia Ginzburg, que também esteve na condição de escrava, recorda-se de um guarda do campo dizendo a ela: "Os inimigos não são gente. Temos a permissão de fazer o que bem entendermos com eles"[280]. E, de fato, faziam. "Neste campo, você não é mais um ser humano", comenta Buber-Neumann. "Você se transforma em uma coisa, um objeto que é maltratado e agredido sem a menor cerimônia"[281]. Em documentos oficiais do Gulag, não se fazia referência aos

---

277 "Estima-se que 20 milhões de pessoas, homens em sua maioria, tenham passado pelo sofrimento nos campos de trabalho forçado de Stálin" (FIGES, O. *Just send me word*, p. 5).

278 SOLZHENITSYN, A. *One day in the life of Ivan Denisovich*. Londres: Penguin, 1998, p. 14.

279 FIGES, O. *Just send me word*, p. 86.

280 GINZBURG, E.S. *Journey into the whirlwind*. Nova York: Harcourt, 1967, p. 63.

281 NEUMANN, B. *Under two dictators*, p. 27.

zeks como pessoas, mas como "itens de mão de obra"[282]. Máximo Gorki – aquela alma sensível e artística – incapaz de usar uma linguagem tão grosseira, deu a elas uma outra denominação: "semianimais"[283]. Algumas das pessoas mais refinadas da Rússia, suas mentes mais brilhantes, acabaram nestes campos. Entre 1929 e 1951, o brilhante escritor Varlam Shalamov passou cerca de 17 anos em diversos destes campos espalhados pela Rússia, onde viveu na condição de objeto, ou – nas palavras enternecedoras de Gorki – como um "semianimal". Recorda-se ele: "Aos 30 anos, eu me encontrava, falando de modo muito concreto, morrendo de fome, e literalmente brigando por um pedaço de pão"[284]. Ainda mais impressionante do que o tempo vivido no cárcere foi o fato de ele ter sobrevivido. Outras pessoas não tiveram a mesma sorte: Isaac Babel, Pavel Florensky, Osip Mandelstam e vários outros morreriam.

Não devemos exagerar a dimensão das diferenças entre a vida dentro dos campos de trabalho forçado e a vida fora deles. Não é simplesmente que, com tantas pessoas presas, sempre houvesse um tráfego intenso entre o lado de dentro e o de fora. Havia também uma profunda continuidade, uma espécie de simetria entre ambos, fato que não escapou ao olhar de observadores perspicazes. "A vida dentro dos campos", escreveu Vasily Grossman, "poderia ser vista como um reflexo exagerado e ampliado da vida fora dos campos. Longe de serem contraditórias, estas duas realidades eram

---

282 De modo semelhante, nos campos nazistas referia-se ao prisioneiro como uma "peça" (*Stück*). Na primeira chamada feita a partir de uma lista, Primo Levi percebeu que deixara de ser uma pessoa, e tornou-se um *pezzo* (LEVI, P. *Se questo è un uomo*. Turim: Einaudi, 1986, p. 22).

283 APPLEBAUM, A. *Gulag*, p. 102.

284 SHALAMOV, V. *Kolyma tales*. Nova York: Penguin Books, 1994, p. 43.

simétricas"[285]. No fim, o país inteiro acabou se transformando em um enorme campo de trabalhos forçados.

Os bolcheviques enxergavam a Revolução Francesa como um modelo; em suas declarações mais arrogantes, eles fingiam que haviam continuado o trabalho a partir do ponto em que os franceses o largaram. Porém, o contraste não poderia ser mais gritante. Enquanto na França a violência revolucionária era, de modo geral, uma ocorrência espontânea, um ato cruel porém genuíno, que significava um acerto de contas coletivo, na Rússia o terror era, na maior parte dos casos, arquitetado pelos membros da elite do Partido e usado, de um modo cínico e mesquinho, como uma ferramenta de controle político. A Revolução Francesa vitimou milhares de pessoas, mas em certa medida conseguiu preservar a esperança. A revolução bolchevique, com seus milhões de vítimas, acabou com toda a esperança. A História tem lidado da maneira adequada com estes dois eventos: enquanto a Revolução Francesa, apesar de toda a sua crueldade irracional, ainda hoje é associada a uma nova era de liberdade, igualdade e direitos humanos, a revolução bolchevique tem todas as características idênticas à de um sistema totalitário: um amplo sistema de vigilância, milhões de informantes, prisões arbitrárias, a Lubianca[286], os campos de trabalho forçado – tudo isso sem mencionar os milhões de cadáveres que o regime bolchevique deixou para trás por toda a Rússia, e além de suas fronteiras. Comparada à conflagração selvagem da Revolução Francesa, a revolução bolchevique foi um episódio bastante rasteiro – o trabalho de incendiários amadores que ateia fogo em sua própria casa a fim de reivindicar o pagamento da empresa de seguros. Porém, os cadáveres acabavam sendo empilhados da mesma maneira.

---

285 GROSSMAN, V. *Life and fate*. Nova York: Harper & Row, 1985, p. 845.

286 Nome popular dado à sede da Tcheka, polícia secreta bolchevique [N.T.].

Os três males

Que tipo de Índia, exatamente, Gandhi estava arquitetando em seu *ashram*? Para o bem ou para o mal, este país nunca surgiu[287], portanto não sabemos com certeza. Porém, nos deparamos com um vislumbre da ideia original de Gandhi no livrinho *Hind Swaraj* (1909). O tamanho deste livro é inversamente proporcional à dificuldade de executar a proposta nele contida: projetar a Índia do futuro.

Antes de fazer isso, contudo, era preciso que Gandhi acertasse contas com a Índia do presente. Teoricamente falando, o país pode estar sendo governado pelos britânicos, mas na prática está sujeito à tirania de um inimigo muito pior: a civilização moderna. "A Índia está sendo triturada", escreve Gandhi, "submetida não ao jugo inglês, mas ao da civilização moderna"[288]. Portanto, o alvo de seu livro é menos o império britânico do que o tipo de civilização que ele representa.

Gandhi não consegue perdoar a civilização moderna por ter trazido três males à Índia, males piores do que pragas, gafanhotos ou cobras venenosas. Estas três calamidades "empobreceram o país a tal ponto que, se não despertarmos a tempo, seremos arruinados"[289]. Na visão de Gandhi, os três males atrozes são: as ferrovias, os advogados e os médicos. Cada qual à sua maneira, estes diabólicos instrumentos de subjugação deixaram a Índia prostrada. Considere o exemplo das ferrovias. "Elas disseminaram a peste bubônica", declara

---

287 O fato de as ideias extravagantes de Gandhi não terem chances de êxito já ficara claro para muitos, desde o início. "Seu programa medievalista", escreveu Orwell, "obviamente não era viável em um país atrasado, com pessoas morrendo de fome e superpovoado" (ORWELL, G. *A collection of essays*, p. 172).

288 GANDHI, M. K. Hind Swaraj, p. 21.

289 *Ibid.*, p. 23.

Gandhi. Como isso pode ter acontecido? De um modo simples: "se não houvesse trens, as pessoas não teriam como se deslocar em massa, de um local a outro". Portanto, as ferrovias são "os portadores dos germes das pragas e pestes"[290]. E se isso já não fosse ruim o bastante, as ferrovias também elevaram a frequência com que ocorriam períodos de escassez de alimentos. E como isso aconteceu? "Devido à facilidade dos meios de transporte", as pessoas "podem vender seus grãos, que são enviados para os mercados mais valorizados"[291]. Se ao menos os fazendeiros indianos pudessem ficar com seus grãos, sem precisar vendê-los, isso evitaria muitas tragédias.

Tampouco é pequeno perigo que os advogados representam para a sociedade indiana. A profissão deles é perversa, eles têm habilidades cuja natureza é suspeita, e incontáveis pecados. Na visão de Gandhi, "eles escravizaram a Índia... ampliaram as desavenças entre hindus e maometanos e... ratificaram o poder das autoridades britânicas"[292]. Mais importante de tudo: os advogados são inúteis. "Advogados são homens que não têm muita coisa a fazer", escreve este advogado graduado em Londres. "Para poderem se permitir viver com luxo, pessoas preguiçosas seguem carreiras como esta"[293]. Caso os advogados indianos se dessem conta da natureza tóxica de sua profissão, e a abandonassem, a Índia repentinamente se veria em condições muito melhores: "Se os advogados abandonassem sua profissão, passando a considerá-la tão degradante quando a prostituição, o império inglês entraria em colapso em 24 horas"[294].

---

290 *Ibid.*
291 *Ibid.*, p. 24.
292 *Ibid.*, p. 30.
293 *Ibid.*, p. 31.
294 *Ibid.*, p. 32.

Os médicos, por fim, não estão em melhor posição do que os advogados. Sim, é verdade que, diferentemente de advogados, os médicos não são pessoas ociosas, mas nem por isso suas práticas são menos impuras. Gandhi adverte que devemos alimentar profundas suspeitas em relação à profissão médica, sobretudo porque ela "certamente não se dedicou ao objetivo de servir à humanidade". As pessoas escolhem a carreira de medicina apenas para "obter títulos e riqueza"[295]. (Estes gananciosos doutores em medicina, sempre prontos para matar alguém!). Em segundo lugar, porque esta profissão é repulsiva pela própria natureza. Considere o tipo de coisas execráveis que acontecem em hospitais modernos:

> Hospitais são instituições onde o pecado é disseminado. Os homens cuidam menos do próprio corpo; com isso a imoralidade aumenta. Dentre todos os médicos, os europeus são os piores. Em prol de um tratamento equivocado dedicado ao corpo humano, eles matam anualmente milhares de animais. Eles praticam a vivissecção[296].

Em um outro texto, Gandhi registra que os hospitais são "instrumentos do Diabo". A ciência médica moderna não é nada mais do que "a quintessência da Magia Negra". Simplesmente imagine o que poderíamos ser se não houvesse cientistas. "Se não houvesse hospitais para o tratamento de doenças venéreas ou da tuberculose, teríamos menos casos de tuberculose e menos libertinagem em nosso meio"[297]. Gandhi parece sugerir que o indivíduo não consulta um médico por ter frequentado bordéis. É o oposto: o indivíduo começa a frequentar prostitutas porque se consultou com um médico.

---

295 *Ibid.*, p. 34.
296 *Ibid.*, p. 33.
297 GANDHI, M. K. *The collected works of Mahatma Gandhi*, vol. 10, p. 168-169.

Para Gandhi, o problema da civilização moderna é que ela centra o foco exclusivo no corpo humano. O Ocidente se desenvolveu de um modo que prioriza as necessidades materiais, e isso tornou esta civilização excessivamente mundana e materialista – e, em última instância, imoral e irreligiosa. Aos olhos de Gandhi, nada seria capaz de redimi-la disso. Mas e o progresso científico que ela nos proporcionou? Isso só faz alimentar o seu materialismo. Mas e a democracia? Deus nos livre! "É uma superstição e uma heresia acreditar que os atos praticados por uma maioria de pessoas possam impor obrigações jurídicas a uma minoria", escreveu ele no *Hind Swaeaj*[298].

Em contraste, a essência da civilização indiana – a Índia do passado e do futuro – está no cultivo do espírito. Os indianos talvez sejam atrasados científica e tecnologicamente, mas a moralidade superior e a espiritualidade deste povo compensam suas carências nestas áreas. "A tendência da civilização indiana é a de elevar o ser moral; a da civilização ocidental é de disseminar a imoralidade. Esta é profana, aquela é baseada numa crença em Deus"[299]. Mas, justiça seja feita: Gandhi reafirma a absoluta superioridade da civilização indiana não apenas em relação à civilização ocidental, mas em relação a praticamente todas as demais civilizações, orientais ou ocidentais, antigas ou modernas:

> Acredito que a civilização desenvolvida pela Índia não tem como ser superada por nenhuma outra no mundo. Nada se equipara às sementes plantadas por nossos ancestrais. Roma se foi, e a Grécia teve a mesma sina; o poder dos faraós se esfacelou; o Japão se ocidentalizou; sobre a China não há nada a dizer; mas a Índia, em certa medida, ainda tem alicerces sólidos[300].

---

298 GANDHI, M. K. Hind Swaraj, p. 49.

299 *Ibid.*, p. 36-37.

300 *Ibid.*, p. 34.

Gandhi estava longe da Índia quando escreveu estas linhas. Ele partira rumo à Inglaterra ainda adolescente, antes de ter a oportunidade de conhecer seu país. A seguir, logo que voltou para casa, vindo de Londres, mudou-se para a África do Sul. Durante a estadia, visitou a Índia algumas vezes, por períodos variados, mas sem ter tido a chance de conhecer o país de um modo significativo. Quanto mais tempo Gandhi passava fora da Índia, maior a paixão que ele sentia por seu país. A distância não apenas causa encantamento como recria o objeto de nosso afeto. Assim como qualquer apaixonado, Gandhi era capaz de dizer tolices. Mas quando estamos próximos e ajustamos o foco, tudo se revela muito diferente, conforme Gandhi descobriria, para sua tristeza, nos anos seguintes.

A postura antiocidental e antimoderna de Gandhi não deixa de ser irônica: praticamente todos os autores que influenciaram seus pontos de vista religiosos, políticos e filosóficos de maneira mais decisiva, de Tolstói a Ruskin, provinham do Ocidente moderno. Os anos em que Gandhi morou em Londres foram decisivos para sua formação como intelectual, advogado e ativista. Até mesmo as suas descobertas em relação à espiritualidade indiana se deviam a autores ocidentais; a primeira leitura que fez do *Bhagavad Gita* foi em Londres, na tradução inglesa de Edwin Arnold.

O pior...

"Tamara tinha apenas 21 anos; uma linda mulher com olhos negros, traços delicados, belas pernas e braços". É esta a imagem que Margarete Buber-Neumann guarda de uma de suas amigas do campo de trabalhos forçados. Tamara era jovem, bela e cheia de energia. Para sua infelicidade, ela também dedicava sua vida ao regime bolchevique, ao qual servia de modo leal e entusiasmado, ainda que um pouco ingênuo.

Na universidade onde ela estudava, havia um círculo literário, no qual ela era um dos líderes... ali, os alunos debatiam problemas literários, e liam seus próprios textos... um dia Tamara leu um poema que escrevera, intitulado "Hino à liberdade". Logo depois, foi presa pela GPU, acusada de "preparar ações para o terrorismo"[301].

Alguém deve ter denunciado Tamara, pois, mesmo sem ter feito nada de errado, logo depois ela foi presa e condenada a oito anos de trabalhos forçados, tendo sua juventude completamente destruída. "O pior foi que eles também prenderam meu pai, e agora minha mãe está sozinha", disse ela, carregada de culpa, a Buber-Neumann[302]. Esta era a marca registrada de Stálin: além do suspeito, por medidas de precaução, membros de sua família também eram presos. O drama de Tamara foi o drama vivido por milhões de pessoas que passaram pela mesma experiência. A literatura produzida nos campos de trabalho forçado, de Solzhenitsyn a Shalamov, incluindo a da própria Buber-Neumann, nos dá uma ideia do que foi esta experiência, muito embora nenhum tipo de literatura possa jamais capturar tamanha irracionalidade.

No entanto, algo mais aconteceu ali – algo mais complicado de descrever e de documentar devido à considerável dose de vergonha que o caso envolve. Quando foi escrito o relatório que culminou com a prisão de Tamara, o próprio delator também teve a sua vida arruinada, de uma maneira diferente. Como a polícia secreta dependia muito do trabalho feito pelos delatores, grande parte da popula-

---

301 NEUMANN, B. *Under two dictators*, p. 115.

302 *Ibid.*, p. 115.

ção tornou-se cúmplice do terror do regime. Algumas pessoas eram chantageadas e faziam denúncias de modo relutante; outros recebiam benefícios e o faziam em troca de algo. Outros ainda – muitos, na verdade – o faziam de modo voluntário, para vingarem-se de alguém, livrarem-se de um rival amoroso, para poder adquirir o apartamento da pessoa suspeita, para adular o regime, para galgar postos em sua carreira, para ascender na escala social ou por outros motivos. Não há como apagar tamanha autohumilhação. Vistas de fora, estas pessoas sobreviviam, algumas até chegavam a prosperar, mas a um preço tão exorbitante que, interiormente, elas se tornavam absolutamente arruinadas.

No longo prazo, a colaboração em massa com o regime totalitário foi uma das consequências mais devastadores dos regimes comunistas na Rússia e em outros países. Ao sistema, não bastava arruinar a vida das pessoas, executando algumas delas por terem cometido crimes imaginários, prendendo outras de maneira arbitrária, prendendo seus filhos e obrigando-as a trabalhar até a morte nos campos. O sistema aniquilava a alma de muito mais gente – as pessoas que ficavam para trás. A cada delação feita, voluntária ou sob pressão, os delatores desciam mais um nível. Se isso não fosse ruim o bastante, a colaboração em grande escala dificultava o estabelecimento de um limite claro entre os vitimizadores e as vítimas, entre opressor e oprimido. Praticamente todos tinham algum envolvimento. Você poderia transpor estes limites sem sequer dar-se conta, várias vezes por dia; pela manhã, você poderia ser uma vítima do regime e, à tarde, um colaborador involuntário. "A linha que separava o bem do mal", comentou Solzhenitsyn, "não atravessa Estados, classes e tampouco partidos políticos; ela atravessa cada coração humano, e todos os corações humanos"[303].

No longo prazo, o resultado disso foi o inferno moral. Uma de suas características mais sutis é que você não mora nele – é o inferno que *mora em você*, ele influencia cada minuto da sua vida consciente, e acaba por definir quem você é. "O comunismo é como a Aids", afirmou o cineasta Krzysztof Kieslowski, que viveu sua experiência na Polônia comunista:

> Você tem que morrer com ele. Não há como você ser curado. E isso se aplica a qualquer pessoa que tenha tido algum envolvimento com o comunismo, independentemente de que lado ela esteve. Pouco importa se ela era comunista ou anticomunista, ou se não teve o menor compromisso com qualquer um dos lados. Isso se aplica a todos[304].

O livro *A ideologia alemã* foi editado pela primeira vez em 1932, pelo Instituto Marx-Engels em Moscou. Nesta época, Moscou já se tornara a Meca de uma nova religião – o "socialismo científico", como era chamada. Os restos mortais de Lênin foram guardados ali. Os nomes de Marx e de Engels eram entoados, de modo ritualístico, várias vezes ao dia, em toda a Rússia e além das fronteiras do país, como ícones do passado, e a imagem de seus rostos era exibida para ser contemplada e venerada pelo povo. Os dois profetas ateus devem ter revirado em seus túmulos; ou então morreram dando risada.

No que diz respeito a livrar-se "de toda a imundície", quando finalmente emergimos daquela grande experiência de purificação,

---

303 SOLZHENITSYN, A. *The Gulag Archipelago*. Nova York: Harper Perennial, 2007, p. 615.

304 STOK, D. (org.). *Kieslowski on Kieslowski*. Londres: Faber and Faber, 1993, p. 125.

estávamos mais cobertos de sujeira do que nunca. Se o fogo foi o elemento predileto da Revolução Francesa (pode-se, ainda hoje, imaginar uma fênix renascendo de suas próprias cinzas), a revolução bolchevique parece ter mostrado uma predileção pela lama.

Autotranscendência?

Em que pese todo o seu fracasso pessoal, Gandhi estava disposto a culpar *a si mesmo* pelo fracasso alheio – de seus filhos, de seus companheiros e discípulos, da Índia como um todo, do mundo inteiro. Na condição de professor, conforme ele nos diz em sua *Autobiografia*, ele se considerava responsável por ter fracassado com suas responsabilidades. A cada vez que percebia uma falha moral no *ashram*, ele primeiro culpava a si mesmo, antes de punir o culpado. Por vezes, em circunstâncias como esta, começava a jejuar, em busca de limpeza e de purificação moral. Para Gandhi, assumir a culpa não era simplesmente um truque pedagógico (mesmo que também fosse exatamente isso), mas uma parte importante de seu projeto de autorrealização.

Nesse sentido, Gandhi foi inspirado por um poeta e místico gujarati do século XV, Narsinh Mehta, que ensinava: "divino é aquele que compreende o sofrimento dos outros". O caminho para o sublime sempre passa pelo nível mais baixo; o indivíduo não pode estar próximo de Deus a menos que se reconheça naquelas pessoas humilhadas, tratadas pelos outros como lixo. Gandhi afirmou certa vez: "Se eu tiver de renascer, deverei nascer como um *intocável*, de modo que eu possa compartilhar de suas dores, dos sofrimentos e das ofensas causadas a eles, para que eu possa tentar livrar a mim e a eles desta condição miserável"[305]. Não é à toa que ele era um Mahatma.

Gandhi se identificava com os outros de modo tão profundo que, muitas vezes, em situações em que algum mal era praticado no mundo, ele se sentia parcialmente responsável por isso. "Quando alguém pratica um crime em algum lugar", afirmou, "sinto que eu sou o culpado"[306]. Tempos depois, escreveu: "Sempre que me deparo com um homem que comete um erro, digo a mim mesmo: 'Eu também errei'; quando me deparo com um homem libertino, digo a mim mesmo: 'Já fui assim'; desta maneira, sinto que pertenço à mesma família de todas as pessoas deste mundo"[307].

A violência pública que ocorreu antes, durante e depois da Partição do país deu a Gandhi oportunidades de sobra para uma dolorosa autorreflexão. Em 2 de janeiro de 1947, ele registrou em seu diário: "Percebo que tenho um grave defeito, que está causando isso tudo. Ao meu redor só vejo a mais absoluta escuridão"[308]. Em 9 de janeiro de 1948, enquanto aconteciam massacres no Punjab, em Calcutá e em outras partes do país, Gandhi admitiu: "Sou o responsável por isso tudo"[309].

Este era o pano de fundo por trás das experiências que teve com jovens mulheres. O episódio se destacou pelo escândalo que causou; constrangeu até mesmo seus discípulos mais próximos, teve o efeito de isolar alguns de seus auxiliares (alguns deles o abandonaram), e

---

305 GANDHI, M. K. *The collected works of Mahatma Gandhi,* vol. 23, p. 45-47.

306 GANDHI, R. *Mohandas,* p. 653.

307 *Ibid.*, p. 300.

308 GANDHI, M. K. *The collected works of Mahatma Gandhi,* vol. 93, p. 227.

309 HERMAN, A. *Gandhi and Churchill,* p. 578.

desde então tem intrigado seus biógrafos. Ramachandra Guha, um biógrafo geralmente amistoso, considera este episódio como "a experiência mais estranha de Gandhi". À medida que a situação política na Índia se deteriorava, Gandhi passou a achar que a violência pública que ocorria *à sua volta* estava relacionada a algum tipo de fracasso *interior* seu. Ele interpretou a ocorrência daqueles episódios como um sinal de que faltava algo importante em sua própria vida: concluiu que seu *brahmacharya* ainda não fora testado. Se ele conseguisse passar no teste, a violência chegaria ao fim.

Não bastava o fato de Gandhi não ter mantido relações sexuais durante décadas, ou de ele ter conseguido se controlar completamente a ponto de não sentir nenhum desejo. Ele queria que seu próprio desejo controlasse a si mesmo, sem a intervenção da mente[310]. Sem ter sido testada, sua castidade não era casta o suficiente, e sua pureza moral estava em risco. Gandhi optou por testar sua castidade dividindo sua cama com jovens mulheres, selecionadas dentre seus seguidores ou até mesmo dentre seus parentes (pelo menos duas sobrinhas suas tiveram envolvimento). Elas dormiam ao lado dele, em geral nuas, ou vestindo tão pouca roupa quanto ele. Não havia nada de explicitamente sexual nesse gesto, ainda que em Gandhi tudo gravitasse em volta do sexo. Gandhi atribuiu a esta experiência um

---

310 Eis a definição detalhada de um *brahmachari*, feita por Gandhi: "Um indivíduo que jamais mostra intenções relacionadas ao matrimônio, que, em razão do constante serviço prestado a Deus, tornou-se imune à liberação consciente ou inconsciente de fluidos, que é capaz de deitar-se ao lado de mulheres nuas, por mais belas que elas sejam, sem sentir a menor excitação, seja de qual modo for. Tal indivíduo deve ser incapaz de mentir, incapaz de fazer o mal – ou ter a intenção de fazê-lo – a um único homem ou mulher em todo o mundo, livrou-se da raiva e da malícia, e se mostra, no sentido dado pelo *Bhagavadgita*, uma pessoa desapegada" (GANDHI, M. K. *The collected works of Mahatma Gandhi*, vol. 87, p. 107).

alto valor moral. Suas experiências de *brahmacharya* foram mais uma expressão de seu eterno empenho em transcender a si mesmo.

A singularidade de Gandhi não é que ele tenha vivido em busca da autotranscendência, mas o fato de ele achar que deveria fazer com que o mundo inteiro o acompanhasse neste projeto. V. S. Naipaul, em um ensaio perspicaz, chamou Gandhi de "reformista fracassado"[311]. Porém, esta talvez seja uma interpretação equivocada do projeto gandhiano. Gandhi não desejava simplesmente "reformar" o mundo, ele queria recriá-lo – sonhava com uma humanidade completamente diferente. Claro que ele fracassou. Como poderia não ter fracassado? No entanto, quando você fracassa desta maneira – não em um nível puramente pessoal, mas assumindo os fracassos do mundo inteiro –, o seu fracasso não é mais seu. Rabindranath Tagore compreendeu bem o dilema de Gandhi:

> É possível que ele fracasse. Talvez ele fracasse, assim como Buda fracassou, e como Cristo fracassou em livrar os homens de suas iniquidades, mas ele sempre será lembrado como aquele que fez da própria vida uma lição para toda a posteridade[312].

Será então que, por meio de seu radical autoapagamento, fez com que o fracasso se transformasse no seu oposto? Gandhi conseguiu – assim como os heróis trágicos geralmente conseguem – desafiar os limites da condição humana, abrindo novas perspectivas sobre o que a humanidade *é capaz de ser*. Ao longo deste processo, ele foi aniquilado, como sempre acontece com heróis trágicos. E nos deixou num estado de incerteza, como às vezes os heróis trágicos nos deixam.

---

311 NAIPAUL, V. S. *The Indian trilogy*. Nova Delhi: Picador India, 2016, p. 80.
312 FISHER, L. *The life of Mahatma Gandhi*, p. 379-380.

O alto preço da perfeição

O fracasso político funciona de um modo mais insidioso do que o fracasso das coisas – já que a *polis* somos nós –, e é muito mais devastador. Embora possa haver algo estranhamente revigorante em nossa relação com o mundo material, o fracasso político, além das pilhas de cadáveres que muitas vezes deixa como rastro, é intelectualmente incapacitante e degradante. O mais humilhante de tudo, em última instância, é que *não conseguimos aprender com o passado*. Considere as piores atrocidades de que você já ouviu falar – guerras destrutivas, limpeza étnica, estupros em massa, genocídios, qualquer coisa. É praticamente certo que tudo isso acontecerá novamente. Todos os humanos são mortais, mas os Hitlers e os Stálins deste mundo nunca morrem de fato, eles só trocam de nomes. Sabemos de todas as suas atrocidades, mas isso não nos impedirá de cometê-las novamente. Pelo contrário. Stálin não apenas sabia sobre o Reinado do Terror de Robespierre, como fez de tudo para superá-lo, e foi bem-sucedido. Ter conhecimento sobre o genocídio armênio não impediu Hitler de organizar o seu – muito pelo contrário, aquele episódio o inspirou. Da mesma forma que o conhecimento histórico em detalhes sobre o Holocausto não impediu os genocídios na Bósnia, em Ruanda e em outros países. Está acontecendo de novo, sob diferentes aparências, até mesmo enquanto você me lê aqui. O passado é um país estrangeiro cujo idioma poucas pessoas têm interesse em aprender.

O único elemento que nos salva da desgraça completa, se assim podemos dizer, é o conhecimento terrível que este fracasso traz à tona: a revelação de um mundo de animais políticos sedentos de poder, impondo-se uns aos outros, e esmagando todos que apareçam em seu caminho. O espetáculo de uma humanidade minada pelo funcionamento de seu próprio instinto de sobrevivência. Trata-se de um conhecimento precioso e raro, que poucos professores ousam compartilhar conosco, e que, no entanto, é vital caso queiramos fazer algum progresso. O desapego do domínio exercido pelo poder tem sido parte de todas as tradições, sejam elas religiosas ou seculares, filosóficas ou não. Um indivíduo não pode ser, ao mesmo tempo, espiritualmente iluminado e politicamente enredado – doente e saudável ao mesmo tempo. O caso de Gandhi nos mostra, de modo dramático, o que se passa quando esta separação é impossível, pelo fato de habitarem, no interior da mesma pessoa, o sábio e o político.

Considerando que nascemos para conviver com os outros, qualquer tentativa de nos separar do corpo político se volta contra nós. Mas precisamos fazer isso se quisermos ser curados. Um fracasso político importante talvez possa nos oferecer tal cura. Se olharmos atentamente para a paisagem de perdas e devastação que surge diante de nós quando um projeto político radical (um governo utópico, um Estado totalitário, uma revolução sanguinária) fracassa, poderemos fazer um alerta inequívoco: "Tome cuidado com aquilo que você deseja!". Como nos mostra em detalhes assombrosos o caso de Robespierre, a busca pela perfeição e pela pureza pode ter um custo avassalador. Sacrificamos tudo para criar uma sociedade perfeita, e acabamos com o inferno na Terra. Movidos por uma obsessiva necessidade de perfeição, acabamos nos enredando numa imperfeição ainda maior. Na tentativa de sermos tudo, perdemos a oportunidade de alcançar o que pode estar a nosso alcance. Tais fracassos, ao nos tornar profundamente humildes, ensinam-nos uma importante lição sobre nossos limites: estamos mais próximos do *nada* do que de qualquer outra coisa. Imaginar que somos algo diferente disso não é apenas errado: muitas vezes, é a receita para o desastre.

De um modo geral, será que, na esfera social, nosso desempenho é melhor? É deste círculo que trataremos a seguir.

Capítulo 3

Vencedores e perdedores

Uma doença contagiosa

Todos nós o conhecemos. Ele é o protagonista de muitas das histórias que contamos para nós próprios. Talvez até tenhamos tido um vislumbre dele, mas poder vê-lo não é tão importante assim. Em alguma medida, ele funciona melhor quando está ausente: quando é invocado, ridicularizado, desprezado, quando se criam fofocas a seu respeito. Apesar de sua intensa presença em nossas vidas, não podemos dizer que temos intimidade com ele. Na verdade, tentamos manter dele a maior distância possível. Sua doença parece ser contagiosa, e Deus nos livre da possibilidade de seu dilema nos infectar. Precisamos dele, mas apenas na medida em que precisamos de alguém que consideramos o *oposto* de nós. Seja lá o que formos, *não* somos ele. Graças a este simples exercício mental, conseguimos nos convencer de que, em não havendo alternativas, somos melhores: sejam quais forem os nossos problemas, não temos o problema *dele*; por pior que sejam as nossas angústias, não sofremos com as angústias que ele sofre. E quem é, exatamente, esta pessoa? Ele é o pior tipo de pessoa que alguém pode ser: um *loser*[313].

O perdedor é o fracasso social definitivo, e a maneira como uma comunidade cria seus derrotados e seus fracassos nunca é inocente. Diga-me o modo como você define o fracasso social, e lhe direi algumas coisas a seu respeito – sobre seus maiores sonhos e seus piores medos. Nos Estados Unidos, somos particularmente eficientes ao criar perdedores – trata-se de uma indústria nacional. Os perdedores parecem acompanhar o sonho americano, como a sua faceta sombria e vergonhosa. Numa entrevista concedida no fim de sua vida, Arthur Miller, cuja peça teatral *Morte de um caixeiro viajante* pode ser considerada um hino ao fracassado, reflete sobre o modo como a obsessão dos Estados Unidos com o sucesso só faz realçar o alto custo do fracasso social. "As pessoas bem-sucedidas são amadas porque exalam uma fórmula mágica capaz de evitar a destruição, evitar a morte", afirmou. "Esta é a maneira mais cruel que se pode imaginar de encarar a morte, pois descarta qualquer pessoa que não se mostre à altura. A intenção dela é destruir estas pessoas... Trata-se de uma condenação moral que continua existindo. Ninguém quer se aproximar deste fracasso"[314]. Você prefere não ter contato próximo com a pessoa que fracassou; no entanto, na ausência dela, o seu sucesso não tem qualquer sentido.

Toda sociedade organizada cria o seu próprio tipo de "perdedores" – algo em que, como numa espécie de espelho mágico, ela involuntariamente projeta e revela a si mesmo. Há certa despreocu-

---

313 Referência ao indivíduo que fracassou socialmente.

314 SANDAGE, S. A. *Born losers: a history of failure in America*. Cambridge: Harvard University Press, 2005, p. 276-277.

pação, por exemplo, no modo como os atenienses da Antiguidade se relacionavam com a figura de Diógenes de Sinope. Este cínico parece ter sido o perdedor predileto desta comunidade. A maioria dos atenienses certamente não desejava ser como ele, mas eles se divertiam convivendo certo tempo com ele. Conta-se que, ao ser indagado sobre qual era seu tipo de vinho predileto, Diógenes teria respondido ironicamente: "o vinho de uma outra pessoa"[315]. Ao que parece, os atenienses lhe deram a oportunidade de provar uma amostra desta safra particular. Reza a lenda que a demanda pela presença de Diógenes era tamanha que ele podia se dar ao luxo de escolher aonde queria ir. Conta-se que, certa vez, ele declinou do convite para um jantar em razão da conduta do anfitrião: segundo ele, na última vez que estivera lá, o anfitrião não lhe agradeceu "da maneira adequada"[316]. Tais exemplos, embora apócrifos, indicam que os atenienses precisavam de Diógenes na mesma medida que ele precisava deles. Talvez ele tenha sido um perdedor, mas isso se deu *por própria escolha sua*, e como uma questão de vocação filosófica. Por maior que fosse o escândalo causado por suas excentricidades, os atenienses estavam dispostos a acompanhá-lo. Isso fazia parte do modo como eles criavam e se envolviam com seus fracassos sociais.

Hoje em dia, ser um perdedor é uma coisa completamente diferente. Evitamos todo e qualquer contato com eles e, no entanto, somos obcecados por eles: muito provavelmente pelo pavor que sentimos diante da possibilidade de nos transformarmos, nós mesmos, em perdedores. A condição de perdedor influencia – de maneira

---

315 Diógenes o Cínico. *Sayings and anecdotes, with other popular moralists*. Oxford: Oxford University Press, 2012, p. 15.

316 *Ibid.*, p. 18.

negativa, mas decisiva – o modo como enxergamos a nós próprios e o nosso lugar na sociedade. Este tema *desestabiliza* e *perturba* – há nele algo de sombrio e até mesmo de mórbido.

E isso é revelado na maneira como nos relacionamos com as pessoas consideradas socialmente como "perdedoras". Houve um tempo, cerca de 200 anos atrás, em que "perdedor" designava alguém que simplesmente *perdeu* algo – num incêndio, por exemplo, ou numa empreitada comercial que não deu certo[317]. Hoje, não é mais assim. Hoje em dia, um perdedor chega acompanhado de um alerta não escrito: "Mantenha distância". Conforme Scott Sandage sugere no livro *Born Losers: A History of Failure in America*, "o fracasso evoca imagens tão nítidas de almas perdidas" que se torna difícil visualizar uma época "em que o significado comum da palavra era 'falir nos negócios' – ir à falência"[318].

Para nós, um fracassado não é uma pessoa que comete erros – grandes ou pequenos, eventuais ou frequentes. Nem mesmo alguém que fracassa de uma maneira ou de outra. Todos fracassam, mas nem todos são fracassados. Ser um fracassado não é uma questão de prática, de inteligência ou de moralidade, mas de existência. Trata-se de uma aura da qual a pessoa não consegue se livrar. O fracasso é o que você é, não o que você faz, diz ou pensa; é quase como se a pessoa fosse *predestinada* a ser assim. Envolvido nisso, pode haver um elemento de escolha de estilo de vida, mas nos Estados Unidos, na Europa e em grande parte do mundo capitalista contemporâneo, ser um fracassado

---

317 A palavra *failure* (fracasso) tem diferentes conotações em outros idiomas. Em italiano, por exemplo, *fallimento* significa tanto "fracasso" quanto "falência" (entre outros sentidos).

318 SANDAGE, S. A. *Born losers*, p. 2.

equivale a ser maldito. Não importa o que você faz, diz ou pensa, nada pode salvá-lo desta condição. A sua desgraça é ontológica.

O círculo que vimos anteriormente – o fracasso político – nos afeta pois, gostemos ou não, somos parte de nossa cultura e de nossa comunidade. E, no entanto, seríamos capazes de encontrar um espaço que esteja fora do alcance da política, se assim desejássemos. Embora não seja uma tarefa fácil, ela é factível; afinal de contas, muitos sábios já conquistaram isso no passado, e nos mostraram como fazê-lo. Em comparação, o fracasso social é significativamente mais apertado: independentemente do lugar onde você esteja, e de qual lado, você sempre se sentirá abraçado por ele. Você sente isso quando as outras pessoas afirmam, categóricas, que você é um "perdedor", da mesma forma que você, por mais vaga que seja a sua atitude, também atribui a outras pessoas a qualificação de "perdedor". Simplesmente, não há como escapar.

O filósofo do fracasso

Na opinião de alguns, ele foi um dos pensadores mais subversivos de sua época – um Nietzsche do século XX, só que mais sinistro e com um senso de humor mais refinado. Muitas pessoas, particularmente o consideravam – especialmente em sua juventude – um perigoso lunático. Outros o viam como um jovem charmosamente irresponsável, que não trazia riscos a ninguém mais além dele mesmo. Quando seu livro sobre o misticismo foi enviado à gráfica, o tipógrafo (um bom homem e temente a Deus), ao perceber o quanto o livro era blasfemo, recusou-se a tocar na obra. O editor lavou as mãos sobre a questão, e o autor teve de publicar suas blasfêmias em outro lugar, bancando ele mesmo os custos da edição.

189

Emil Cioran foi um pensador nascido na Romênia e radicado na França, autor de aproximadamente 25 livros de uma beleza selvagem e perturbadora[319]. Ele é um ensaísta da melhor tradição francesa, e embora o francês não tenha sido sua língua materna, há quem o considere um dos escritores mais requintados neste idioma. Seu estilo de escrita é extravagante, nada sistemático, fragmentário; ele é celebrado como um mestre dos aforismos. Para Cioran, contudo, o "fragmento" era mais do que um estilo de escrita: era um modo de vida. Ele se autodenominava *un homme de fragment*. Tinha uma profunda desconfiança em relação à filosofia sistemática: ele achava que sonhar com "sistemas filosóficos" era coisa de charlatões. Almejou ser um pensador puro e simples – um *privatdenker*, como se autodenominava, em busca de um termo melhor – não um "filósofo".

Cioran muitas vezes contradiz a si mesmo, mas esta é a menor de suas preocupações. Para ele, a autocontradição nem mesmo chega a constituir uma fraqueza; é o sinal de uma mente viva. Pois a escrita não tem a ver com coerência nem com persuasão ou com a tentativa de entreter o leitor. A escrita não tem sequer a ver com a literatura. Para Cioran, assim como para Montaigne, que o precedeu em vários séculos, a escrita tinha uma função *performativa*: você escreve a fim de agir em si mesmo, para recolher os cacos que resultam de um desastre pessoal, ou para recompor-se após uma grave depressão; para acertar as contas com uma doença fatal, ou para lamentar a morte de um amigo íntimo. Você escreve para não enlouquecer, para não

---

319 Para compor esta descrição, recorri em grande parte aos próprios escritos de Cioran (incluindo cartas, cadernos, textos jornalísticos e entrevistas), mas também à pesquisa realizada por Gabriel Liiceanu, Marta Petreu, Ion Vartic e Ilinca Zarifopol-Johnson. Devo um agradecimento especial a Dan Petrescu, pelo esclarecedor diálogo que tivemos sobre Cioran.

precisar matar a si mesmo ou aos outros. Durante uma conversa com Fernando Savater, filósofo espanhol, Cioran diz, a certa altura: "Se eu não escrevesse, poderia ter me tornado um assassino"[320]. Escrever é uma questão de vida ou morte. A existência humana, em sua essência, é uma angústia e um desespero infinitos, e a escrita pode tornar isso um pouquinho mais tolerável. Uma pessoa escreve para desviar-se da morte: *un livre est un suicide différé* [um livro é um suicídio adiado], afirma Cioran em *Do inconveniente de ter nascido*, publicado em 1973[321].

Cioran escreveu para escapar da morte inúmeras vezes. Escreveu seu primeiro livro, *Nos cumes do desespero* (*Pe culmile disperării*, 1934), aos 23 anos de idade, em poucas semanas, durante um período de atormentadoras insônias. (Ele afirmou, repetidas vezes: "A insônia foi o maior drama de minha vida"[322]). O livro – considerado um dos mais belos de sua obra – marcou o início de uma ligação sólida e estreita entre a escrita e a insônia:

> Nunca consegui escrever em uma circunstância em que não estivesse imerso numa depressão provocada por noites de insônia. Durante sete anos eu mal consegui dormir. Eu preciso desta depressão e, mesmo hoje, antes de me sentar para escrever, coloco para tocar um disco de música cigana da Hungria[323].

---

320 CIORAN, E. M. *Entretiens*. Paris: Gallimard, 1995, p. 17.

321 CIORAN, E.M. *Do inconveniente de ter nascido*. Op. cit. Em um outro texto, Cioran afirma: "Tudo... que é expressado, em termos de intensidade, já está degradado. Este é o sentido da terapia por meio da escrita" (LIICEANU, G. *Itinerariile unei vieți: E. M. Cioran; Apocalipsa după Cioran*. Bucareste: Humanitas, 2011, p. 94).

322 ZARIFOPOL-JOHNSTON, I. *Searching for Cioran*. Bloomington: Indiana University Press, 2009, p. 47.

323 CIORAN, E. M. *Entretiens*, p. 10.

O fato de Cioran não ser um pensador sistemático não significa que sua obra careça de unidade. Na verdade, sua homogeneidade é mantida não apenas por seu singular estilo de escrita, mas também por um conjunto claramente definido de temas, de ideias e de idiossincrasias. Dentre estes, o fracasso tem um lugar de destaque. Cioran apaixonou-se pelo próprio fracasso: o espectro do fracasso persegue toda a sua obra, desde seus primeiros livros. Ao longo de toda a sua vida, nunca se desviou dele. Examinou todas as manifestações do fracasso sob variados ângulos e em diferentes momentos, e procurou-o nos lugares mais inesperados.

Não apenas os indivíduos acabam fracassando, Cioran acreditava, mas também as sociedades, os povos e os países. Especialmente os países. Ele afirmou certa vez: "Fiquei fascinado com a Espanha, pois ela me mostrou um exemplo do fracasso mais espetacular. O maior país do mundo, reduzido a um tal estado de decadência!"[324]. Para Cioran, o fracasso é como a água dos taoístas: ela se infiltra em todos os lugares e permeia tudo. Grandes ideias, assim como livros, filosofias, instituições e sistemas políticos, podem estar encharcadas de fracasso.

A própria condição humana é simplesmente mais um projeto fracassado: "Não mais desejando ser um homem", escreve ele em *Do inconveniente de ter nascido*, ele "sonha com um outro tipo de fracasso"[325]. O universo é um grande fracasso, assim como a própria vida. "Antes mesmo de ser um erro fundamental", afirmou, "a vida é uma falta de gosto que nem a morte nem mesmo a poesia é capaz de corrigir"[326]. O fracasso governa o mundo como o voluntarioso Deus do Velho Testamento. Em um de seus aforismos, Cioran diz: "'Você

---

324 LIICEANU, G. *Itinerariile unei vieți*, p. 124.

325 CIORAN, E.M. *Do inconveniente de ter nascido. Op. cit.*

326 CIORAN, E. M. *All gall is divided*. Nova York: Arcade, 1999, p. 19.

errou em achar que podia contar comigo'. Quem é que poderia falar usando tais termos? *Deus e o fracasso*"[327].

Um perdedor nato

Portanto, é por decreto que o perdedor adquire esta condição. Esta situação, por mais perturbadora que seja, não é nova – já nos deparamos antes com este abismo: a velha doutrina teológica da predestinação trata justamente desta ontologia da danação. O tipo de relacionamento que os bem-sucedidos de nossa sociedade mantêm com nossos "perdedores" nos faz recordar como os "réprobos" eram tratados nas mãos de várias comunidades dos "povos eleitos". Já que a doutrina da predestinação pode ser útil para encontrarmos nossos alicerces quando se trata de compreender o modo de funcionamento do sucesso e do fracasso, vale a pena examinar mais de perto alguns momentos de seu desenvolvimento histórico.

Na Epístola de São Paulo aos Romanos, há um trecho (Rom. 9: 18-24) que os defensores do conceito de predestinação, de diversas linhagens, consideram como um texto fundamental. A premissa – que inclui a onipotência e a liberdade de Deus – parece suficientemente inocente e razoável:

> Portanto, [Deus] tem misericórdia de quem quer, e a quem quer endurece. Tu me dirás, então: "Por que ele ainda se queixa? Pois quem resiste à Sua vontade?" Mas, ó homem, quem és tu que a Deus replicas? Porventura a coisa formada a quem a formou: Por que me fizeste assim?

O passo seguinte de Paulo nos conduz a um território realmente assustador. Levando a metáfora da olaria a um extremo, Paulo agora

---

327 CIORAN, E.M. *Do inconveniente de ter nascido. Op. cit.*

refere-se a Deus como um artista brincalhão, um *Deus ludens* que aprecia efeitos dramáticos. Em suma, o texto descreve como Deus cria o homem apenas para deleitar-se com sua destruição, tal qual um artesão extravagante diante do resultado de seu trabalho:

> Ou não tem o oleiro poder sobre o barro, para da mesma massa fazer um vaso para uso honroso, e outro para uso desonroso? E que direis se Deus, querendo mostrar a sua ira e dar a conhecer o seu poder, suportou com muita paciência os vasos da ira, preparados para a danação, para que também desse a conhecer as riquezas de sua glória nos vasos de misericórdia, que de antemão preparou para a glória...?

Um "vaso da ira preparado para a danação" – quem poderia dizer "não" a tal sina? Quem não se sentiria tentado a servir de vaso para "uso desonroso", não apenas neste mundo, mas por toda a eternidade? É verdade que talvez estejamos interpretando o texto de Paulo de maneira exagerada; talvez ele tenha pensado em outras coisas. No entanto, suas ponderações fizeram história.

João Calvino ocupa um lugar especial nessa história. Ele usou o texto de Paulo como base para desenvolver sua própria doutrina da predestinação, uma doutrina assustadoramente coerente, e que teria um impacto duradouro. Em sua obra *A instituição da religião cristã*, Calvino aborda o tema da predestinação em várias passagens. Um capítulo inteiro (livro III, capítulo XX) é dedicado à "eleição eterna, por meio da qual Deus predestinou alguns à salvação, e outros à destruição". Foi justamente esta doutrina que, durante longo tempo, transformou a calvinismo em uma doutrina tão temida e tão amada, repulsiva e atraente ao mesmo tempo.

Logo de início, Calvino fala do "nobre mistério da predestinação"[328] para alertar seus leitores de que isso não se destina aos medrosos ou aos tolos. Este tema talvez nos pareça atraente; porém, ao contrário do que parece, ele só nos conduz à danação. Esta esfera – "a área sagrada da sabedoria divina", como Calvino a denomina – é capaz de arruinar até mesmo seus seguidores mais apaixonados. Calvino descreve "um tipo de conhecimento, o desejo ardente de alcançar algo que é, ao mesmo tempo, tolo e perigoso; mas não apenas: é também fatal"[329]. Tendo tomado estas medidas de precaução, Calvino pode começar a lidar seriamente com a predestinação. Como era de se esperar, ele recorre à metáfora de São Paulo. A imagem dos "vasos da misericórdia", feitos para a glória, e dos "vasos da ira, feitos para a danação", aparecem com destaque ao longo de todo o seu livro. A condição humana por ele retratada muitas vezes se parece com um lugar de devastação. Primeiro, uma definição:

> Chamamos de predestinação o decreto eterno de Deus, pelo qual determinou o que quer fazer com cada um dos homens. Porque Ele não os cria com a mesma condição, mas antes ordena a uns para a vida eterna e predeterminada, e a outros, para a condenação perpétua. Portanto, segundo o fim para o qual o homem é criado, dizemos que está predestinado à vida ou à morte[330].

Além de manter em seu texto a distinção feita por Paulo, Calvino chega até mesmo a tomar emprestada parte da lingua-

---

328 CALVINO, J. *A instituição da religião cristã*. 2 vols. São Paulo: Editora da Unesp, 2007.

329 *Ibid.*

330 *Ibid.*

gem empregada por Paulo. Há vezes em que as duas vozes fazem eco uma à outra; em outros momentos, elas se misturam, tornando-se algo praticamente indistinguível; em outras passagens, ainda, a voz de Calvino emerge ainda mais poderosa do que a de Paulo, ao descrever uma humanidade aniquilada pelo *decretum horrible* de Deus.

"O que dizer daquelas pessoas", Calvino se pergunta, "criadas por Deus para a condenação e morte eternas, para que sejam instrumentos de sua ira e exemplo de sua severidade?"[331]. Realmente, o que dizer sobre elas? É claro que elas estão destinadas à destruição, mas para aniquilá-las Deus recorre a uma criatividade diabólica. Absorto na tarefa de quebrar estes feios vasos, Deus se certifica de que elas não terão como escapar de seu destino – por exemplo, como fruto de um equívoco, ou esgueirando-se no interior dos "vasos da misericórdia". Estes dois tipos precisam trilhar caminhos separados, devido ao medo do contágio.

Considerável parte da teoria da predestinação é motivada por uma busca obsessiva pela pureza, e o Deus de Calvino faz de tudo para manter todo o joio a uma distância segura do trigo: para que estas pessoas "alcancem o fim e meta que lhes foram assinalados, priva-os da liberdade de ouvir Sua palavra, ou, com a pregação mesma, cega-os e endurece mais"[332]. Calvino nos assegura de que este holocausto sofisticado é uma questão de justiça divina: Deus, em sua condição de "Juiz soberano", "dispõe sua predestinação quando, privando da comunicação de sua luz aqueles a quem reprovou, deixa-os nas trevas"[333] . Não há aqui nenhum vestígio do *Deus ludens*

---

331 *Ibid.*

332 *Ibid.*

333 *Ibid.*

de Paulo. O Deus de Calvino não está para brincadeiras. Este é um assunto extremamente sério.

Nestas páginas, Calvino emerge como um teólogo radical, e seu radicalismo é uma cena que merece ser contemplada. Algo assustadoramente estranho afeta tudo que ele diz. Abordando este tema como se fosse um método filosófico, e também como uma vocação pessoal, Calvino observa o mundo humano a partir de uma perspectiva totalmente discrepante. A partir dela, o julgamento que ele apresenta aqui não é um julgamento seu, mas de Deus. Não importando o que está em jogo, Calvino sempre se coloca ao lado de Deus: Deus tem sempre razão, ele está necessariamente certo, enquanto o homem nunca tem razão. "Pois o fato de os condenados à danação lamentarem a sua própria condição seria o mesmo que os animais lamentarem por não terem nascido homens", escreveu Max Weber. "Pois tudo que se refere ao corpo está separado de Deus por um abismo intransponível, e merece Dele somente a morte eterna, contanto que ele não tenha decretado o oposto, em prol da glorificação de Sua Majestade"[334]. O interesse de Calvino está "somente em Deus, não no homem". Deus "não existe para os homens, os homens é que existem para Deus"[335].

O método radical de Calvino produz um efeito duplo em sua teologia. Em primeiro lugar, ele lhe permite levar seu pensamento às suas últimas consequências lógicas. É possível discordar de Calvino, ou não gostar das conclusões a que ele chega, mas temos de admitir que ele é um pensador de uma profunda coerência. Se ele era louco, como pensavam muitos de seus críticos, havia rigor e dis-

---

334 WEBER, M. *The protestant ethic and the spirit of capitalism.* Londres: Routledge, 2005, p. 60.

335 *Ibid.*, p. 59.

ciplina em sua loucura. Em segundo lugar, o método de Calvino faz de suas ideias algo *monstruoso*, no sentido original do adjetivo *medonho*. A formação de Calvino na área do Direito deve lhe ter sido útil quando ele estabeleceu sua doutrina; nunca se argumentou de maneira tão apaixonada em favor da pena capital – não apenas neste mundo, mas em todos os mundos possíveis. Seja qual for a circunstância, Calvino sempre assume o papel do promotor, jamais o do advogado de defesa. Então, quando você se dá conta, o promotor já se transformou no carrasco – o anjo exterminador de Deus. A vítima não tem o direito de opinar em seu processo. Não há nada que ela possa dizer em sua defesa, nem mesmo que Deus a havia julgado antes de ela poder fazer qualquer coisa, antes mesmo de ela existir – na verdade, antes mesmo de o próprio mundo existir. Pelo contrário: o condenado deveria considerar-se abençoado por fazer parte de um sistema tão magnificente da justiça divina. Pois "o decreto oculto de Deus", escreveu Calvino "não está em ser buscado, e sim obedientemente admirado"[336].

E qual é a origem da divina "loucura" de Calvino?, você poderá se perguntar. Tudo isso deve ter tido início com uma arrebatadora experiência pessoal com a graça. Em casos como este, conforme Weber observou, existe uma intensa sensação de "certeza de que a graça é o único produto de um poder objetivo, e jamais deve considerada como fruto do valor pessoal". Somente este poder detém o comando. O indivíduo humano é fraco, pecaminoso e insignificante demais para merecer um tal presente: o arrebatador "dom da graça" não emerge graças a algum tipo de "cooperação" do indivíduo, e tal dom "tampouco poderia estar associado a conquistas ou virtudes" da "fé e determinação" deste

---

336 CALVINO, J. *A instituição da religião cristã*.

indivíduo[337]. O indivíduo humano, essencialmente indigno, só pode ser algo na medida em que obedece àquele poder. A compreensão de Calvino sobre a predestinação, embora esteja ligada à espécie humana como tal, está enraizada numa experiência muito pessoal com Deus.

Ao lermos o texto de Calvino, não há como deixar de pensar que a razão humana, levada a seus limites, volta-se contra si mesma. Busca-se em vão, no pensamento de Calvino, por algum indício de dúvida, ou então algum espaço para nuances ou interpretações alternativas. Terá Deus predestinado algumas pessoas à salvação, sem necessariamente condenar os demais à perdição? Não, responde Calvino, a predestinação ocorre em duas direções: "Deus destina algumas pessoas à salvação, e condena outros à morte eterna"[338]. Ou será que Deus não é, de fato, quem causa nossa desgraça, simplesmente "permitindo" que alguns de nós caiam em desgraça? Não, não pode ser isso, responde Calvino. "Deus não apenas permitiu a queda de Adão e a rejeição dos réprobos, Ele as desejou"[339]. Será realmente possível que, em meio à escolha que fazemos ou em nossa desgraça individual o mérito não faz a menor diferença? Isso não é apenas possível, como matematicamente certo:

> Afirmamos que, no que diz respeito aos eleitos, este plano foi estabelecido com base em sua ilimitada misericórdia, sem considerar o valor humano; porém, por meio de seu julgamento justo e irrepreensível, ainda que incompreensível, ele impediu os condenados à danação de terem acesso às portas da vida[340].

---

337 WEBER, M. *The Protestant Ethic*, p. 58-59.

338 CALVINO, J. *A instituição da religião cristã*.

339 *Ibid.*

340 *Ibid.*

Chegamos aqui ao que talvez seja um dos aspectos mais devastadores da teologia da predestinação de Calvino – a teologia no que ela tem de mais cruel. O fato de Deus condenar alguns seres humanos à destruição, por mais cruel que isso possa parecer, ainda faria sentido se pudéssemos enxergar nisso alguma forma de castigo. Seguindo esta linha de raciocínio, talvez tenhamos ofendido Deus com nossos atos, nossos pensamentos ou nossa fala, e Ele está exercendo o seu direito de nos punir, por mais desproporcional que esta punição possa nos parecer. No entanto, embora Calvino considere a condenação dos réprobos como uma questão de justiça, ele também deixa claro que nossos méritos individuais são irrelevantes. Afirma que "Jacó foi escolhido e diferenciado do rejeitado Esaú por predestinação de Deus, embora ambos não se diferenciem no que se refere aos méritos"[341]. O que quer que façamos, e por mais diligentes que possamos ser, nossa conduta não garantirá que sejamos escolhidos, assim como nossos piores pecados não são o suficiente para nos condenar. Calvino escreve: "a rejeição não se dá com base nas conquistas que realizamos, mas tão somente de acordo com a vontade de Deus"[342].

Portanto, todos os nossos esforços são em vão. Deus já tomou sua decisão de nos condenar. Um réprobo é réprobo não por causa de tudo que ele faz, pensa ou diz, mas em razão daquilo que ele é. A condenação não é uma questão de integridade ou de prática pessoal, trata-se da própria *existência*. Em nossa linguagem, o réprobo é um completo perdedor, um fracassado.

---

341 *Ibid.*
342 *Ibid.*

Vencedores na terra do fracasso

Cioran falava com propriedade sobre o fracasso pois o conheceu intimamente. Seu primeiro encontro com o fracasso se deu em sua terra natal, em meio a seus conterrâneos da Romênia. Cioran nasceu e cresceu na Transilvânia, uma província que há tempos fazia parte do império austro-húngaro, e só recentemente, em 1918, foi incorporada ao Reino da Romênia. Os habitantes da Transilvânia sempre demonstraram uma sólida ética do trabalho; seriedade, disciplina e autocontrole são tidos em alta estima nesta região. São kantianos natos: fazem o que precisam fazer, gostem disso ou não – silenciosa e humildemente, sem preocupar-se com recompensas. Quando Cioran ingressou na faculdade em Bucareste, no fim da década de 1920, no plano emocional estava pisando em um país diferente. Aqui, as habilidades dos vencedores eram diferentes: procrastinação, ociosidade, a refinada arte de não fazer nada. Neste lugar, desperdiçar a vida era praticamente uma vocação. As pessoas mais bem-sucedidas em Bucareste eram os tagarelas que acabavam se tornando o centro das atenções nos cafés da cidade, vomitando sofisticados comentários absurdos, deixando boquiabertas as pessoas sugestionáveis.

No início, ele ficou perplexo. "Aqui em Bucareste, o indivíduo só pode ser bem-sucedido por meio da adulação e da autohumilhação", escreveu ele a um amigo de sua terra natal[343]. Logo, porém, ele passou a apreciar a completa ociosidade da *intelligentsia* de Bucareste. Na verdade, ele se deu conta da existência de certas afinidades eletivas entre ele e aquelas pessoas. Como aluno de filosofia no curso de graduação, Cioran travou contato com alguns dos melhores *performers* da cidade. A mescla de brilho intelectual com um impressionante senso de fracasso pessoal revelada por algumas pessoas in-

---

343 ZARIFOPOL-JOHNSTON, I. *Searching for Cioran*, p. 61.

tensificava a sua admiração: para aquele futuro niilista, o profundo compromisso daquelas pessoas com uma vida ociosa era reveladora:

> Em Bucareste, encontrei muita gente, muitas pessoas interessantes, sobretudo fracassados, que falavam sem parar, levando uma vida completamente ociosa. Devo dizer que elas me pareceram ser as pessoas mais interessantes daquele lugar. Pessoas que não faziam nada na vida, mas que, exceto por isso, eram brilhantes[344].

Pelo restante da vida, Cioran se sentiria em débito com esta terra do fracasso que foi seu país natal. Os romenos parecem manter um relacionamento privilegiado com o fracasso. Assim como a língua dos inuítes supostamente contém inúmeras palavras para designar a neve, o idioma romeno parece conter uma quantidade semelhante de termos associados ao fracasso. Uma das construções verbais mais usadas em romeno, e muito apreciada por Cioran, é *n-a-fost să fie* – literalmente, "não era para ser", que contém uma forte insinuação da ideia de predestinação. Quando algum projeto sofisticado resulta em fiasco, os romenos não se mostram indignados, tampouco se determinam a fazer uma nova tentativa; eles só dizem, de maneira informal: *n-a-fost să fie*. Se uma ponte desabou, um navio afundou, ou se o exército de um país invasor não pôde ser detido, a resposta deles é a mesma: *n-a-fost să fie*.

Os romenos têm aquilo que poderia ser chamado de "sorte filosófica": o idioma romeno já vem equipado com uma filosofia do fracasso plenamente desenvolvida, uma ontologia fluida na qual a não existência de algo é tão razoável quanto a sua existência. O absoluto estado de desapego, tão difícil de ser alcançado em qualquer tradição espiritual, ocorre de modo natural aos romenos, basta falar o idioma

---

344 LIICEANU, G. *Itinerariile unei vieți*, p. 105.

deles. Cioran nunca deixou de admirar a desenvoltura de seus conterrâneos no que diz respeito ao fracasso. Anos mais tarde, quando uma ditadura comunista foi instaurada no país, sob a rigorosa vigilância de mais um exército estrangeiro, ele escreveu a um amigo: "Depois de ter passado por tantos fracassos patéticos, este país finalmente tem a oportunidade de viver o fracasso supremo, o completo fracasso. Em relação a Orwell, trata-se de um *aperfeiçoamento*"[345].

Cioran ganhou fama por sua misantropia, porém havia um tipo humano que ele compreendia plenamente: o *fracassado*. Em 1941, morando em Paris, ele segredou a um amigo romeno: "Eu gostaria de escrever uma *Filosofia do fracasso*, que teria como subtítulo *Para uso exclusivo do povo romeno*, mas acho que não conseguirei fazer isso"[346]. Sempre que olhava em retrospecto para sua juventude, ele se lembrava, com um misto de afeto e fascínio, dos grandes fracassados, e do infinito espetáculo de fracassos que testemunhou na Romênia. Ele nunca se esqueceria do *bêbado do vilarejo* de Rășinari, sua terra natal: enquanto todos os outros trabalhavam duro para ganhar a vida, o sujeito não fazia nada além de beber até cair morto.

Cioran considerava isso um refinado protesto metafísico: o bêbado não era um *fracassado comum*, mas *um niilista praticante*. No devido tempo, ele se tornaria amigo de muitos outros bêbados e perdedores, e nunca os considerava pessoas entediantes. Na condição de escritor emergente, Cioran certamente se sentia atraído pela cena literária do país, mas esta atração não se comparava à que sentia pelo cenário de fracassos da Romênia: "Meus melhores amigos na Romênia não eram escritores, mas fracassados", confessou ele tempos depois[347].

---

345 PETREU, M. *An infamous past*: E. M. Cioran and the rise of fascism in Romania. Chicago: Ivan R. Dee, 2005, p. 173.

346 *Ibid.*, p. 197.

347 VARTIC, I. *Cioran naiv și sentimental*. Cluj-Napoca: Biblioteca Apostrof, 2000, p. 54-55.

Um fracassado romeno que deixou Cioran particularmente impressionado foi um carismático professor de filosofia, Nae Ionescu (1890-1940). Cioran foi seu aluno na Universidade de Bucareste e, assim como Mircea Eliade, Mihail Sebastian e alguns outros, foi um dos *protégés* de Ionescu. Até mesmo para os padrões romenos, Ionescu era um fracassado de destaque. Suas palestras – encantadoras, hipnotizantes, que exalavam uma sensação de autenticidade – muitas vezes eram resultado de plágios. Às vezes, Ionescu simplesmente não aparecia para dar aulas porque "não tinha nada a dizer", como costumava se justificar depois. Quando ele de fato aparecia, eventualmente pedia à turma que escolhesse um tema sobre o qual ele poderia discorrer, e então improvisaria a aula ali mesmo.

Certa vez, ele se dirigiu especificamente a Cioran, e lhe pediu uma sugestão de tema. O futuro crítico das religiões arriscou: "anjos". Talvez a intenção de Cioran tenha sido a de lhe fazer uma provocação: a influência de Ionescu era considerada "diabólica" em alguns círculos da *intelligentsia*, e ele também, numa breve "ponta", fora retratado como um feio diabo na cena do Juízo Final, nas paredes de uma catedral recém-reformada em Bucareste. Mostrando-se inabalável diante do impertinente pedido de Cioran, o mestre improvisou uma palestra nas duas horas seguintes, supostamente uma das mais inesquecíveis proferidas por ele, sobre a ontologia dos anjos.

A indolência de Ionescu era lendária. "Ele é um preguiçoso genial", comentou Mihail Sebastian[348]. No entanto, se quisermos acreditar nas palavras do próprio Ionescu, não era a preguiça que o impedia de escrever e publicar textos em sua área: ele não os publicava por uma questão de princípios. Fiel a uma estranha percepção que adquirira, achava que publicá-los poderia corrompê-lo. Considera-

---

348 SEBASTIAN, M. *For two thousand years*. Londres: Penguin, 2016, p. 149.

va que só poderia continuar sendo uma pessoa honesta "se jamais publicasse algum livro de filosofia"[349]. De acordo com sua teoria, antes ser "um fracassado honesto, respeitado e ciente de sua própria conduta e de seu caráter, que ser um patife"[350].

Segundo a opinião de muitos que o conheceram, Ionescu era, na verdade, um patife de primeira categoria. Era um homem de muitas máscaras e de inúmeras ocupações: professor de filosofia e guru intelectual, bajulador e jornalista, *socialite* e um típico Casanova, maquinador de intrigas políticas e, ocasionalmente, um político influente. Chegou a acumular muito dinheiro, e a origem deste dinheiro nunca ficou clara; alguns insinuavam que isso provinha de fraudes; outros, de algo ainda mais sombrio.

Afirmar que Ionescu era "mercurial" seria um eufemismo. Da mesma maneira que, intelectualmente, ele se movimentava livremente entre a cabala judaica, os textos ascéticos dos Padres da Igreja, d'*O príncipe* de Maquiavel, dos *Exercícios espirituais* de Ignácio de Loyola, e do *Fausto* de Goethe, em relação a questões mais práticas era capaz de praticar as ações mais incompatíveis. Poderia, num determinado momento, aceitar a doação financeira de um generoso banqueiro judeu e, já no momento seguinte, tornar-se o principal ideólogo de um movimento antissemita de extrema-direita. Poderia estar imerso em suas preces pela manhã e, na tarde do mesmo dia, trair sua esposa. Muitos consideravam Nae Ionescu como um cristão temente a Deus, e uma das mentes mais brilhantes de sua geração – um "gênio", segundo o relato de alguns. Eterno filósofo que foi, ele desenvolveu uma teoria do fracasso – que, coerentemente, preferiu não publicar.

---

349 NICULESCU-BRAN, T. *Seducătorul Domn Nae: Viaţa lui Nae Ionescu*. Bucareste: Humanitas, 2020, p. 60.

350 NICULESCU-BRAN, T. *Seducătorul Domn Nae*, p. 87.

Fracassados na terra do sucesso

O réprobo de Calvino é o fracassado supremo – o arquétipo de nossos fracassos sociais. Nossa atitude diante dos perdedores e dos fracassados de hoje parece ser uma consequência tardia da doutrina calvinista da predestinação – uma consequência frágil, talvez, mas ainda assim uma consequência. Em certa medida, a conexão entre ambas é genealógica. Max Weber, por exemplo, apresentou sólidos argumentos a favor desta genealogia. Seu estudo clássico entre a relação entre o espírito do capitalismo e a ética protestante engendrada pela teologia de Calvino continua sendo convincente.

Weber postula que, além de nosso modelo econômico, talvez tenhamos herdado dos primeiros calvinistas uma compreensão do significado do sucesso mundano e, implicitamente, uma certa maneira de encararmos os malsucedidos. Essencial a isso tudo é um compromisso com o trabalho produtivo – um trabalho completamente absorvente e que nos isenta de quaisquer responsabilidades, e cujo resultado é uma visível respeitabilidade social. Já que o trabalho e a graça estão completamente conectados, um comprometimento hesitante com o trabalho só pode implicar na ausência da graça. "A falta de disposição para o trabalho é um sintoma da ausência de graça", observou Max Weber[351]. A reação social poderia ser inclemente. Na Nova Inglaterra puritana, comunidades de povos autoproclamados eleitos ("santos visíveis", eles se autodenominavam) não desejavam nada menos do que a expulsão dos réprobos de sua Igreja. Como a "igreja exterior" era composta tanto de eleitos quanto de réprobos, os eleitos não queriam nem mesmo compartilhar o mesmo espaço físico com os réprobos. A presença destes poderia macular a pureza dos eleitos. Para eles, escreve Garry Wills, "somente a religião

---

351 WEBER, M. *The protestant ethic*, p. 105.

reconhecidamente autêntica, conforme a vontade de Deus, estava em conformidade com o Pacto da Graça, por meio do qual os eleitos por Deus estavam predestinados à salvação". As outras pessoas, aquelas "que não foram conscientemente salvas desta maneira não poderiam ser membros ativos da igreja"[352].

Talvez ainda mais importante do que uma genealogia detalhada de nossa postura diante do fracasso é a sua morfologia. Essencialmente, e apesar da distância histórica entre ambos, os primeiros calvinistas e nós, capitalistas tardios, empregamos os mesmos padrões de pensamento. Com exceção de algumas sutilezas linguísticas, os bem-sucedidos de hoje não se relacionam com os "perdedores" do jogo social e econômico de maneira muito diferente de como as comunidades dos crentes "eleitos" tratavam os "réprobos" que havia entre eles. Em ambos os casos está presente o pressuposto da danação: quem você é, e não o que você faz, diz ou pensa, é o que determinará o seu destino.

Este padrão apresenta várias características: uma necessidade básica de diferenciação, uma boa dose de arrogância, uma obsessão com a pureza e o medo do contágio, uma compulsão pela exclusão, uma ansiedade incurável em relação à salvação pessoal. Mais importante ainda, em ambos os casos está presente a mesma premissa, por meio de uma sanção social, da existência de um grupo considerado um material humano "ruim", algo que os demais identificam e relegam ao ostracismo. Caso um dia aconteça de nossos "perdedores" se encontrarem na rua com os "réprobos" de Calvino, esta cena seria o mais apagado dos encontros. Um grupo talvez sequer perce-

---

352 WILLS, G. *Head and heart: a history of Christianity in America*. Nova York: Penguin, 2008, p. 19.

ba a presença do outro, achando que o que estão vendo na vitrine de uma loja seja o seu próprio reflexo.

Portanto, os eleitos e os réprobos, os bem-sucedidos e os fracassados estão atados uns aos outros, assim como aqueles indivíduos fadados a permanecer num casamento em que não há mais amor, e no qual o divórcio está fora de questão. Conforme mostrado por Calvino com exasperante rigor, a predestinação é dupla: os bem-sucedidos precisam dos fracassados tanto quanto os eleitos precisam dos réprobos. Os bem-sucedidos alimentam, em relação aos fracassados, um ressentimento e sentimento de vingança; no entanto, se há algo no mundo de que eles precisam, mais do que tudo, é ter os fracassados por perto. Como diz o sábio ditado: não basta que eu seja bem-sucedido – é preciso que os outros fracassem[353]. Sem o espetáculo da miséria deles, meu sucesso nunca estará completo. Alcancei a salvação justamente porque o outro *não a alcançou*. Na verdade, a minha salvação só pode ser conquistada quando sou capaz de contemplar, em todo o seu sombrio esplendor, a concomitante danação alheia. Sem o aniquilamento dos outros, minha vitória será menos triunfante; meu sucesso, insatisfatório. Se um dia os fracassados subitamente desaparecerem, os bem-sucedidos serão feridos com um golpe mortal.

Este padrão é certamente anterior a Calvino. Suas ideias em relação à danação são importantes não necessariamente pelo fato de o espírito do capitalismo ter se originado na ética calvinista, mas porque Calvino, como poucos, levou a lógica da predestinação às suas consequências mais extremas e, ao fazê-lo, revelou-nos algo sobre

---

353 A extrema dificuldade de identificar a fonte exata deste ditado (que chegou a ser atribuído a La Rochefoucauld, a Somerset Maugham, a Gore Vidal, a Iris Murdoch e até mesmo a Genghis Khan) só atesta a sua profundidade e sua relevância universal.

nós próprios. Tivesse ele demonstrado alguma compaixão, isso teria bagunçado as coisas. Em vez disso, graças a seu radicalismo, pudemos ter uma plena compreensão sobre o funcionamento interno deste mecanismo.

Uma prática de fracasso levada a sério

Cioran não se contentou em ser um mero e distante observador do fracasso. Muito cedo, ele começou a praticá-lo, e em grande estilo. Em 1933, recém-saído da faculdade, recebeu uma bolsa de estudos da Universidade Friedrich Wilhelm, em Berlim. Mal chegou na cidade, apaixonou-se pelo recém-instaurado regime nazista. Em novembro daquele ano, escreveu a seu amigo Mircea Eliade: "Estou absolutamente fascinado com a ordem política que eles estabeleceram aqui"[354]. Cioran se deparava, na Alemanha de Hitler, com tudo o que não encontrara na Romênia, um país ainda relativamente democrático. O país fora tomado pela histeria política e pela mobilização das massas – o que Cioran considerou um excelente sinal. O regime nazista trouxera à tona a sensação de uma "missão histórica", algo que a democracia romena jamais seria capaz de fazer.

Enquanto outros (Simone Weil, por exemplo) já identificavam na Alemanha nazista os sinais do início de uma catástrofe histórica, Cioran só via fatos promissores. O que exatamente fazia de Hitler uma figura tão promissora? Sua capacidade de despertar os "impulsos irracionais" do povo alemão, respondia Cioran, com ares de um observador especialista. Em outra carta a um amigo romeno com simpatia pelos regimes democráticos, enviada em dezembro de 1933, ele exaltou as virtudes da ditadura e instou-o a arrepender-se antes que fosse tarde demais: "Somente um regime ditatorial

---

354 PETREU, M. *An infamous past*, p. 4.

ainda é digno de atenção. As pessoas não merecem ser livres. E me entristece um pouco que você, e pessoas como você, façam elogios insensatos a uma democracia realmente incapaz de proporcionar qualquer bem à Romênia"[355]. Cioran mal havia completado 22 anos quando começou praticar o fracasso a sério.

No outono de 1933, Cioran era uma estrela em ascensão no universo literário romeno, tendo contribuído, como aluno de graduação, com uma porção de ensaios de impressionante originalidade para algumas das publicações literárias do país. A esta altura, estes periódicos demandavam mais dele; em especial, queriam que ele fizesse comentários sobre a cena política alemã. De bom grado, Cioran concordou. Em um relatório enviado à revista semanal *Vremea* em dezembro de 1933, escreveu, sem a menor hesitação: "Se tem algo que eu aprecio no hitlerismo, é *o culto ao irracional*, a exaltação da pura vitalidade, a expressão viril de força, sem nenhum espírito de crítica, sem quaisquer limites ou controle"[356]. Abusando de um clichê apreciadíssimo pelos inimigos da democracia liberal em outros países, Cioran se compadece de uma Europa "decadente" e "afeminada", contrapondo-a a uma Alemanha orgulhosamente "masculina" – toda musculosa, ruidosa e furiosa. Hitler é visivelmente *o homem* que detém o comando, o que, como era de se esperar, deixa Cioran impressionado. Meses depois, em julho de 1934, em um segundo relatório, ele não se acanha ao expressar sua ilimitada admiração pelo homem que demonstra ter colhões: "De todos os políticos de nossos tempos, Hitler é quem eu mais aprecio e admiro"[357]. E o pior ainda estaria por vir.

---

355 *Ibid.*, p. 8.
356 *Ibid.*, p. 9.
357 *Ibid.*, p. 11.

Cioran se mostra tão encantado pela ordem "viril" instaurada por Hitler na Alemanha, que não se contenta apenas com tal instauração. Ele deseja que uma versão desta ordem seja transplantada em seu país natal. Em uma carta a outro amigo, Cioran escreve:

> Alguns de nossos amigos talvez acreditem que eu me tornei hitlerista motivado por um mero oportunismo. A verdade é que concordo com muitas das coisas que vi aqui, e estou convencido de que a condição e o caráter de inúteis das pessoas de nossa terra natal poderiam ser reprimidos, ou mesmo erradicados, por um regime ditatorial. Na Romênia, somente o terror, a brutalidade e uma angústia infinita ainda poderiam conduzir a alguma mudança. Todos os romenos deveriam ser presos e espancados vigorosamente; somente depois de um tal espancamento este povo superficial seria capaz de fazer história[358].

Questões de interesse público muitas vezes se misturam a assuntos de natureza mais privada. Logo depois de prescrever esta receita para ajudar seus conterrâneos a "fazer história", Cioran faz uma observação um tanto pessoal: "É horrível ser romeno", escreveu. "Sendo romeno, você nunca conquista a confiança de nenhuma mulher, e pessoas sérias sorriem para você com desdém; quando percebem que você é inteligente, elas o consideram um trapaceiro"[359]. Ignoramos detalhes que possam ilustrar este comentário, mas podemos adivinhá-los.

Esta confissão, por mais obscura que seja, leva-nos diretamente ao drama do jovem Cioran. Este se desenrola em diversas camadas. Em primeiro lugar, uma estranha ideia parece ter adquirido forma em sua mente: a de que lhe é permitido separar seu valor pessoal

---

358 *Ibid.*, p. 8.
359 ZARIFOPOL-JOHNSTON, I. *Searching for Cioran*, p. 99.

dos méritos históricos da comunidade étnica à qual ele, por acaso, pertence. A seguir, ao estimar o valor da comunidade, ele o considera aquém dos padrões satisfatórios. Na opinião de Cioran, a Romênia tem sido, historicamente, uma nação fracassada, e não há como impedir este fracasso de contagiar todos os romenos. Se tudo isso não fosse ruim o bastante, deixar a Romênia tampouco é uma opção, pois "a separação de um indivíduo de sua nação conduz ao fracasso". Existe fracasso dentro, e do lado de fora a dose de fracasso é ainda maior. Numa idade relativamente jovem, Cioran conseguiu prender a si mesmo em um sério impasse existencial; o fato de este drama ser, em grande medida, uma fabricação sua não o torna menos doloroso.

Este drama – "o drama da insignificância", como ele o denominará tempos depois – serve de pano de fundo ao livro que ele publicará logo após seu retorno, vindo da Alemanha: *A transfiguração da Romênia* (*Schimbarea la faţă a României*, 1936), escrito por ele, uma vez mais, por razões terapêuticas. A intenção do livro é, acima de tudo, cuidar de um orgulho ferido. Isso é o que acontece aos que nascem numa "cultura menor": o orgulho destas pessoas está sempre ferido. "Não há nada de agradável no fato de ter nascido num país de segunda categoria", escreve ele. "A lucidez se transforma em tragédia"[360]. Cioran se sente tão arrasado diante da irrelevância do *status* cultural de seu país que, para aliviar a dor, não hesitaria em vender sua alma: "Eu daria, de bom grado, metade de minha vida para poder viver, com a mesma intensidade, a experiência vivida, mesmo que por um único instante, pelos mais

---

360 CIORAN, E. M. *Schimbarea la faţă a României*. Bucareste: Humanitas, 1990, p. 30.

insignificantes dentre os gregos, romanos ou franceses, no clímax da história de seus países"[361].

Reinventar a si mesmo, transformar-se *numa outra pessoa* como uma maneira de lidar com *le désespoir d'être roumain*, é algo que Cioran faria ao longo de toda a vida; a autoalienação seria sua segunda natureza. No livro *Do inconveniente de ter nascido*, um de seus aforismos diz: "Em constante rebeldia contra meus ancestrais, passei a vida inteira querendo ser outra coisa: espanhol, russo, canibal – qualquer coisa, menos o que eu era"[362]. Cioran conseguiria perdoar Deus por muitas coisas (até mesmo por tê-lo trazido a este mundo), mas jamais por tê-lo feito romeno. Ser romeno não é um mero acidente biográfico, mas uma vergonha indescritível, uma tragédia de proporções cósmicas. "Como é que uma pessoa pode ser romena?", Cioran se pergunta, furioso. Em *A transfiguração da Romênia*, descreve seus conterrâneos como "excessivamente medíocres, lerdos, resignados e compreensivos", e horrivelmente bem-comportados[363]. Cioran se mostra incapaz de aceitar que pessoas como estas sejam o seu povo. Insuportavelmente passivos e apagados, os romenos perderam todas as chances que tiveram de deixar sua marca no mundo. A Romênia é um país que viveu dormindo ao longo de toda a história.

Porém, Cioran se revela nada mais do que autocontraditório. Em outro trecho do livro, ele "ama o passado da Romênia com um ódio intenso" e alimenta grandes sonhos para o futuro do país. Ele antevê nada menos do que "uma Romênia com a população da China e com

---

361 *Ibid.*, p. 34.

362 CIORAN, E.M. *Do inconveniente de ter nascido. Op. cit.*

363 CIORAN, E. M. *Schimbarea la faţă a României*, p. 53.

o destino da França"[364]. O país é bom – só precisa de um pequeno chacoalhão aqui e ali; e, acima de tudo, precisa ser "empurrado" na direção da história. O que isso exatamente quer dizer não fica claro, mas Cioran nos deixa uma pista quando afirma que "só consegue amar a Romênia se estiver em estado de delírio"[365]. Para atingir um objetivo tão nobre, quaisquer meios se justificam. "Todos os meios são legítimos", escreveu, "para um povo que está construindo uma estrada para si mesmo no mundo. Somente em meio à decadência o terror, o crime, a bestialidade e a perfídia são imorais e ignóbeis... quando contribuem para a ascensão de um povo, eles são virtudes. Todas as conquistas são morais"[366]. Somente uma ditadura dos irracionais, que Cioran testemunhou na Alemanha, poderá salvar seu país de si mesmo.

Dali a alguns poucos anos, quando o próprio movimento fascista romeno, a Guarda de Ferro[367] (movimento de que o mestre de Cioran, Nae Ionescu, foi o principal ideólogo durante algum tempo) violentamente antissemita ascenderia ao poder, nele permanecendo por quatro longos meses, de setembro de 1940 a janeiro de 1941, Cioran o apoiaria, mesmo que à sua maneira ambígua. Uma "Romênia em estado de delírio", com a qual ele sonhava, finalmente começava a ganhar forma, e a cena não era nada bonita: judeus romenos foram caçados e assassinados a sangue-frio; suas propriedades, saqueadas e queimadas, ao mesmo tempo que a população de gentios era submetida, pelo Bloco dos Países do Leste, a uma brutal lavagem cerebral, fundamentalista e ortodoxa. A esta altura, Cioran já estava

---

364 *Ibid.*, p. 42, 99.

365 *Ibid.*, p. 91.

366 *Ibid.*, p. 42.

367 Também conhecida pelo nome de "Movimento Legionário" [N.T.]

na França. Durante uma curta viagem de volta a seu país, contudo, em um texto dedicado à memória do líder fundador do movimento, Corneliu Zelea Codreanu (1899-1938), o assim chamado "Capitão", que ele leu em cadeia nacional de rádio, Cioran foi categórico:

> Antes de Cornelio Codreanu, a Romênia não passava de um Saara inabitado... Tive somente algumas conversas com Corneliu Codreanu. Desde o nosso primeiro contato, percebi que eu conversava com um homem num país que abrigava a escória da humanidade... O Capitão não era "esperto", o capitão era uma pessoa profunda[368].

Este capitão "profundo" havia sido, entre outras coisas, um aventureiro político e um antissemita raivoso; foi um manifesto defensor dos assassinatos políticos e foi, ele próprio, um assassino político. Tendo como pano de fundo uma precária cultura democrática no período entreguerras romeno, contando com seu carisma pessoal e uma extraordinária ausência de escrúpulos, Codreanu conseguiu, praticamente sozinho, mergulhar o país no caos político no fim da década de 1930. E agora Cioran o elogiava.

No que dizia respeito ao fracasso – até mesmo alguém irresponsável, sem que isso lhe causasse o menor arrependimento, como era o caso do jovem Cioran –, um pensador dificilmente conseguiria afundar mais do que isso. O que havia de errado com este homem?, talvez você esteja se perguntando – a mesma pergunta que seus amigos com visão democrática faziam, à época. Nos anos seguintes, o próprio Cioran se veria às voltas com esta pergunta, com uma urgência deprimente. Quando pela primeira vez ele se viu confrontado com as consequências de sua postura política a favor do fascismo, logo após o fim da guerra, praticamente não reconheceu a si mesmo

---

368 PETREU, M. *An infamous past*, p. 192.

no texto *A transfiguração da Romênia* e em seu jornalismo político. Os horrores da guerra e a amplitude do Holocausto, no qual alguns de seus amigos judeus morreram, despertaram-no de modo abrupto. A partir de então, o próprio decorrer do tempo fez com que ele passasse a enxergar as coisas com um pouco mais de clareza.

"Às vezes me pergunto se fui realmente eu que escrevi estes textos delirantes que eles citam", registrou em 1973, numa carta a seu irmão. "O entusiasmo é uma forma de delírio. Já contraímos esta doença uma vez, da qual ninguém acredita que nos recuperamos"[369]. Em outro texto, escreveu: "Tive uma juventude desesperada e *repleta de entusiasmo*; até hoje sofro as consequências disso"[370]. Em um texto póstumo, *Meu país* (*Mon Pays*, 1996), ele se refere à *Transfiguração da Romênia* como "delírios de um maluco enfurecido"[371]. Uma outra pessoa deve ter sido o autor daquele discurso inflamado, esta foi a conclusão de um Cioran agora adulto.

Às vezes, este é o resultado de uma intensa prática com o fracasso: quando menos percebe, você já trouxe uma outra pessoa ao mundo. Um dia você se olha no espelho, e então descobre uma outra pessoa olhando de volta para você, zombando e rindo de você, como se fosse um louco.

Nunca é fácil compreender Cioran com clareza, mas quando se trata de seu passado político, esta tarefa se torna praticamente impossível. Acrescente-se a isso o fato de, além das vagas referências feitas aos "delírios" e o "entusiasmo" de sua juventude, o adulto Cioran hesitava em falar sobre "aqueles anos". E por um bom motivo: ele sabia muito bem o que acontecera naquele tempo. O fracasso

---

369 *Ibid.*, p. 240.

370 ZARIFOPOL-JOHNSTON, I. *Searching for Cioran*, p. 41.

371 CIORAN, E. M. *Mon Pays / Țara mea*. Bucareste: Humanitas, 1996, p. 10.

odeia percorrer seu caminho sozinho: em geral, ele gosta de estar acompanhado pela vergonha. Numa outra carta enviada a seu irmão, Cioran escreveu: "O escritor que em sua juventude fez algumas coisas estúpidas em seu início de carreira é como uma mulher com um passado vergonhoso. Nunca é perdoada, nunca é esquecida"[372]. Até o fim de sua vida, o envolvimento político de Cioran no período romeno de entreguerras continuaria sendo a sua maior vergonha, seu fracasso mais devastador. Em comparação, todo o restante era insignificante. Eterno niilista que foi, Cioran deve ter apreciado um bom fracasso, e não se envergonhava facilmente com a tolice de seus erros; mas este erro, em particular, parece ter sido um pouco demais, até mesmo para ele.

Um outro vislumbre sobre o estilo peculiar do pensamento político de Cioran aparece numa carta enviada por ele a Mircea Eliade em 1935: "Minha receita para tudo que diz respeito à política é: entregue-se *de corpo e alma* à luta pelas coisas em que você não acredita"[373]. Não que esta confissão nos traga uma grande clareza quanto ao envolvimento político de Cioran, mas ela confere a seus "delírios" e à sua "loucura" uma perspectiva psicológica. O adulto Cioran também seria caracterizado por uma personalidade cindida. Para um filósofo que enxerga o mundo como um fracasso de grandes proporções, talvez faça sentido ridicularizar a ordem cósmica (e a si mesmo, neste processo), fingindo que existe um sentido onde não há nenhum. Você sabe da ausência de sentido em todas as coisas, mas ao comportar-se *como se* houvesse um sentido, você expressa com clareza a sua divergência e, com isso, mina os propósitos do "demiurgo do mal". Você faz isso tudo com mui-

---

372 PETREU, M. *An infamous past*, p. 4.

373 *Ibid.*, p. 182.

ta ironia e humor, com a intenção de contrapor-se à farsa divina. Quem ri por último ri melhor.

A vagabundagem como uma arte requintada

Em setembro de 1927, na Inglaterra durante uma licença de seu trabalho, um jovem policial que trabalhava para a Polícia Imperial Indiana na Birmânia [hoje denominada Myanmar], pediu demissão de seu cargo bem-remunerado, em vez de retomar suas funções. O que ele realmente desejava era ser um escritor – um escritor respeitável, em tempo integral. Como carecia de recursos financeiros, e com incursões literárias nada promissoras até então, ele deve ter se dado conta de que, antes de alcançar o sucesso literário (estava certo de que isso aconteceria), precisaria conhecer a pobreza de perto.

O jovem tinha razão, em ambos os sentidos: Eric Blair tornou--se, de fato, um escritor importante (um dos mais brilhantes de sua geração, segundo a opinião de muitos), mas isso não aconteceria antes de ele empobrecer. Nos anos seguintes, em certa medida ele conseguiu estabelecer uma íntima relação entre ambos – a escrita e a pobreza. De início, ele se obrigou à pobreza, mas acabou fazendo da necessidade uma virtude, e aceitou a pobreza como uma questão de dever profissional. Havia algo de essencialmente honesto em sua atitude: acreditava que, para poder escrever sobre o estado de indigência, ele mesmo precisava tornar-se um indigente, por um período curto ou mais longo.

Esse estado de indigência foi uma das melhores coisas que poderia ter acontecido na vida de Blair – de todo modo, foi a melhor formação literária que recebeu. Após ter completado os estudos secundários no Eton College, uma escola de elite, não se empenhou muito em seus estudos acadêmicos; os anos vividos na Birmânia certamente o ensinaram algo, mas não o suficiente. O que Blair aprenderia agora, nas ruas de Londres e Paris, morando debaixo de pontes, em albergues para vagabundos e com trabalhos mal remunerados, seria decisivo para sua formação como escritor e pensador. Esta "vagabundagem investigativa", em paralelo com a escrita, acabaria transformando Eric Blair em George Orwell. Seu primeiro livro, *Na pior em Paris e Londres*, publicado em 1933, é um registro destes anos de vagabundagem, e continua sendo um dos melhores relatos pessoais sobre o funcionamento do fracasso social.

A pobreza tem algo de estranho – é o que Orwell descobre assim que se transforma em vagabundo – em grande medida, ela é uma preocupação das pessoas que *não são* verdadeiramente pobres. Você normalmente fica obcecado com a pobreza quando se encontra no lado luminoso da linha divisória. "Ela é aquilo que você temeu a sua vida toda, que sabia que lhe aconteceria, mais cedo ou mais tarde". Mas quando a pobreza realmente chega, reflete Orwell, "ela é prosaica e completamente diferente". Como costuma ocorrer com muitas coisas na vida, a pobreza torna-se uma vítima do romantismo e da fantasia: "Você pensava que ela seria terrível; ela é simplesmente sórdida e tediosa. Antes de tudo, o que você acaba descobrindo é a peculiar indecência da pobreza; as mudanças que provoca em você, a complicada mesquinhez, a economia de migalhas"[374]. Quando os bem-sucedidos de uma sociedade caluniam os fracassados, de um modo involuntário estão lhes fazendo um generoso elogio. Eles consideram que há algo glamourosamente assustador na indigência dos fracassados, mas Orwell dissipa este boato: se há algo de assustador na pobreza, é a sua completa banalidade.

---

374 ORWELL, G. *Na pior em Paris e Londres*. Jandira: Tricaju, 2021.

Orwell vinha de uma família sem preocupações financeiras. É possível que, à época de seu nascimento, a riqueza de sua família não fosse o que costumava ser, mas ainda assim ele cresceu num meio relativamente próspero. Agora, contudo, à medida que começou a descer a escada social (em grande medida, uma queda autoprovocada, mas nem por isso menos dramática), ele começou a descobrir algumas coisas relacionadas à pobreza, cuja existência nunca imaginara. A pobreza oferece às pessoas toda uma nova dimensão sobre como elas veem a si mesmas, sobre como elas interagem socialmente e, de modo geral, sobre como elas funcionam na sociedade. Tudo fica diferente quando você está financeiramente quebrado, o mais insignificante dos acidentes pode então assumir proporções catastróficas. E um novo ingrediente – a vergonha – começa a dar tempero à sua vida. Veja por exemplo, esta interação com um balconista:

> Você entra numa quitanda com a intenção de gastar 1 franco em um quilo de batatas. Mas uma das moedas que compõem o franco é belga, e o vendedor se recusa a aceitá-la. Você sai de fininho da quitanda, e nunca mais consegue voltar lá[375].

Antes da queda, você imaginava que a pobreza era uma situação claramente definida, sem ambiguidades: você não tem nenhum dinheiro, e pronto. Agora, você considera isso uma completa ingenuidade. A pobreza surge em vários sabores, em inúmeros tons e graus. Assim como a sociedade da qual foram excluídos, os pobres organizam a si mesmos de modo hierárquico; entre eles existem os mais afortunados, os médios e os realmente pobres, cada uma destas categorias contendo suas próprias subdivisões.

---

375 *Ibid.*

Tendo se deparado, nesta queda, com diferentes tipos de pobreza em Paris, certo dia Orwell chega a uma espécie de fundo de poço, onde ele faz uma nova descoberta: "como viver com 6 francos por dia". Ele nunca imaginara esta possibilidade, e muito menos que aceitaria isso de bom grado. Revelou-se que um lugar animado e superpovoado abrigava esse tipo de pobreza. "Milhares de pessoas em Paris vivem desse jeito – artistas e estudantes sem recursos, prostitutas em períodos de má sorte, desempregados de todos os tipos. Trata-se dos arredores da pobreza, por assim dizer"[376]. Simplesmente preste atenção em suas palavras: "arredores da pobreza", a pobreza dentro da pobreza que está dentro da pobreza – nem mesmo as melhores universidades da Inglaterra seriam capazes de ensinar a Orwell distinções tão requintadas como esta.

Uma vida de parasita

Após retornar da Alemanha, em 1936, Cioran trabalhou por um breve período como professor de filosofia no ensino secundário na cidade de Braşov, na região central da Romênia. Mais um fracasso retumbante. Ele não dava grande importância às atividades rotineiras de seu cargo, e suas aulas não tinham qualquer estrutura ou método. Odiava a necessidade de atribuir notas, e não conseguia tolerar os alunos com desempenho acadêmico acima da média. Por outro lado, quem o atraía eram os preguiçosos, a quem, como um meio de ridicularizar a coisa toda, ele distribuía as maiores notas. Não é de surpreender que as aulas de Cioran vivessem num estado de caos permanente, e que os alunos ficassem tão intrigados quanto os colegas de Cioran com este que era o mais improvável dos professores. Por exemplo, durante uma aula de lógica, Cioran afirmou que

---

376 *Ibid.*

tudo no universo era irremediavelmente doentio, inclusive o princípio de identidade. Quando um aluno lhe perguntou "Senhor, o que é ética?", Cioran lhe disse para não se preocupar, porque tal coisa não existia. Quando, no fim das contas, ele deixou a escola, o diretor, para celebrar, bebeu até perder a consciência. O breve período de Cioran como professor foi sua última tentativa significativa de ter um emprego em período integral.

Em 1937, diante da constatação de que jamais conseguiria se destacar naquela terra de fracassados, Cioran decidiu deixar a Romênia em definitivo, e buscar em outro país o caminho que ele então encarava como sua verdadeira vocação: uma carreira dedicada em tempo integral ao fracasso. Ele sempre consideraria esta decisão como "de longe, a coisa mais inteligente" que jamais fez. Sua primeira escolha foi a Espanha – como você deve se lembrar, "aquele espetacular exemplo de fracasso" –, então, candidatou-se a uma bolsa de estudos na embaixada espanhola em Bucareste. Porém, isso aconteceu pouco antes do início da Guerra Civil espanhola, e Cioran nunca recebeu uma resposta à sua solicitação. Finalmente, ele concluiu que Paris era o lugar certo para alguém com suas aspirações: "Antes da guerra", recorda ele, "Paris era o lugar ideal para você ter uma vida de fracassos, e os romenos, em particular, eram famosos por fazer isso"[377]. Para um homem com os planos de Cioran, Paris oferecia o benefício adicional de ser "a única cidade no mundo onde você pode ser pobre sem precisar ter vergonha disso, sem complicações, sem dramas"[378].

---

377 LIICEANU, G. *Itinerariile unei vieți*, p. 111.
378 *Ibid.*, p. 67.

Então, ele rompeu laços com a Romênia, e passou a adotar um novo estilo de vida. Por precaução, adotou também um novo nome: *E. M. Cioran*. "Depois de passar por algumas experiências", refletiu, "devemos mudar nosso nome, já que não somos mais os mesmos"[379]. A certa altura, começou a escrever e a falar exclusivamente em francês. Passou a usar o romeno somente quando precisava de xingamentos; para a expressão destes, em sua opinião, os recursos do idioma francês eram precários. Começar a usar um novo idioma àquela altura da vida foi uma experiência dolorosa, mas ele passou a apreciar o senso de disciplina oferecido pelo novo idioma não apenas à sua escrita, como também à sua vida de modo geral. Cioran acabou descobrindo que a língua francesa impunha limites a seus falantes, ela os "civilizava". "Não consigo enlouquecer em francês", afirmou Cioran, intrigando leitores de várias gerações, que haviam sido atraídos por Cioran justamente devido à perfeição estilística dos delírios expressados por ele neste idioma. No longo prazo, o francês talvez tenha salvado Cioran de si mesmo. "Ao demarcar limites para mim, ele me salvou, me impedindo de cometer exageros o tempo todo", afirmou. "A aceitação desta disciplina linguística deu moderação ao meu delírio"[380].

Isso não significa que, a partir de então, Cioran tornara-se francês – Deus o livre! Ele não abandonou uma identidade coletiva apenas para acolher uma outra. Seu flerte desastrado com o fascismo deve lhe ter ensinado em que medida estas relações podem ser complicadas. Após seu episódio de fracasso com a Romênia, o que ele buscava não era um outro país, mas um estado em que não existisse país algum: *Je n'ai besoin de patrie, je ne veux appartenir à*

---

379 CIORAN, E.M. *Do inconveniente de ter nascido. Op. cit.*
380 LIICEANU, G. *Itinerariile unei vieți*, p. 120.

rien. ("Não tenho necessidade de uma pátria, não quero pertencer a nada")[381]. O que a França deu a Cioran não foi a cidadania, mas *la volupté de l'exil* (a volúpia do exílio). Se havia uma identidade à qual o renascido Cioran se sentiu próximo, deve ter sido a do "judeu errante". "Falando *de um ponto de vista metafísico*, eu sou judeu", escreveu. Numa carta que ele envia para casa a partir de Paris, em 1946, Cioran praticamente se vangloria de sua nova situação: "Moro num sótão, faço refeições numa cafeteria universitária, não tenho profissão – e, naturalmente, não ganho dinheiro nenhum. Na verdade, não posso me queixar do destino que até meus 35 anos de idade me deixou livre para viver às margens da sociedade"[382]. As coisas começavam a melhorar para o niilista.

Teoricamente falando, a ida de Cioran a Paris tinha como motivação uma bolsa de estudos de pós-graduação que ele recebera. Presumia-se que ele assistiria aulas na Sorbonne e então escreveria uma tese de doutorado sobre algum tema da filosofia. Porém, mesmo tendo se candidatado à bolsa, ele sabia perfeitamente que nunca escreveria um texto como aquele. Deu-se conta, enfim, do que estava buscando: a vida de um parasita. Tudo o que precisava para viver com segurança na França era um cartão de identificação que lhe dava o *status* de estudante, que lhe daria acesso a cafeterias universitárias baratas. Ele poderia viver feliz para sempre, naquelas condições. E assim viveu, mesmo que por um curto período:

> Aos 40 anos, eu ainda estava matriculado na Sorbonne, fazia minhas refeições na cafeteria da universidade, e mantinha a expectativa de que isso duraria até meus últimos dias de vida. Mas então foi aprovada uma lei que

---

381 CIORAN, E. M. *Entretiens*, p. 34.

382 PETREU, M. *An infamous past*, p. 191.

proibia a matrícula de alunos com mais de 27 anos, o que acabou me expulsando daquele paraíso[383].

Expulso do paraíso dos parasitas, Cioran teve de ser criativo. Ele sempre fora um cínico, na acepção moderna da palavra. Agora, tinha a oportunidade de praticar o cinismo também na acepção antiga do termo; Paris estava prestes a ter o seu Diógenes. E, assim como o cínico da Antiguidade, não se acanhava diante da necessidade de pedir ajuda. Seus amigos romenos, então em condições financeiras ligeiramente melhores, vinham-lhe a calhar. "Nos anos 1940 e 1950", registra um biógrafo, "Cioran usava roupas de segunda mão, que herdava de amigos mais afortunados como Eliade, e era apresentado nas rodas parisienses como 'um amigo de Ionesco'"[384]. Em outras circunstâncias, ele ficava à mercê da generosidade de estranhos; buscava criar relações de amizade com praticamente qualquer pessoa que lhe oferecesse a perspectiva de um jantar gratuito. Foi assim que ele também conheceu *les vieilles dames* (as velhas senhoras) de Paris. Sua rigorosa formação em filosofia deve lhe ter tido serventia; ele surgia em cena com sua conversa sofisticada e cantava em troca de um jantar[385]. Havia, por fim, o ambiente das igrejas de Paris; sempre que encontrava uma oportunidade, este niilista fanático[386] aparecia

---

383 CIORAN, E. M. *Entretiens*, p. 10-11.

384 ZARIFOPOL-JOHNSTON, I. *Searching for Cioran*, p. 70.

385 Naqueles anos, "Cioran sempre esteve à beira da pobreza, sempre de olho na possibilidade de ser convidado a um jantar, em troca de seus talentos de bom conversador" (ZARIFOPOL-JOHNSTON, I. *Searching for Cioran*, p. 119).

386 O autor usa aqui o neologismo "God-basher", uma brincadeira com o adjetivo "Bible-basher" (o indivíduo que tenta, agressivamente, persuadir os outros a acreditar nos ensinamentos cristãos e bíblicos). Além disso, o verbo "to bash" tem o sentido de "atacar, golpear". Logo, uma expressão adequada para definir Cioran seria "ateu fanático", mas o contexto deste livro deixa claro que as inclinações de Cioran se voltavam muito mais para o niilismo do que para o ateísmo [N.T.].

todo contente na Igreja Ortodoxa romena, buscando uma chance de jantar gratuitamente. Em todos esses ambientes, Cioran se revelava uma pessoa admiravelmente polida e maleável: se não conseguia dissimular sua misantropia, pelo menos fazia dela um entretenimento um pouco mais agradável. Ninguém é misantropo a ponto de decidir passar fome até morrer. Por fim, uma boa e altruísta alma, Simone Boué, acabou adotando o filósofo desgarrado, e ajudou-o a abrir caminho em meio às necessidades de sua existência mundana, até o fim de sua vida.

Mas não será esta uma forma de prostituição intelectual?, você poderá objetar. Pelo contrário, Cioran teria considerado esta pergunta como uma adulação. Pois esta "prostituição intelectual" reúne, de um modo muito eficiente, dois universos que ele sempre valorizou muito. "Quando eu era muito jovem, as únicas coisas que me atraíam eram bordéis e bibliotecas", lembra-se ele, com idade já avançada[387].

Alguns de seus aforismos revelam que Cioran era um grande especialista em pobreza. Por exemplo, ele escreveu: "Por pensarem em dinheiro o tempo todo, os pobres chegam a perder as vantagens espirituais da ausência de posses, e com isso afundam tão profundamente quanto os ricos"[388]. Desde o entretenimento de velhas senhoras à quase-mendicância, Cioran fazia qualquer coisa para sobreviver – exceto aceitar um emprego. Isso teria sido o fracasso de sua vida. "Para mim", recorda um Cioran já idoso, "o mais importante de tudo era salvaguardar a minha liberdade. Se eu tivesse aceitado ter como ganha-pão um emprego em um escritório, eu teria fracassado". Para não fracassar, ele escolheu um caminho que a maioria das pes-

---

387 LIICEANU, G. *Itinerariile unei vieți*, p. 19.

388 CIORAN, E.M. *Do inconveniente de ter nascido. Op. cit.*

soas consideraria o próprio fracasso encarnado. No entanto, Cioran sabia que o fracasso é uma situação complicada. "Eu evitava a todo custo a humilhação de uma carreira... eu preferia viver como um parasita a destruir a mim mesmo aceitando um emprego"[389]. Como os grandes ociosos e místicos sempre souberam (Cioran parece ter sido ambos, ao mesmo tempo), a perfeição está contida na inação – quanto menos você faz, mais próximo do absoluto você está.

A princípio, Cioran talvez tenha aprendido estas ideias com Nae Ionescu, mas ele superou seu mestre, como sempre acontece com os bons discípulos. Apesar de sua lendária preguiça, Ionescu ainda se dedicava a seus negócios obscuros e às suas aulas, nas quais ele recorria ao plágio e ao improviso, sem falar de seu envolvimento com a política, em que revelava sua faceta de mulherengo, e seu aliciamento de jovens fascistas. Porém, Cioran *não fazia nada* em Paris. Certa vez, ao ser indagado numa entrevista sobre sua rotina de trabalho, respondeu com sinceridade: "Na maior parte do tempo eu não faço nada. Sou o homem mais ocioso de Paris... a única pessoa que faz menos do que eu é uma prostituta sem clientes"[390]. Ele não dizia isso como uma piada – talvez o comentário tivesse um fundo de verdade. Sua crença era a de que, num mundo sem sentido, não há o menor motivo para se fazer qualquer coisa. "Toda ação é fundamentalmente inútil", acreditava este asceta moderno. "Acredito que a única época adequada na História foi o período da Antiga Índia, quando a pessoa poderia viver uma vida de contemplação, quando ela se contentava em apenas observar as coisas, sem ter de lidar com elas"[391]. Cioran era um homem de profundas convicções: em um universo fracassado, uma vida de fracassos é a única que vale a pena ser vivida.

---

389 LIICEANU, G. *Itinerariile unei vieţi*, p. 111.

390 CIORAN, E. M. *Entretiens*, p. 10-11.

391 *Ibid.*, p. 35.

Nesse aspecto, Cioran ocupa um lugar na grande tradição contemplativa. O que diferencia as pessoas contemplativas das demais é a sua cultivada habilidade de dedicar uma grande dose de reflexão pessoal à não existência das coisas: a abundante virtualidade que antecede a sua queda na existência, a precariedade fundamental de sua realização, e seu inevitável retorno ao vazio. A contemplação é um hábito adquirido de observar o mundo a partir da perspectiva de sua não existência. Evitando emaranhar-se na confusão cósmica, o indivíduo contemplativo é capaz de transportar a si mesmo a um tempo em que o mundo ainda está por acontecer.

Vale a pena fazer este exercício, por pelo menos três razões. Primeiro, em um nível puramente filosófico, o virtual não apenas antecede o real, como é mais valioso e mais proeminente. Por que desperdiçar tempo com uma cópia imperfeita quando se tem acesso ao original puro e imaculado? Em certos casos, a própria linguagem humana privilegia a contemplação em detrimento da ação. Tomemos o exemplo da palavra latina *negotium*. Entre outras coisas, esta palavra envolve negócios ou empreendimentos – um envolvimento ativo com algo. Porém, em sua origem, o sentido da palavra era negativo: ela nasceu da negação do *otium* (ócio) – tempo para o lazer, um retirar-se do mundo, um retiro acadêmico, a contemplação. Em segundo lugar, a contemplação lhe oferece um quadro mais preciso da existência. Ela faz com que você deixe de dourar a pílula, sem dar espaço a ilusões ou a manipulações. Os grandes indivíduos contemplativos sempre foram, ao mesmo tempo, extremamente realistas. Por fim, uma grande dedicação à não existência das coisas talvez seja, em um nível mais existencial, uma experiência humana enriquecedora, graças à qual podemos ter uma vida melhor, e mais lúcida. Observar o mundo sob esta perspectiva privilegiada nos dá espaço a uma relação jovial, tranquila e brincalhona com ele. As piadas que Cioran fazia eram ótimas, mas isso não acontecia *apesar* de sua filosofia niilista; acontecia exatamente *por causa dela*.

Os praticantes do ócio têm uma má reputação, mas em grande medida isso se deve a um raciocínio preguiçoso. Quando buscado da maneira adequada, o ócio pode ser uma experiência filosófica de primeira categoria. Bertrand Russell escreveu um longo ensaio em exaltação ao ócio. Os exemplos mais bem acabados de ociosos na literatura – Bartleby, de Melville, ou Oblómov, de Gontcharóv (que tanto fascinaram Samuel Beckett, amigo de Cioran e seu companheiro de ócio) – são figuras de uma busca metafísica: eles ilustram estilos alternativos de vida, aos quais "os homens de ação" nunca terão acesso. Cioran tinha bons motivos para vangloriar-se de seu ócio em entrevistas e até mesmo em relação a seu trabalho.

Não é que os ociosos "não façam nada": neste processo, eles alcançam uma forma iluminada de existência – uma conquista de que se orgulham, e com razão. "É com uma dose discreta de soberba", observa Gontcharóv, "que Oblómov contemplava sua liberdade de ficar deitado em seu divã das 9h às 15h, e das 20h às 21h e dava graças ao fato de não precisar apresentar nenhum relatório ou de escrever qualquer documento". Aquilo lhe permitia "liberar suas energias para dar amplas asas a seus sentimentos e à sua imaginação"[392]. Da mesma maneira, Bartleby rende-se à sua recém-descoberta vocação para o ócio. Ele não se permite fazer alterações em sua rotina, por menores que sejam. Está ocupado demais para fazer qualquer outra coisa. O ócio é um emprego que absorve todas as suas energias, um emprego em tempo integral – na verdade, uma vocação. A pessoa não consegue fazer muito mais, como atividade adicional.

---

392 GONTCHARÓV, I. *Oblómov*. São Paulo: Companhia das Letras, 2020.

Tendo estabelecido um relacionamento tão íntimo com o fracasso, não surpreende que Cioran alimentasse suspeitas em relação ao sucesso. Para começar, ele o encarava como algo espiritualmente insalubre: "Qualquer tipo de sucesso, em qualquer esfera, envolve um empobrecimento interno. Ele nos faz esquecer o que somos, ele nos priva da aflição contida em nossos limites"[393], declarou. O sucesso nos torna vaidosos e superficiais. O sucesso não é apenas vulgar, mas visivelmente fraudulento. A existência humana é um acontecimento tão complicado que, sempre que alguém encontra sua trajetória nela com muita facilidade, devemos suspeitar que talvez se trate de uma fraude.

"Há algo de charlatão em qualquer pessoa que triunfa numa esfera qualquer"[394], escreveu Cioran. Ele não se impressionava com "triunfos" literários, e a cena literária francesa o deixava horrorizado. Com uma única exceção (no início de sua trajetória), declinou de todos os prêmios literários que o país lhe concedeu, embora alguns deles fossem financeiramente significativos, e teriam se revelado muito convenientes. Numa época em que já tinha certa idade, e sua obra começou a ter um impacto maior, ele concedia poucas entrevistas e tinha um comportamento discreto. *Je suis un ennemi de la gloire*, afirmou ele enfaticamente, uma atitude que, em si, já denunciava uma certa angústia. Pois o que teria acontecido a ele e à sua integridade se ele – Deus o livre – se tornasse "bem-sucedido"?

O gato morto

A vagabundagem coloca Orwell numa posição que lhe possibilita olhar para tudo – os demais seres humanos e a sociedade como

---

393 CIORAN, E.M. *Do inconveniente de ter nascido. Op. cit.*
394 CIORAN, E. M. *Anathemas and Admirations.* Nova York: Arcade, 1991, p. 12.

um todo, com suas hierarquias, valores e tabus – com novos olhos. Tendo morado na Ásia por vários anos, e atravessado muitas fronteiras culturais, Orwell tinha agora uma visão relativamente ampla da sociedade. Suas experiências com a vagabundagem, contudo, lhe deram acesso a estratos e grupos sociais com os quais ele não poderia ter contato em outras circunstâncias. Com isso, adquiriu um enorme conhecimento. Por exemplo, o conhecimento de que as distinções sociais não têm uma base sólida na realidade. Vivendo entre os vagabundos, Orwell compreende que, em última instância, independentemente de sua riqueza, as pessoas são essencialmente iguais. A ideia de que haveria "alguma diferença fundamental e misteriosa entre ricos e pobres" é um equívoco – "uma superstição". Na verdade, como ele acaba descobrindo, "não há diferenças"[395]. Embora pareçam intransponíveis, as distinções sociais são uma ilusão de óptica. A causa desta ilusão pode ser uma das coisas mais simples no mundo. As roupas, por exemplo.

À medida que Orwell transita entre linhas divisórias e diferentes nuances de pobreza, ele aprende a vital importância da aparência. Como membro da elite social britânica, provavelmente considerava o vestuário como um indicador externo de pertencimento a uma classe social ou a outra. Agora, ele descobre o contrário. Aprende o que bons atores e espiões sempre souberam: você é aquilo que veste. Você se transforma no seu disfarce. Quase sempre, o que os outros veem é a máscara, nunca a pessoa; na verdade, a pessoa é a máscara (*persona*, em latim). Ao vestir as roupas de um vagabundo, a primeira reação de Orwell é apegar-se a seu velho *self*: "Vestido como eu estava, eu tinha medo que a polícia me prendesse como vagabundo, e não ousava falar com ninguém, imaginando que notariam uma disparidade entre o meu sotaque e minhas roupas".

---

395 ORWELL, G. *Na pior em Paris e Londres.*

Esta suposição só demonstra a falta de habilidade de Orwell para lidar com os assuntos mundanos: em sua ingenuidade, ele acreditava ser algo diferente do que suas roupas podiam exibir. Em outras palavras, que tinha um *self* mais profundo e significativo e que, ao se depararem com ele, as pessoas prestariam atenção àquele *self*, e com isso teriam acesso ao verdadeiro Eric Blair escondido por trás deste homem com aparência de indigente. "Tempos depois, descobri que isso nunca aconteceu". Socialmente, nunca somos o que pensamos ser, e sim a representação que os outros fazem de nós. Um homem rico com aparência de vagabundo é um vagabundo. Se você veste as roupas de um vagabundo, para todos os efeitos você se torna um vagabundo. "As roupas são uma coisa poderosa", conclui Orwell. Vestido como um vagabundo, é muito difícil (…) não sentir um genuíno estado de degradação".

Assim que Orwell recebe seu batizado como vagabundo, pode dar início a uma sincera exploração sociológico-literária. As descobertas que ele começa a fazer nunca deixam de impressioná-lo; toda uma nova dimensão de sua existência social lhe é agora revelada. "Minhas novas roupas me colocaram, instantaneamente, em um novo mundo. O comportamento das pessoas parecia ter mudado bruscamente", constatou. "Ajudei um vendedor ambulante a erguer um carrinho de mão que ele deixara cair. 'Obrigado, amigo', disse ele, sorrindo. Ninguém nunca tinha me chamado de 'amigo' antes – isso aconteceu por causa das roupas". São sempre as roupas. O vendedor ambulante não estava falando com Orwell, mas com as roupas que ele vestia.

Porém, nem todas as suas descobertas são agradáveis. Orwell se dá conta, sem conseguir evitar o choque, "como a atitude das mulheres varia conforme as roupas de um homem. Quando um homem malvestido passa por elas, elas têm um sobressalto, e se afastam dele com um visível gesto de repulsa, como se ele fosse um gato morto"[396]. Isso não deveria causar surpresa a Orwell: ele *era* um gato morto.

Aos nossos olhos, a cena de um fracassado é tão repugnante quanto a fedorenta carcaça de um animal. A repulsa é intensa, a ponto de abalar o comportamento mais refinado que um indivíduo pode apresentar. Pois esta visão repentinamente nos obriga, contrariando nossas melhores intenções, a enxergar através das máscaras sociais, e a perceber o silêncio mortal que espreita por trás do agradável ruído que costuma acompanhar nossa passagem pelo mundo. Observar um fracassado é perturbador, pois isso nos lembra das piores coisas que podem nos acontecer: degradação, decadência, pobreza. Instintivamente – quando não conscientemente –, sabemos que isso tudo sempre é possível, dada a constante precariedade da ordem social. A existência dos fracassados é certamente necessária, precisamos deles ao nosso redor, mas isso é um pouco assustador.

O sutil veneno do sucesso

Cioran sabia do estrago que o sucesso causara a Jorge Luis Borges e sentia pena dele por causa disso. "Borges teve a infelicidade de ter sido reconhecido", escreveu Cioran. "Ele merecia mais do que isso. Merecia permanecer na obscuridade, no plano do imperceptível, permanecer tão inefável e impopular quanto a própria nuance... a consagração é o pior dos castigos"[397]. O mais imperdoável de tudo é que Borges acabou se tornando popular entre os acadêmicos. Universidades famosas competiam entre si para tê-lo como palestrante convidado, reservando-lhe o tratamento dado a *pop stars*, bem

---

396 *Ibid.*

397 CIORAN, E. M. *Anathemas and admirations*, p. 223.

como títulos excêntricos. Que palhaçada, que destino lamentável! "Qual é o sentido de louvá-lo quando as próprias universidades estão fazendo isso?", Cioran se perguntava[398]. Para ele, a universidade não era apenas uma coisa ruim, mas um mal – "a morte do espírito", algo de que você precisa fugir se realmente quiser dar importância à sua vida interior. Até mesmo as melhores aulas lecionadas neste ambiente eram, na visão dele, tóxicas. "Uma das melhores coisas que já fiz na vida", afirmou numa entrevista em seus últimos anos de vida, "foi ter rompido completamente os laços com a universidade"[399]. Nesse aspecto, ele permaneceu fiel à única igreja a que jamais pertenceu: a igreja do não pertencimento. "Minha única religião tem sido a minha liberdade, minha independência, o fato de eu não precisar depender de uma carreira"[400].

No livro *Do inconveniente de ter nascido*, Cioran fala de "uma existência constantemente transfigurada pelo fracasso" como um projeto de vida invejável[401]. Uma vida como esta seria a sabedoria encarnada. O fracasso é o companheiro íntimo de Cioran, e também a sua musa fiel. Ele enxerga o mundo – as pessoas, os fatos, as situações – através dos inabaláveis olhos do fracasso. Consegue medir, por exemplo, a profundidade da vida interior de uma pessoa pelo modo como ela lida com o fracasso: "É desta maneira que podemos reconhecer o homem com tendências a uma busca interior: ele colocará o fracasso acima de qualquer sucesso". E por quê? Porque o fracasso, "sempre *essencial*, nos revela a nós próprios, permite que enxerguemos a nós próprios do modo como Deus nos enxerga",

---

398 *Ibid.*, p. 223.

399 CIORAN, E. M. *Entretiens*, p. 40.

400 LIICEANU, G. *Itinerariile unei vieţi*, p. 111.

401 CIORAN, E.M. *Do inconveniente de ter nascido.*

ao passo que "o sucesso nos distancia daquilo que está no mais profundo de nós e, com efeito, nas profundezas de tudo"[402]. Mostre-me como você lida com o fracasso, e eu saberei quem você é. Pois é somente no fracasso, "na grandeza de uma catástrofe que você pode conhecer uma pessoa"[403].

Cioran adquiriu o hábito de reconhecer o sucesso que há no interior do fracasso, bem como o fracasso que existe em todo tipo de conquista. As coisas de que ele mais se orgulhava não eram seus livros, enaltecidos e traduzidos em todo o mundo logo depois de serem publicados, tampouco sua crescente influência entre pessoas de bom gosto filosófico. Nem mesmo seu *status* de mestre da língua francesa. "O grande sucesso que tive na vida", afirmou, "é o fato de ter conseguido viver sem um emprego. No fim das contas, vivi bem a minha vida. Fingi que ela foi um fracasso, mas não foi"[404]. Levar uma boa vida não significa evitar o fracasso, mas saber *como* aproveitar ao máximo o seu fracasso: "Uma única coisa tem importância: aprender a ser um fracassado"[405].

Cioran revela aqui uma das coisas mais importantes sobre o fracasso, e a mais misteriosa: quando é bem-feito, e buscado até que se chegue ao seu fim natural, o fracasso deixa de estar associado ao sucesso como se fosse um feio irmão gêmeo. A esta altura, o fracasso é como um vidro de total transparência: você não o enxerga mais, você enxerga *através* dele. O fracassado transcendeu a si mesmo.

---

402 *Ibid.*

403 LIICEANU, G. *Itinerariile unei vieți*, p. 124.

404 *Ibid.*, p. 178.

405 CIORAN, E.M. *Do inconveniente de ter nascido. Op. cit.*

O vagabundo

Apenas três anos após a publicação de *Na pior em Paris e em Londres*, tivemos mais um importante acontecimento na história da vagabundagem como uma arte refinada: *Tempos modernos*, de Charlie Chaplin. Ao contrário de Orwell, Chaplin não precisou aprender como ser um vagabundo: ele já nasceu vagabundo – numa caravana de ciganos. Sua origem era aquela Londres de absoluta pobreza na qual Orwell, um cidadão da elite social, teria que se inserir a fim de completar seu ciclo de escolarização. Enquanto Orwell era matriculado no Eton College, Chaplin era enviado a Londres para trabalhar. Aos sete anos de idade, ele já sustentava sua família. Ele nunca envelheceu pois sempre foi velho o suficiente. "Você consegue descobrir o que significa estar faminto", comentou Orwell com certa dose de espanto, no início de sua experiência como vagabundo[406]. Chaplin nunca fez esta descoberta – ele já nasceu faminto.

Dadas as circunstâncias de seu nascimento e de sua infância, Chaplin provavelmente queria ser qualquer coisa, exceto um vagabundo. E ele acabou se tornando o mais famoso deles: *o vagabundo*. Em inúmeros filmes, a partir de 1914, ele usou o personagem do vagabundo para fazer as pessoas rirem. Se *Tempos modernos* se distingue das versões filmadas anteriormente, não é simplesmente porque o filme, tecnicamente, é um trabalho tão bem-feito, mas por causa da iluminadora visão de sociedade moderna que ele apresenta com tanta clareza. O maior êxito de Chaplin foi ter mantido distância da política tacanha e engajada, e ter sido o que foi: um artista capaz de satirizar toda a estrutura social ao seu redor. Se o impacto político de *Tempos modernos* foi considerável, isso não se deve a uma

---

406 ORWELL, G. *Na pior em Paris e Londres.*

postura política de Chaplin, fosse qual fosse tal postura, mas por causa de sua visão artística. "Ele *apresenta* soluções políticas, mas não propõe nenhuma", comentou o crítico Graham Greene à época do lançamento do filme[407].

Foi Mahatma Gandhi que, involuntariamente, incitou Chaplin a fazer seu filme. Ambos haviam se conhecido em Londres, em 1931. Enquanto Chaplin sabia de tudo relacionado ao Mahatma, e estava não apenas ansioso para encontrá-lo, mas nervoso e irrequieto como um garoto de escola, Gandhi parecia ignorar quem era Chaplin. Não tinha assistido a nenhum de seus filmes – aliás, a nenhum outro filme. Por mais breve que tenha sido, o encontro dos dois permitiu a Chaplin conhecer mais sobre as perspectivas críticas de Gandhi sobre a modernidade e sobre a tecnologia, o que acabou influenciando a sua própria perspectiva.

O vagabundo é engolido e cuspido inteiro pelas máquinas, como já vimos nas sequências iniciais do filme. Dali, ele é levado a uma clínica para se recompor mentalmente, mas acaba por perder seu emprego. A sequência inicial do filme, com a máquina, é uma das mais inesquecíveis, mas o restante da história tem a mesma importância. Na avaliação de Simone Weil, o filme era o espelho no qual o mundo industrial ocidental podia enxergar a si mesmo, em seu estado mais puro.

Tempos modernos praticamente não contém nenhum fotograma estático; cada um deles nos fala, de modo eloquente, sobre coisas importantes, que geralmente preferimos ignorar ou silenciar a respeito. Tanto Chaplin quanto Weil eram ávidos por trazer à tona,

---

407 ROBINSON, D. *Chaplin* – The mirror of opinion. Londres: Secker and Warburg / Bloomington: Indiana University Press, 1983, p. 100.

para serem observadas e contempladas, coisas que a sociedade de seus países não considerava dignas de atenção.

O subtítulo do filme representa a ironia de Chaplin em seu nível mais corrosivo: "Uma história sobre a indústria, a iniciativa individual – a cruzada da humanidade em busca da felicidade". O filme talvez aborde isso muito bem, mas como ele é narrado sob a perspectiva privilegiada dos excluídos, ele se torna uma lamentável história de desemprego crônico, de degradação social e de infelicidade. A busca a que, no fim das contas, acabamos assistindo nas telas é a de um homem que dá o melhor de si para sobreviver, mas mesmo assim termina fracassando. Por mais estranho que possa parecer, uma inconfundível sensação de serenidade permeia o filme, que talvez seja um reflexo da "grande consolação" que Orwell encontrou em meio à pobreza. "É um sentimento de alívio, quase de prazer, saber que agora você é um miserável", escreveu. "Você falou tantas vezes sobre chegar ao fundo do poço – pois bem, aqui está ele, você chegou ao fundo, e consegue tolerar isso. Isso alivia muito a ansiedade"[408].

Chegamos à percepção de que esta serenidade também tem algo a ver com o misterioso papel de vítima sacrificial desempenhado pelo vagabundo. Esteja onde for – na linha de produção, numa penitenciária ou numa cafeteria, descansando em um bairro chique ou passeando pelas ruas –, o vagabundo, em sua condição de retrato social do fracassado, desempenha a mesma função: ele encarna os piores medos e aflições de sua sociedade. Não há nada mais perturbador para uma sociedade viciada em trabalho do que a visão de uma pessoa indolente. "Os indolentes", afirma Tom Lutz, "representam nossas mais estimadas fantasias e nossos medos mais pro-

---

408 ORWELL, G. *Na pior em Paris e Londres.*

fundos"[409]. A indolência, o desemprego, a condição de sem-teto, a inanição, a insanidade, a criminalidade, a decadência, o fracasso – espera-se que o vagabundo possa exorcizar isso tudo.

No sentido junguiano, o vagabundo é a sombra da sociedade. O personagem de Chaplin personifica tudo aquilo que recusamos a admitir para nós mesmos, que consideramos vergonhoso e desprezível, e que não reconhecemos como sendo nosso. E, considerando que há tantas coisas que uma sociedade obcecada pela riqueza prefere não admitir em relação a si mesma, o vagabundo acabou assumindo uma tarefa enorme. Mesmo estando desempregado, ele tem o trabalho mais difícil de todos: impedir que os demais membros da sociedade fiquem desorientados. Não é de surpreender que, ao ser informado que seria libertado da prisão antes do tempo previsto, ele tenha manifestado a vontade de permanecer preso. "Não posso ficar mais um pouquinho? Estou tão feliz aqui", pergunta.

O vagabundo revela-se um sujeito decente em tudo que faz: atencioso, carinhoso, bem-educado, talentoso, cheio de energia e de imaginação. Ele é tudo que a sociedade gostaria de ser, mas a que não pode se dar ao luxo. O vagabundo encontra-se do lado errado da divisória entre sucesso e fracasso não apenas por ser uma pessoa decente, mas porque é um indivíduo essencialmente deslocado: tem um quê de artista, e isso entra em conflito com o que a sociedade espera dele. Ele não é suficientemente conformista, os movimentos de seu corpo não são suficientemente automatizados, e – o pior de tudo – mantém uma certa dose de liberdade interior em um mundo no qual isso é algo economicamente inconveniente – razão suficiente para que a sociedade o descarte, muito embora, ao fazê-lo, ela perca sua própria alma.

---

409 LUTZ, T. *Doing nothing: a history of loafers, loungers, slackers and bums in America*. Nova York: Farrar, Straus and Giroux, 2006, p. 102.

Ao embarcar em seu projeto de vagabundagem, George Orwell buscava não apenas inspiração literária, mas também algum tipo de redenção. Ele sabia em que medida a sua atitude era excepcional, mas, mesmo assim, sabia que precisava fazer aquilo. "O problema", constatou ele, "é que pessoas inteligentes e cultas, as mesmas pessoas de quem se espera que tenham opiniões liberais, nunca se misturam com os pobres"[410]. Bons liberais que somos, podemos nos preocupar com a pobreza, e até mesmo tentar buscar soluções – tudo isso agindo em boa-fé. Porém, essa nossa atitude será movida pela soberba que nos mantém protegidos das demais pessoas. Nossos nobres princípios, nossa cultura avançada e nossa sofisticação intelectual geralmente agem como uma tela protetora entre nós e a coisa em si: lidamos com "o problema da pobreza" (ou da forma que quisermos chamar isso), nunca com a pobreza em si. Deixaremos que o vagabundo sofra as consequências da pobreza. E isso o torna não uma vítima acidental, mas uma *vítima sacrificial perpétua*.

Tudo isso transforma a comédia de Chaplin em uma das mais tristes da história do cinema americano. "Que sentido faz continuar tentando?", pergunta a companheira do vagabundo, quando todos os esforços de ambos de evitar a ruína acabam fracassando. A resposta, não verbalizada, é óbvia: "Nenhum". Por mais que eles tentem, todas suas tentativas serão em vão. Esta deveria ser a conclusão lógica da história – a fala com que o filme deveria terminar. Por longos segundos, durante os quais ele embaralha esta conclusão óbvia com um "final feliz" improvável, Chaplin é incapaz de resistir à pressão das expectativas da sociedade em que vive – ao contrário do personagem de seu filme.

---

410 ORWELL, G. *Na pior em Paris e Londres.*

Um gnóstico moderno

Há algo de singularmente gnóstico no pensamento anticósmico de Cioran. Percepções intuitivas, imagens e metáforas gnósticas permeiam o seu trabalho, conforme constataram alguns acadêmicos. Os livros *Breviário de decomposição*, *A tentação de existir* e *Le mauvais démiurge* [411], escreve Lacarrière, "são textos que contêm os mais elevados vislumbres do pensamento gnóstico"[412]. Assim como os gnósticos da Antiguidade, ele considera a criação do mundo como um ato de fracasso divino. A história humana e a civilização não são nada mais do que "o trabalho do diabo", um outro nome para o demiurgo. Em *Breviário de decomposição*, ele avalia o Deus deste mundo como um "incompetente"[413].

O título francês de uma de suas obras mais importantes (publicado em inglês como *The New Gods [Os novos deuses]*), já diz tudo: *Le mauvais démiurge*: "o mau demiurgo". Com indisfarçada simpatia, Cioran refere-se aos gnósticos como "os fanáticos do divino *nada*", e os exalta por "terem compreendido tão bem a essência do mundo decaído"[414]. Suas raízes romenas continuavam a lhe trazer problemas no fim de sua vida. Sua origem dos Bálcãs era uma vergonha que nada poderia dissipar – com exceção, talvez, do fato de ter sido nesta região que os trácios e os bogomilos também viveram: "Não posso me esquecer que frequentei os mesmos lugares que eles, nem que os trácios derramaram lágrimas pelos recém-nascidos, e os bogomilos, a fim de justificar a existência de Deus, responsabilizaram Satã pela infâmia da criação"[415].

---

411 Somente os dois primeiros destes títulos foram editados em língua portuguesa [N.T.].

412 LACARRIÈRE, J. *The gnostics*. Nova York: E. P. Dutton, 1977, p. 127.

413 CIORAN, E. M. *Breviário de decomposição*. Rio de Janeiro: Rocco, 2011.

414 CIORAN, E. M. *The new gods*. Chicago: University of Chicago Press, 2013, p. 8-9.

415 CIORAN, E.M. *Do inconveniente de ter nascido*. *Op. cit.*

Uma das maiores obsessões de Cioran é "a catástrofe do nascimento", à qual o livro *Do inconveniente de ter nascido* foi dedicado. Ele enfatiza a grandiosidade deste desastre: "Ao nascer, perdemos o equivalente ao que perderemos ao morrer: tudo"[416]. Assim como os gnósticos, ele estava convicto de que "o mundo surgiu por meio de um erro". Para ele, nossa vinda à existência é mais do que um erro: trata-se de uma *afronta* metafísica. Nem mesmo quando já tinha idade avançada ele conseguia digerir "a afronta de ter nascido"[417]. A verdadeira liberdade é a liberdade da pessoa não nascida. "Meu anseio é ser livre – desesperadamente livre. Livres como os natimortos"[418]. O fascínio de Cioran pelos não nascidos dá espaço à criação de aforismos macabros: "Se, ao lado de um caixão, eu costumava me perguntar 'O que o fato de ter nascido trouxe de bom a esta pessoa?', hoje faço a mesma pergunta em relação a uma pessoa viva"[419]. Este é o mesmo homem que, na infância, tornou-se amigo do coveiro do vilarejo, que o supria com crânios recém-desencavados, com os quais ele gostava de jogar futebol.

Na boa tradição gnóstica, o cosmos se encontra em um estado "decaído", a mesma situação em que se encontra o mundo social e político. Numa provável tentativa de transcender os fracassos políticos de sua juventude, Cioran buscava compreender o significado mais profundo de tais fracassos, e incorporar esta compreensão à estrutura de seu pensamento. O resultado disso foi uma filosofia mais matizada e talvez até mesmo um pensador

---

416 *Ibid.*

417 *Ibid.*

418 *Ibid.*

419 *Ibid.*

mais compassivo. As experiências de Cioran com o fracasso o aproximaram de um nível de compaixão ao qual ele não teria tido acesso, de outro modo: aquele em que se encontram os envergonhados e os que se tornaram humildes. Em suas obras editadas em francês encontramos trechos sobre o fracasso, textos de uma sabedoria inspirada e inebriada:

> No auge do fracasso, num momento em que a vergonha está quase nos exaurindo, subitamente somos varridos por um furor de orgulho que dura apenas o tempo suficiente para nos drenar, nos roubar toda a energia, e diminuir, com os meios de que dispomos, a intensidade de nossa vergonha[420].

O fato de Cioran ter meditado sobre suas próprias limitações acabou sendo responsável por sua transformação. À medida que envelhecia, aparentemente ele foi ficando mais tolerante, aceitando melhor as loucuras e excentricidades das pessoas. Não que ele alguma vez tenha se tornado uma pessoa que pensa positivamente. Até os seus últimos dias de vida, ele continuaria sendo um profeta da decadência, um pensador com apreensões sombrias e apocalípticas. No livro *História e utopia* (1960), ele escreve:

> Sempre que acontece de eu estar numa cidade, seja de que tamanho for, me espanto que não haja rebeliões eclodindo dia após dia: massacres, carnificinas indescritíveis, um caos pavoroso. Como é que tantos seres humanos conseguem conviver num espaço tão confinado sem destruírem uns aos outros, sem sentir um ódio *mortal* pelos outros? Aliás, eles de fato odeiam uns aos outros, mas não agem à altura deste ódio. E é esta mediocridade, esta impotência, que acaba salvando a sociedade, garantindo sua continuidade e sua estabilidade[421].

---

420 *Ibid.*
421 CIORAN, E. M. *História e utopia.* Rio de Janeiro: Rocco Digital, 2011.

Não, Cioran jamais tornou-se um defensor da democracia liberal. Porém, talvez ele tenha aprendido a desfrutar da *comédia* do mundo – na verdade, a participar da sabotagem do fracasso cósmico. As ideias que ele defendeu em seus últimos anos mostram algo que, na falta de uma expressão melhor, poderia ser chamado de desespero prazeroso (Cioran considera a si mesmo *un pessimiste joyeux* [um pessimista alegre]). Trata-se do mesmo padrão bastante recorrente: o indivíduo descobre que a existência é ultrajante, simplesmente horrorosa e, no entanto, em meio a este mesmo horror ele encontra uma promessa de redenção. A vida é insuportável, a insônia é destruidora, *le cafard* [422]que nos consome lentamente e, no entanto, isso tudo é algo com que se pode lidar por meio da escrita. "Tudo que se pode expressar torna-se mais suportável"[423]. A escrita é um feitiço magnífico que age sobre aqueles que o praticam, tornando suas vidas ligeiramente mais suportáveis. Contanto que seja narrável, uma catástrofe carrega consigo as sementes de sua própria redenção.

O princípio da diferenciação

Um dos conceitos mais curiosos (ainda que defendido por uma minoria) que herdamos da teologia cristã primitiva é o do *apokatastasis tôn pantôn*: "a salvação universal" ou "a restituição de todas as coisas" (*restitutio omnium*, em latim). *Grosso modo*, a ideia é que, no fim das contas, tudo e todos serão salvos ou "reconstruídos" – o bom e o mau, os santos e os pecadores. Aconteça o que acontecer ao longo do caminho, o fim redimirá a tudo e a todos.

---

422 Em francês, no original. O *New Oxford Dictionary of English* define a palavra como "melancolia" [N.T.].

423 LIICEANU, G. *Itinerariile unei vieţi*, p. 94.

Orígenes, de Alexandria (c.185-c.254), foi o mais notável defensor da *apokatastasis*; ele acreditava que, considerando que "o fim é semelhante ao início", tudo acabaria retornando ao imaculado estado anterior à Queda. E ele não era o único a alimentar esta ideia, longe disso – a própria expressão (*apokatastasis tôn pantôn*) tem origem nos Atos dos Apóstolos (Atos 3:21). Porém, a história lhe reservaria outros planos. Orígenes foi condenado por defender opiniões heréticas; com isso, foi relegado a um segundo plano. Sua principal heresia? A própria ideia de "salvação universal". Apesar da perspicácia de suas ideias, de sua genialidade como teólogo e seu imenso conhecimento, Orígenes acabou se tornando uma figura marginal na teologia ocidental.

Por mais nobre que fosse, o conceito de *apokatastasis* contrariava um dos instintos mais fundamentais: o da *diferenciação*. O animal mais forte precisa sempre impor-se diante – e diferenciar-se – do mais fraco. Esta é a lei da vida. Além disso, não basta a você ser bem-sucedido; também é necessário que o outro fracasse. A sua vitória só parece estar a salvo se estiver refletida nos olhos rebaixados da pessoa derrotada. Uma das funções sociais do outro é justamente refletir e acentuar as suas próprias vitórias, resolver as suas inseguranças e fazer com que você se sinta melhor. Por sua vez, o outro precisará que uma outra pessoa esteja em um nível (mesmo que ligeiramente) inferior ao dele, e assim por diante. A diferenciação nunca tem fim, o processo de espelhamento é reproduzido de modo infinito. Por mais rígida que seja a estratificação de uma sociedade (e *todas* as sociedades são estratificadas), dentro de cada estrato haverá um outro, e mais outro, e ainda outro. O *homo sapiens* não precisou inventar a estratificação. Além de já ter nascido com ela, ele sobreviveu por causa dela. A diferenciação é o princípio que mantém a coesão da sociedade e impede seus membros de devorarem-se mutuamente. Uma vez estabelecida, como nos lembra o grande primatologista Frans De Wall, "uma estrutura hierárquica elimina a necessidade de conflito"[424].

Podemos optar pelo emprego de uma linguagem mais vaga para esconder a diferenciação, ou para torná-la menos ofensiva, mas não podemos viver sem ela. No tradicional sistema de castas da Índia, as quatro maiores castas não se mostraram suficientes: cada casta foi subdividida em incontáveis *jātis* (subcastas). Existem cerca de 25 mil subcastas. Hoje em dia, indianos com visão de futuro consideram esse sistema não apenas antiquado como repugnante, e defendem a sua abolição. No entanto, ironicamente, a maioria deles mostram-se indiferentes ao novo sistema de estratificação – que tem como bases a renda e o *status* – e não percebem a grande semelhança entre esses dois sistemas de casta: em ambos, as pessoas vivem em regiões diferentes, têm empregos diferentes, uma linguagem diferente, comportam-se de modos diferentes e consideram a si mesmos diferentes dos outros.

É admirável – e, no entanto, totalmente ingênuo – alimentar a esperança de que, à medida que a sociedade evoluir, conseguiremos nos livrar da diferenciação. Toda sociedade humana de que temos conhecimento criou suas próprias formas de diferenciação: hierarquias sociais, estruturas de poder, sistemas de influência e estratificação econômica. O progresso histórico (seja lá qual for o significado desta expressão) não elimina a diferenciação; ele só faz com que os indicadores sociais se tornem mais traiçoeiros. Uma sociedade moderna como a nossa, que em tese nunca deixa de exaltar a igualdade, fará de tudo para ampliar as verdadeiras

---

424 DE WAAL, F. *Mama's Last Hug: animal emotions and what they tell us about ourselves.* Nova York: Norton, 2019, p. 181.

diferenciações sociais. Referindo-se especificamente aos EUA, Paul Fussell fez uma observação perspicaz, décadas atrás: "*justamente porque* o país é uma democracia, as distinções de classe se ampliaram mais severamente do que em outros países"[425].

É por isso que a *praedestinatio*, ao invés da *apokatastasis*, é que se tornou historicamente triunfante[426]. Por mais teologicamente polêmica, intelectualmente ambígua e eticamente intragável que possa ser, a predestinação venceu por uma ampla margem. Há algo de dinâmico, ainda que perfeitamente selvagem, em sua implícita visão social: ela permite às pessoas diferenciarem-se umas das outras, bem como definirem a si mesmas de modo favorável em contraste com elas ("eleitos" vs. "réprobos"), mesmo que estes últimos, por sua vez, considerem a si mesmos os "eleitos" em relação a outros "réprobos". Enquanto você puder identificar um indivíduo em relação ao qual você se encontra numa situação melhor, o sistema seguirá funcionando. O resultado final será uma hierarquia complexa e um sistema de relações de poder do qual nenhuma sociedade pode prescindir, já que esse sistema garante a sua sobrevivência e a sua perpetuação. "Uma hierarquia estável é a garantia de paz e de harmonia no grupo", afirma Frans De Waal, referindo-se aos chimpanzés, uma afirmação rigorosamente verdadeira quando aplicada, também, a seus parentes humanos[427].

---

425 FUSSELL, P. *Class: a guide through the American status system*. Nova York: Simon and Schuster, 1992, p. 152.

426 Um argumento brilhante em defesa da "salvação universal" foi recentemente apresentado por David Bentley Hart em *That all shall be saved: heaven, hell, and universal salvation* (New Haven: Yale University Press, 2019).

427 DE WAAL, F. *Chimpanzee politics: power and sex among apes*. Baltimore: Johns Hopkins University Press, 2007, p. 111.

Nosso atual sistema capitalista (e a civilização que o acompanha) nos oferece uma perfeita ilustração desta perspectiva. Seu princípio mais importante talvez não seja o "livre mercado", ou a "iniciativa privada", nem mesmo a "liberdade de administrar um negócio", mas algo muito mais modesto: o *ranking*. Pois a essência do capitalismo não está na mera acumulação de riqueza. "A finalidade almejada por meio da acumulação", afirmou Thorstein Veblen mais de um século atrás, "é ter, em comparação com o restante da comunidade, uma classificação alta no *ranking* que mede os índices de solidez financeira"[428]. Tudo em nosso mundo – indivíduos e empresas, cidades e países, escolas e universidades, professores e médicos, livros e ideias – é avaliado em sua relação com outras entidades pertencentes uma mesma categoria, e "classificados em um *ranking*". Se uma coisa não faz parte de tal *ranking*, não pode realmente participar do jogo – portanto, ela não existe, de fato. Considerando o amplo alcance dos *rankings*, praticamente não há nada que escape a esta classificação. As capacidades humanas – não somente a capacidade de ganhar dinheiro e de gastá-lo, de contrair dívidas e de saldá-las, mas até mesmo a capacidade humana de pensar, de se expressar e de compreender o funcionamento do mundo – são não apenas rigorosamente quantificadas, mas classificadas em um *ranking* em relação às capacidades das demais pessoas de fazer a mesma coisa. Não somos o que achamos ser, mas aquilo que os números nos diversos *rankings* (nossa renda, nossa pontuação no crédito, resultados de testes padronizados e coisas desse gênero) afirmam que somos. Por definição, as elites são formadas pelas pessoas mais bem classificadas nos *rankings*, e elas sabem muito bem disso. "Tornar-se membro da elite", afirma William Deresiewicz, significa "aprender a valorizar-se

---

428 VEBLEN, T. *The theory of the leisure class*. Nova York: Penguin, 1994, p. 31.

em termos dos medidores de sucesso que indicam o seu progresso em meio à elite: as notas, as pontuações, os troféus"[429].

Graças à cruel honestidade de sua teologia, Calvino desempenhou um importante papel na história do pensamento relacionado à diferenciação. Em termos inequívocos, ele anunciou a seus seguidores que eles eram *ou* eleitos *ou* réprobos. Eles receberiam a graça de Deus *ou* a condenação eterna. Do ponto de vista da teologia, este era um modo rigoroso de abordar a salvação, mas Calvino sabia que isso não era verdade. Mesmo sem ter grande clareza a esse respeito, ele pressentiu que sua proposta radical funcionaria, na prática. Esta questão se tornou central na vida de cada adepto da crença calvinista, causando uma completa transformação em suas vidas. "Serei um dos eleitos?" Esta pergunta crucial, observa Weber, "cedo ou tarde deve ter ocorrido na mente de todos os fiéis, relegando todos os demais interesses a um segundo plano"[430]. E esta pergunta está diretamente associada a uma outra: "Como posso ter certeza de que sou um dos eleitos?".

A eleição do próprio Calvino estava fora de questão – ele tinha certeza de que era um dos eleitos, pois confiava no "testemunho da impaciente fé que resulta da graça"[431]. Para os fiéis habituais do calvinismo, contudo, em razão de sua inexperiência com as sutilezas das preocupações religiosas, tal testemunho era algo precário; eles precisavam de algo mais sólido. Esperavam encontrar sinais mais palpáveis de que haviam sido eleitos no mundo que os cercava, não em sutilezas psicológicas. E, como estas pessoas eram fiéis ardorosos, elas acabaram encontrando tais sinais: a diligência e o

---

429 DERESIEWICZ, W. *Excellent sheep: the miseducation of the American elite and the way to a meaningful life*. Nova York: Free Press, 2014, p. 15.

430 WEBER, M. *The protestant ethic*, p. 65.

431 *Ibid.*, p. 66.

sucesso nos negócios, que resultavam numa prosperidade pessoal mensurável eram exemplos destes sinais. Se os atos de um indivíduo contribuíam para aumentar a glória de Deus, estas "boas práticas" equivaliam a um "sinal da eleição". Tais práticas seriam, nas palavras de Weber, "os meios técnicos, não de comprar a salvação, mas de livrar-se do medo da danação"[432]. E livrar-se do "medo da danação" é algo tão bom quanto a própria salvação. Como parte do mesmo movimento hermenêutico, estes fiéis concluíram que uma "falta de disposição para o trabalho" era um sinal de "ausência de graça". Não há lugar para ociosos no Paraíso.

Assim, as pessoas buscavam salvação, e o que acabavam encontrando era o dinheiro. E, como estavam desesperadas para serem salvas, elas acumularam uma quantidade cada vez maior de dinheiro. Quando já estavam suficientemente ricas, devem ter parado, olhado ao redor e percebido que, ao mesmo tempo que estavam sendo bem-sucedidas, outros estavam fracassando. Calvino estava certo ao dizer que os sinais eram claros: algumas pessoas *são* eleitas, enquanto outras são condenadas. Foi assim que nasceu o nosso capitalismo ateu: a partir de um grande anseio de encontrar a graça de Deus.

Com o passar do tempo, este modelo foi se transformando e adquirindo as características de um modelo puramente secular. Para tanto, certamente foi importante o impulso que recebeu do calvinismo, mas agora transformou-se num sistema autônomo, com uma inteligência própria. Para funcionar, este modelo não tem mais a necessidade de um contexto religioso específico – ele simplesmente funciona onde a natureza humana estiver presente. É isso que faz dele algo facilmente exportável. Na Ásia, por exemplo, o capitalis-

---

432 *Ibid.*, p. 69.

mo funciona tão bem (inclusive na China teoricamente comunista) não apenas por se adaptar perfeitamente às suas sociedades com rígidas hierarquias (um testemunho da resistência e persistência do confucionismo), mas também porque, ao chegar nestes países, já está plenamente desenvolvido. O capitalismo moderno da Ásia não precisou cometer os mesmos erros cometidos pelo Ocidente. Pôde buscar o acesso direto às fórmulas vencedoras.

Fracassando melhor

Um dos aspectos mais originais nos últimos textos de Cioran é o seu papel de *crítico social*. No livro *História e utopia*, há um capítulo intitulado "Carta a um amigo distante". Esta carta aberta foi originalmente publicada em *La Nouvelle Revue Française* em 1957. O "amigo distante", que morava por detrás da Cortina de Ferro, era o filósofo romeno Constantin Noica. Neste texto, Cioran desfere uma estocada no regime político imposto pelo Exército Vermelho ao leste europeu, por este ter ridicularizado uma importante ideia filosófica. "A principal crítica que pode ser feita ao seu regime é que ele causou a destruição da Utopia, um princípio de renovação das instituições e dos povos"[433]. Bom gnóstico que era, Cioran acreditava que todo poder era intrinsecamente mau, e não nutria simpatia alguma por nenhum regime político, mas um regime que dependia de tanques soviéticos para sua fundação e perpetuação ultrapassava todos os limites aceitáveis.

Em sua carta, Cioran submete o Ocidente a uma crítica quase tão rigorosa quanto esta. "Estamos lidando com dois tipos de sociedade – ambos intoleráveis", escreveu. "E o pior disso tudo é que os abusos praticados nas suas sociedades permitem que este continue por

---

433 CIORAN, E. M. *História e utopia*.

conta própria, que apresente seus próprios horrores como um contrapeso àqueles praticados *chez vous* [na casa de vocês]"[434]. O Ocidente não deve se vangloriar por ter "salvado" a civilização. Na visão de Cioran, o declínio já está em estágio tão avançado que nada mais pode ser salvo – exceto, talvez, para manter as aparências. A diferença entre esses dois "tipos de sociedade" não é tão grande assim. Em última instância, trata-se de uma questão de nuances:

> A diferença entre regimes é menos importante do que parece; vocês estão sendo forçados a estar sozinhos, enquanto nós não sofremos restrições. Será mesmo tão grande o vão existente entre um inferno e um paraíso devastador? Todas as sociedades são ruins; mas reconheço que há diferentes níveis, e se eu escolhi esta aqui, é porque consigo fazer distinções em meio às nuances dos disparates de ambas[435].

Apesar de todos seus méritos analíticos e estilísticos, a carta de Cioran revelou-se uma enorme gafe. O destinatário, que tentava manter uma vida discreta numa área rural da Romênia, era um homem de exagerada polidez, acostumado a sempre responder às cartas que recebia, estivessem abertas ou fechadas, e independentemente de onde elas viessem. Também extremamente ingênuo, ao terminar sua resposta em formato de ensaio, Noica enviou-o a seu amigo em Paris, e depositou o envelope em seu devido lugar, uma caixa de correios na calçada da rua. A carta não passou despercebida da polícia secreta romena, cujos dedos estavam em toda parte, incluindo as caixas de correio; a polícia não gostou nada da correspondência, o que custou a Noica uma sentença de vários anos na prisão.

O lavador de louças e o milionário

---

434 *Ibid.*
435 *Ibid.*

Os seres humanos, em sua essência, são iguais, mas são capazes de fazer qualquer coisa para se distinguirem dos demais – ainda que apenas em sua aparência externa. Sua tendência à diferenciação os obriga a fazer isso. Em seu período de vagabundagem em Londres, Orwell fez uma descoberta surpreendente: "A massa de ricos e pobres se diferencia por renda, e nada mais, e o milionário médio é apenas o lavador de louças mediano vestido com um terno novo"[436]. Este insight de Orwell é importante para compreendermos como a diferenciação funciona em um contexto capitalista. Você só pode distinguir-se das outras pessoas pelo dinheiro que ganha e ao exibi-lo. Tendo em vista que os outros farão o mesmo, você precisará ganhar mais do que eles. Quanto mais você ganha, mais gasta e, portanto, maiores serão suas chances de garantir um nível mais alto de diferenciação. Porém, como as pessoas das quais você tenta se diferenciar estão fazendo exatamente a mesma coisa, você não pode se dar ao luxo de parar.

Os calvinistas dos tempos antigos ganhavam dinheiro porque desejavam estar entre os eleitos de Deus – pode haver uma maneira melhor de diferenciar-se do que a salvação? Hoje em dia, ganhamos dinheiro para podermos pertencer à elite da sociedade. E tendo em vista que nossa sede de salvação social é infinita, nenhuma quantia será suficiente para saciá-la. A ausência de limite, por um lado, para a quantidade de dinheiro que se pode ganhar e gastar, e também o fato de que, por outro lado, apesar de todas as nossas tentativas de nos diferenciarmos, continuamos a ser essencialmente os mesmos, são o que mantém o sistema em *eterno movimento*. Sempre tentaremos nos diferenciar dos outros, mesmo que precisemos nos matar de trabalhar. "O desejo de obter riquezas", observou Veblen, "quase

---

436 ORWELL, G. *Na pior em Paris e Londres.*

nunca pode ser saciado de um modo individual, e é evidente que saciar o desejo de riqueza das pessoas medianas, ou mesmo de todos, está fora de questão"[437].

O fato de que, como parte deste jogo, tivemos de adotar, no Ocidente liberal, a falsa aparência de um *ethos* igualitário faz com este jogo seja, ao mesmo tempo, mais sofisticado e mais violento. "Apesar de nossa aceitação política da igualdade política e judicial", escreve Fussell, "a partir de uma percepção e de uma compreensão individual – que, muitas vezes, não nos permitimos difundir – nós dispomos as coisas de modo vertical, e insistimos nas diferenças essenciais de valor"[438]. Nas sociedades da Antiguidade, a diferenciação social sempre foi escancarada: amplamente exibida, rigorosamente imposta e adequadamente internalizada. E esta situação se mantém, ainda hoje, em muitos países do mundo. No Ocidente civilizado, contudo, quanto mais alta a posição de um indivíduo na escala socioeconômica, mais humilde espera-se que ele *aparente ser* aos olhos dos demais (Esta deve ter sido uma das conquistas mais inesperadas do cristianismo, mesmo que ela tenha sido póstuma). Fussell, seguindo a linha de raciocínio de Veblen, denomina isso de "o princípio do eufemismo": você é uma pessoa de classe na medida que sabe *deixar* de ostentá-la. Somente as pessoas "inseguras em relação a seu próprio *status*" é que ostentam. "Tanto a aparência das mulheres da elite quanto a dos homens", escreveu Fussell, são conquistadas "por um processo de rejeição – daquilo que é atual, ostentatório e supérfluo"[439].

---

437 VEBLEN, T. *The theory of the leisure class*, p. 32.

438 FUSSELL, P. *Class*, p. 21.

439 *Ibid.*, p. 54.

A máscara da humilde simplicidade tem a função de ajudar o indivíduo que a usa a galgar posições no jogo, seja este político, do mundo dos negócios ou outro qualquer. Esta máscara exerce uma função paradoxal: esconde a diferenciação da pessoa que a usa na mesma medida que a revela. Sua aparência humilde é parecida com a das máscaras alheias, mas se você investigar a respeito, descobrirá que ela custou dez vezes mais, que é feita de um material diferente, e só pode ser encontrada em lojas exclusivas. Os concorrentes farão de tudo para encontrar uma máscara que se adapte melhor ao usuário, uma máscara com a mesma aparência humilde, mas que seja ainda mais cara. O que eles *não* conseguirão fazer é abandonar o jogo, passando a usar itens realmente baratos. É necessário emitir sinais de *status* de modo que, a qualquer momento, todos conheçam o seu devido lugar. "A troca frequente de sinais de *status*", escreveu Frans de Waal, "tranquiliza os patrões, lembrando-os de que não precisam enfatizar pela força a posição por eles ocupada, o que traz alívio a todos"[440].

Em suma, esta é a essência social do capitalismo, o maior jogo de que dispomos neste momento, e praticamente o único. Embora muitos digam que o capitalismo é uma corrida armamentista visando ao sucesso, ele também poderia ser chamado de "jogo do fracasso". O fracasso se encontra no cerne do conceito capitalista: independentemente de minha verdadeira riqueza, só consigo me diferenciar dos outros na medida que eles não conseguem acumular a mesma quantidade de riqueza que eu. Posso até ser muito pobre, mas ainda assim posso me diferenciar de alguém que é mais pobre que eu. E isso mantém a mim – e a todo o sistema – em atividade. Conforme observa Rudolf, no romance *Concrete*, de Thomas Bernhard, "para

---

440 DE WAAL, F. *Mama's last hug*, p. 181.

conseguirmos nos levantar e nos manter em pé, imediatamente usamos alguém que é *ainda mais* desafortunado que nós"[441].

O sistema, tal como está organizado, pressupõe que qualquer indivíduo consiga encontrar alguém a quem possa olhar, e pensar consigo mesmo: "Este cara ganha menos do que eu, e está em piores condições do que eu. Que fracassado!". "A comparação invejosa jamais poderá se tornar tão favorável àquele que a faz", escreveu Veblen, "a ponto de ele não querer manter a si mesmo numa posição relativamente mais alta do que seus concorrentes, na luta em busca da respeitabilidade financeira"[442]. Mesmo que o sucesso raramente bata à sua porta, sempre haverá alguém lá fora que é ainda menos bem-sucedido que você. Até mesmo as diferenças mais insignificantes, reais ou imaginadas, têm importância. Lembre-se dos incontáveis tons de pobreza com que Orwell se deparou em Paris e em Londres, aqueles lotados "arredores da pobreza". Ou então das experiências de Simone Weil com o desemprego.

Henry David Thoreau parece ter compreendido isso muito cedo, entendendo o que estava em jogo. No livro *Walden*, ele faz uma pergunta retórica: "Por que esta nossa pressa desesperada em alcançar o sucesso, e com iniciativas tão desesperadas? Se um homem não está conseguindo acompanhar o ritmo de seus companheiros, talvez ele esteja ouvindo um percussionista diferente"[443]. Porém, Thoreau foi um dissidente, assim como aqueles poucos que interromperam suas atividades para dar ouvidos ao ritmo de sua própria percussão. O que acabou prevalecendo, pelo contrário, é um mundo no qual a "pressa desesperada em

---

441 BERNHARD, T. *Concrete*. Londres: Faber & Faber, 2013, p. 154.

442 VEBLEN, T. *The theory of the leisure class*, p. 31-32.

443 THOREAU, H.D. *Walden and civil disobedience*. Nova York: Signet, 2012, p. 109.

alcançar o sucesso" e a angústia do fracasso a ela relacionada passaram a moldar tudo – desde repartições públicas até ambientes privados, da vida de um trabalhador diarista à vida do diretor de uma grande empresa, de obras-primas da literatura a bilhetes de suicidas.

O que tem alimentado cada um dos casos de sucesso capitalista não é a alegria, mas o pavor – o pavor de fracassar. Não há tragédia maior do que o declínio de *status*, e estaríamos dispostos a qualquer coisa para evitá-lo. Trabalharíamos e gastaríamos nosso último centavo, até morrer – exatamente o que o sistema espera que façamos.

"Eu era o Cioran"

E. M. Cioran faleceu em 20 de junho de 1995. Porém, de certa maneira, ele deixara este mundo bem antes disso. Em seus últimos anos, vinha sofrendo do Mal de Alzheimer, e foi internado no Hospital Broca, em Paris. Temendo, justamente, terminar sua vida desta maneira, ele planejara cometer suicídio junto de sua companheira que o acompanhou por toda a vida, Simone Boué. O plano era eles morrerem juntos, como aconteceu com Arthur Koestler e sua esposa. Porém, a doença progrediu mais rapidamente do que ele previra, e seu plano fracassou. Cioran acabou tendo a mais humilhante das mortes, que levou vários e demorados anos para se consumar.

No início, houve apenas sinais preocupantes: certa vez, ele não conseguiu encontrar seu caminho de volta para casa vindo da cidade, que ele – um perfeito exemplo de andarilho – conhecia como se tivesse nascido ali. A seguir, começou a perder parte da memória. Às vezes, parecia não ter muita noção de quem era. Seu fantástico senso de humor, ao que parece, foi a última coisa que ele perdeu. Certo dia, um pedestre o abordou na rua, e lhe perguntou: "Por acaso você é o Cioran?" Ao que ele respondeu: "Eu era"[444]. Quando uma pessoa lhe trouxe a recém-publicada tradução inglesa de *Do inconveniente de ter nascido* e lhe leu um trecho, ele ouviu atentamente, e então exclamou: *Ce type écrit mieux que moi!* ("Este cara escreve melhor que eu!"[445]). Porém, os sinais da doença começaram a se ampliar e a ficar sérios demais para serem ignorados: Cioran começou a esquecer das coisas num ritmo tão alarmante que precisou ser internado. A certa altura, faltavam-lhe até mesmo as palavras: não conseguia mais nomear as coisas mais básicas. A seguir, foi a vez de sua mente. Por fim, ele já não tinha a menor noção de quem era.

A certa altura, durante este seu longo período de sofrimento, num breve momento de lucidez, Cioran sussurrou para si mesmo: *C'est la démission totale!* [Essa é a desistência total"] [446]. Este foi seu fracasso grandioso e definitivo, que ele não deixou de reconhecer como tal.

Não fazer nada

Em suas pesquisas, Scott Sandage tentou descobrir como esta angústia do fracasso nasceu, nos Estados Unidos do século XIX. As palavras "fracasso" e "perdedor" tiveram um início humilde, observou. Em sua origem, eram empregadas em situações específicas. De acordo com o conteúdo de um "guia para crianças" editado em 1852, por exemplo, "fracassar" significava "ser incapaz de pagar dívidas", e um "perdedor" não continha nada de mais dramático do

---

444 VARTIC, I. *Cioran naiv și sentimental*, p. 334.

445 ZARIFOPOL-JOHNSTON, I. *Searching for Cioran*, p. 170-171.

446 Sobre os últimos dias de vida de Cioran, cf. ZARIFOPOL-JOHNSTON, I. *Searching for Cioran*, p. 169.

que uma pessoa que perdeu algo[447]. "No passado, a palavra *perdedor* designava alguém que perdeu suas posses, geralmente por causa de um roubo ou de um desastre natural", escreveu Sandage. Para ilustrar sua observação, ele cita um artigo de jornal publicado logo após o grande incêndio que ocorreu em 1820, em Boston: "o porteiro do hotel é um grande perdedor, particularmente em relação à sua mobília e a seu estoque de bebidas alcoólicas"[448].

Tudo mudou com muita rapidez. No intervalo de poucas décadas, "fracasso" passou a significar algo muito mais amplo e mais ameaçador do que um acidente biográfico; seu significado passou de "o capital perdido de uma falência" para as "chances perdidas de uma vida desperdiçada"[449]. Tendo dado uma nova feição ao mundo dos negócios, o fracasso invadiu o espaço da sociedade como um todo, penetrando nas mentes e nos corações das pessoas, influenciando a maneira como elas enxergam a si mesmas e ao seu lugar sob o sol. A palavra preservou resquícios calvinistas, mas em grande medida o fracasso agora se transformara num tema ateu.

Isso tudo aconteceu mais de cem anos atrás. Desde então, as coisas só pioraram. O fracasso (no sentido redefinido de uma "vida desperdiçada") foi normalizado e internalizado. Não apenas nos acostumamos a ele, como nos *viciamos* nele – no fracasso alheio, melhor dizendo. O nosso próprio fracasso normalmente não enxergamos, porque estamos ocupados em ficar de olho no dos outros. Caso olhássemos para o fracasso com atenção, observando o seu funcionamento, aprenderíamos que, no fim das contas, é justamente

---

447 SANDAGE, S.A. *Born losers*, p. 11.

448 *Ibid.*, p. 130-131.

449 *Ibid.*, p. 4.

o nosso fracasso – especificamente, um modo diferente de nos relacionarmos com ele – que, no fim das contas, pode nos salvar.

Afinal, isso deveria ser muito simples: nem sequer precisamos fazer algo. Para ser mais exato, *não temos que fazer nada*. E é isso que torna esse estado tão excepcional. Conforme o dito espirituoso de Oscar Wilde, "não fazer nada é a coisa mais difícil do mundo"[450]. Não é de surpreender que Cioran tenha levado uma vida inteira para dominar esta arte.

Não é que nós todos precisemos largar tudo, para nos tornarmos monges e faquires, Oblomóvs e Bartlebys. Porém, diante da situação atual, parece que nos perdemos no caminho. Nosso vício no superficial sucesso social, nossa compulsão em ganhar cada vez mais dinheiro só para poder gastar mais, acabará nos levando à falência – moral, espiritual e até mesmo material. A biografia de Cioran, construída em torno da ideia de inação, deveria ser interpretada como um protesto contra um tipo de existência social que perdeu seu senso de orientação. Nossas vidas são luxuosas e superficiais na mesma medida. Perdemos de vista o que realmente importa na vida, a necessidade de sabedoria e de compaixão, nossa finitude e nossa mortalidade. Vivemos "como se não houvesse amanhã", como diz o ditado. O problema é que, na verdade, *o amanhã não existe*. A nossa existência é breve e transitória – uma simples centelha – e, inseridos num cenário mais amplo, somos em grande medida insignificantes. Viver bem implica nunca perder de vista este cenário mais amplo e extrair o maior significado possível de nossa insignificância cósmica. Não poderemos ter uma vida boa enquanto deixarmos nosso medíocre sucesso social alimentar nossas inatas ilusões de grandeza.

---

450 WILDE, O. *The complete work of Oscar Wilde*. Vol. 4. Oxford: Oxford University Press, 2007, p. 174.

Neste aspecto, os antigos estoicos têm algo a nos ensinar sobre o sentido da vida. Eles adotaram uma perspectiva em que "olhavam para as coisas de cima", e então enxergavam tudo de modo diferente. Isso lhes permitia reavaliar o significado do sucesso mundano e do fracasso. No outro extremo do mundo, no Japão, existe até mesmo uma tradição do "fracasso nobre", na qual o fracasso é visto como uma forma paradoxal de sucesso. Falaremos a este respeito no próximo círculo.

Capítulo 4

O fracasso definitivo

Solitude radical

Por mais distantes que estejamos das pessoas de que fugimos, e por mais que nos recolhamos em nossa própria solitude, a sociedade sempre nos alcançará. Não apenas porque a solitude é definida na relação com os outros, mas porque somos obrigados a empregar a linguagem – um produto definitivamente social – para pensar ou falar, até mesmo com nós próprios. Ser um fracassado, um pária social ou uma não entidade é, de fato, uma experiência intimista, mas existe uma forma de fracasso que é ainda mais intimista, algo tão profundamente "nosso", a ponto de não sermos capazes de compartilhá-la com ninguém. Nada se compara à experiência que temos quando estamos diante do fracasso definitivo: nossa própria morte. Ao longo do tempo e através das culturas, o modo como morremos diz muito sobre o que valorizamos e sobre como vivemos.

Este círculo final é tão apertado e personalizado – "feito sob medida", você poderia denominá-lo – que nele cabe apenas uma pessoa no mundo: você. As outras pessoas (família, amigos, médicos) podem lhe fazer companhia, mas quando se trata dos momentos finais da vida, você está sozinho como jamais estará. Ao colocar as mãos na maçaneta da porta, talvez você se sinta tentado a virar a cabeça para dar uma última espiada, mas ninguém mais estará lá.

Justiça seja feita, este fracasso final acontece constantemente, do momento em que nascemos, na intimidade de nossas células, até o momento da morte. O que comumente chamamos de "morte" – como um evento bem definido – é, à exceção de um acidente ou uma repentina doença catastrófica, no nível celular, apenas o fim de um processo que dura a vida inteira.

Fomos programados para o fracasso

Na situação em que precisam determinar a causa da morte de alguém, os médicos geralmente usam a expressão "falência dos órgãos". Esta é a falência de "um sistema essencial no corpo" (cardiovascular, renal etc), ou mesmo uma "falência múltipla dos órgãos", o que acontece quando dois ou mais desses sistemas deixam de funcionar. Seja qual for a idade da pessoa, ela nunca morre em razão do envelhecimento (tecnicamente, a idade não pode, em si, ser uma causa de morte), mas porque alguma falha ocorre dentro do corpo. O uso desta linguagem é revelador. Ela sugere uma crença não verbalizada (talvez inconsciente) de que nossos órgãos foram destinados a trabalhar por tempo indefinido e que, como correlato, nós também temos que durar para sempre. De acordo com esta linha de pensamento, não somos "esgotáveis" (destinados a queimar durante um tempo e então, já reduzidos a uma centelha, desaparecer), mas projetados para viver eternamente. Caso consigamos, de algum modo, encontrar peças melhores, ou uma melhor manutenção da parte dos especialistas, nosso problema de mortalidade será resolvido. Em grande medida, esta é a crença por trás do projeto trans-humanista.

O que tal crença revela, de maneira mais profunda, é que não temos os instrumentos adequados para refletir sobre a morte. Certamente podemos nos treinar para isso, e alguns de nós poderão ter êxito nesta tentativa, mas isso não surge naturalmente. Na maioria das vezes, a natureza nos pré-programou para ignorar a morte. Tendo sido empurrados para dentro da existência, nossa principal responsabilidade aqui é sobreviver, prosperar e nos reproduzirmos, e não desperdiçar nosso tempo refletindo sobre o nada e sobre a aniquilação. A vida sabe como cuidar de si mesma. É isso que Goethe provavelmente tinha em mente ao dizer: "É totalmente impossível para um ser pensante pensar em sua própria não existência, no fim de seus pensamentos e de sua vida"[451]. A morte simplesmente está além do alcance do pensamento humano comum. Para Vladimir Jankélévitch, pensar sobre a morte é "pensar o impensável" (*penser l'impensable*). "Não há absolutamente nada a ser pensado sobre a morte", escreveu Jean Améry, em estilo parecido, no livro *On Aging* [Sobre o envelhecimento]. O gênio e o simplório são "igualmente prejudicados ao confrontarem-se com este tema"[452]. Pensar sobre a morte de uma maneira adequada – absorvê-la completamente – vai na contramão de nossos instintos fundamentais de criaturas vivas.

---

451 "Es ist einem denkenden Wesen durchaus unmoeglich, sich ein Nichtsein, ein Aufhoeren des Denkens und Lebens zu denken." Não é fácil encontrar esta importante reflexão com esta formulação no conjunto da obra de Goethe, mas ela é identificada no livro *Goethes Unterhaltungen mit dem Kanzler Friedrich v. Müller*, de C. A. H. Burkhardt (Stuttgart: J. G. Cotta, 1904). Agradeço a Anthony Adler por me ajudar com a localização da fonte desta citação.

452 AMÉRY, J. *On aging: revolt and resignation*. Bloomington: Indiana University Press, 1994, p. 104.

No entanto, a morte nunca deixa de *nos* absorver. Por mais bem--sucedidas que sejam as nossas vidas, o mesmo fim está à espera de nós todos: o fracasso definitivo e biológico. A ameaça existencial deste fracasso tem nos acompanhado desde o início, só que, para viver num estado de relativa satisfação, a maioria de nós permanece alegremente inconsciente dele – ou, pelo menos, conseguimos fingir que isso está acontecendo. Este fingimento jamais nos impediu de nos dirigirmos rumo ao nosso destino; cada vez mais rápido, "na proporção inversa ao quadrado da distância da morte", conforme a perfeita descrição feita por Ivan Ilitch, personagem de Tolstói[453].

No que dizia respeito à morte e ao processo de morrer, Leon Tolstói foi mais do que um observador distanciado: tinha uma completa intimidade com esse tema. A grande questão que o consumiu ao longo de toda a vida foi, como ele descreve no livro *Uma confissão*: "Haverá algum sentido em minha vida que não será destruído pela morte que inevitavelmente me aguarda?"[454]. Para responder a esta pergunta, Tolstói nunca desgrudou os olhos da morte, observando-a incessantemente, sob múltiplos ângulos e em diferentes circunstâncias, como atestam seus escritos – e talvez *A morte de Ivan Ilitch* (1886) em particular. Em toda a sua vida, Tolstói buscou compreender o extraordinário poder que a morte exerce em nossa existência: de que maneira o medo da morte influencia nosso estilo de vida e nosso comportamento. Para Tolstói, esta não era uma atitude egocêntrica, mas antes uma experiência extremamente envolvente e devastadora, que segundo suas expectativas poderia curá-lo de seu próprio medo da morte. Ele se preparou para o fracasso definitivo ao morrer, repetidas vezes, junto com cada um de seus personagens

---

453 TOLSTÓI, L. *A morte de Ivan Ilitch*. Porto Alegre: L&PM Pocket, 1997.
454 *Ibid.*

que pereceram. Ele sentiu o medo deles, a dor deles, sentiu-se paralisado pelas angústias deles. Muito antes de seu próprio fim, numa obscura estação ferroviária, em 1910, ele passara pela experiência das mortes do príncipe Andrei Bolkonsky, de Anna Kariênina, de Hadji Murat e Ivan Ilitch, todas elas refinadamente descritas.

A vida talvez seja dura, como diz o clichê, mas a morte é ainda mais dura. *A morte de Ivan Ilitch* nos permite compreender um pouco melhor esta dificuldade. Sofrendo de uma doença terminal e não especificada, e após uma grande dose de autoilusão, Ivan Ilitch acaba reconhecendo que "algo novo e assustador estava acontecendo a ele, algo de uma importância tão vasta que nada em sua vida seria comparável a isso"[455]. Mesmo àquela altura de sua vida, ele sentia medo de chamar a morte pelo nome. Provavelmente temia que, ao nomeá-la, ele faria com que ela surgisse à sua frente, como se a morte não o acompanhasse desde sempre.

O pobre Ivan talvez tivesse a esperança de que, se deixasse de nomear a morte, de alguma maneira ela se perderia pelo caminho e não o encontraria. A certa altura, referiu-se a ela como "aquela coisa horrenda, aterrorizante e inédita que foi colocada em movimento dentro dele e que o corroía dia e noite, inevitavelmente arrastando-o para longe"[456]. Com firmes raízes na vida, como qualquer criatura viva, Ivan Ilitch simplesmente não era capaz de aceitar a sua não existência, por mais iminente e inevitável que ela fosse. "No fundo de seu coração ele sabia que estava morrendo", afirma Tolstói, "mas além de não estar habituado a esta ideia, ele simplesmente não conseguia compreendê-la... era simplesmente impossível que

---

455 *Ibid.*
456 *Ibid.*

ele tivesse de morrer"[457]. Ivan não estava preparado para aceitar sua mortalidade. O fato de precisar aceitá-la continuou lhe parecendo estranho, até o último de seus dias. Ele morreu sozinho, o que acontece com nós todos. O talento de Tolstói é grande a ponto de lhe permitir introduzir a si mesmo na morte de seu herói – aquele espaço estreito, "feito sob medida" que estava reservado para Ivan Ilitch, e somente para ele. "Inspirou profundamente, parou no meio de um suspiro, esticou o corpo, e morreu"[458]. Apesar de todas as humilhações pelas quais Ivan Ilitch teve de passar antes de morrer, seu fim é cercado de uma serena solenidade. Há uma certa cortesia aveludada, digna de um agente funerário profissional na maneira como Tolstói descreve a morte de seu personagem.

A morte de Ivan Ilitch é o relato da luta desesperada de um homem para agarrar-se à vida, mesmo num momento em que a morte já o arranca de sua existência. A maior parte do livro trata do tema da morte, mas se você quiser saber *como* deve abordar este último grande fracasso – como encará-lo, como se apoderar dele – não há muito que o pobre Ivan possa lhe ensinar. Um modelo ligeiramente melhor a ser seguido é Antonius Block, de *O sétimo selo*, de Ingmar Bergman (1957). Ao retornar das Cruzadas, um cavaleiro sueco, mergulhado numa crise de fé, depara-se com o grandioso fracasso que assume a forma de um homem vestido de preto – a maneira como a Morte se apresenta a ele. Ao ver-se diante da Morte, o valente cavaleiro não hesita. Não tenta fugir, não chora, não implora por misericórdia – ele desafia a Morte a jogar uma partida de xadrez. "A condição que lhe imponho é: enquanto for capaz de resistir a você, eu poderei viver. Se eu vencer, você me

---

457 *Ibid.*

458 *Ibid.*

libertará. Estamos de acordo?", pergunta o cavaleiro, com ousadia. Perplexa, a Morte concorda.

Block não tem como vencer seu jogo com a Morte – ninguém consegue isso –, mas o ponto principal não é a vitória. Não é para vencer que você joga contra o último e grandioso fracasso, mas para aprender a perder. Aqui, Bergman nos ensina uma grande lição: todos nós morreremos, mas isso não é o mais importante. O que realmente importa é como morremos, e o que ganhamos neste processo. Durante sua breve interação com a Morte, Block deve ter tido uma experiência mais rica do que em toda a sua vida repleta de acontecimentos interessantes. Ele reavalia sua vida e sua consciência, e chega aos limites de sua existência terrena; ao fazê-lo, consegue conhecer a si mesmo um pouco melhor. Ele continua em busca de um significado, mesmo sabendo que esta busca, em grande medida, é vã. Faz novos amigos, e torna-se amigo da própria Morte, uma façanha nada desprezível. Sem aquela última partida de xadrez, a existência do cavaleiro teria sido significativamente mais pobre. No fim, mesmo derrotado, Block conquista algo raro: ele transforma o fracasso numa arte requintada, e consegue incorporar a arte de fracassar à essência da arte de viver.

No entanto, assim como no caso de Ivan Ilitch, o encontro de Antonius Block com o grandioso fracasso só nos mostra como é difícil contrariar nosso instinto de sobrevivência e fazer as pazes com nossa mortalidade. Block se mostra desafiador, filosófico, e sua postura nos enche de alegria, mas não nos parece que, ao deixar este mundo, ele está em paz consigo mesmo. O que ele deseja obter diante da Morte é, acima de tudo, uma resposta a algumas questões existenciais candentes, e quando a Morte finalmente chega para levá-lo, ele parte de maneira relutante, sem deixar qualquer sinal de que suas perguntas foram respondidas. Sua prece final diz tudo: "A partir de nossa escuridão, nós vos invocamos, Senhor. Tende misericórdia de nós, pois somos pequenos, amedrontados e ignorantes". Até onde sabemos, esta prece é dirigida a um Deus em cuja existência Block é incapaz de – ou está pouco disposto a – acreditar.

Mas quem foi que disse que morrer é fácil? Conseguir libertar-se da existência – com facilidade e graça, e sem agonia – talvez seja a conquista mais difícil a ser alcançada. Isso nos consome muito tempo, um trabalho árduo e uma autodisciplina punitiva. Não é à toa que um tal treinamento – aprender como morrer, preparar-se – tem sido um tema central em todas as tradições espirituais dignas deste nome.

Bakayarō! Bakayarō!

A área reservada aos desfiles no Campo de Ichigaya – sede do Comando Oriental das Forças Japonesas de Autodefesa (*jieitai*), em Tóquio – parecia concentrar ensaios para o Dia do Juízo Final naquela manhã de novembro. Ambulâncias e carros da polícia chegavam em alta velocidade – faróis piscando, sirenes estridentes. Os soldados do campo, convocados de modo abrupto, reuniram-se confusos. Ninguém lhes dissera o que exatamente estava acontecendo, e circulavam os boatos mais delirantes. Ao que parecia, alguém estava prestes a fazer um discurso. Enquanto carros e motocicletas da polícia chegavam, pessoas corriam para todo lado, sem que ninguém soubesse ao certo o que se passava. Como medida de precaução, helicópteros de canais de TV pairavam sobre o local, em meio a uma ruidosa filmagem, completando o quadro caótico.

Por fim, o orador apareceu na sacada de um edifício. Saindo do escritório do comandante, através da janela, ele parecia determinado a dirigir-se aos soldados reunidos logo abaixo. Baixinho, na casa dos quarenta anos, de porte atlético e, contudo, com um corpo estranhamente proporcional, o homem vestia uma espécie de uniforme militar (embora não fosse o uniforme *daquela* corporação) e uma bandana com a inscrição, em tinta preta, do antigo lema samurai: *Shichishō hōkoku* – "Servir à Pátria por sete vidas"). Aquilo deixava as pessoas aflitas: tratava-se de um dos *slogans* que fora adotado pelos militaristas de direita durante a Guerra, do qual as *jieitai*, ao longo das duas décadas anteriores, fizeram de tudo para manter distância.

O homem dava a impressão de saber o que estava fazendo. Na verdade, ele era ali o único que parecia ter alguma noção do que estava acontecendo. Com efeito, como logo ficaria claro para os soldados, aquela figura de pernas curtas, vestindo um uniforme peculiar, era *a razão* pela qual eles estavam ali reunidos. Seus gestos eram precisos e econômicos, em gritante contraste com o caos que o cercava. Era evidente que o homem chegara àquele lugar com um plano, e estava preparado a segui-lo.

Tão logo começou o seu discurso, ele se revelou um habilidoso retórico – na verdade um experiente *performer*. Apesar de todo o ruído ao redor, se você por acaso estivesse logo abaixo da sacada, poderia distinguir o que ele dizia.

"É lamentável eu ter de me dirigir aos homens das *jieitai* numa circunstância como esta", declarou. O ruído dos helicópteros ao alto não dava sinais de trégua, mas o orador seguiu em frente: "Eu achava que as *jieitai* eram a última esperança do *nippon*, a última trincheira da alma japonesa... hoje, o povo japonês pensa em dinheiro, somente no dinheiro. Onde foi parar o nosso espírito nacional nos dias de hoje? ... As *jieitai* devem ser a alma do *nippon*"[459].

---

459 SCOTT-STOKES, H. *The life and death of Yukio Mishima*. Nova York: Moonday Press, 1995, p. 25.

No início, os soldados o ouviam em um misto de descrença e curiosidade. Não era todo dia que se testemunhava cenas como aquela no Japão. Porém, logo depois, começaram a demonstrar hostilidade. "Pare já com esta conversa", gritavam alguns. "Desça já daí!". O orador ignorava estes pedidos. Ele tentava obter a atenção da plateia ("Ouçam! Ouçam! Prestem atenção! Ouçam! Me ouçam!"). E prosseguiu: "Nós achávamos que as *jieitai* eram a alma da honra nacional... A pátria não tem um alicerce espiritual. É por isso que vocês não concordam com o que digo"[460].

Num primeiro momento, a hostilidade dos soldados, ainda que manifestada, foi mantida sob controle, mas acabou explodindo. "*Bakayarō! Bakayarō!*", eles berravam. Em japonês, *bakayarō* é um insulto particularmente ofensivo; o modo mais brando (e insípido) de traduzir esta palavra seria "Idiota!" Os soldados tinham boas razões para estarem irritados. Pois o que orador estava lhes apresentava ali era o convite a um golpe de Estado – uma empreitada em que aquelas pessoas teriam de segui-lo lealmente, em sua condição de líder. O objetivo de toda a empreitada era pretensioso: "Proteger o Japão! Vocês precisam proteger o Japão!... Sim, proteger o Japão! A tradição japonesa! A nossa história! Nossa cultura! O imperador!"[461]

A Constituição japonesa, imposta pelas tropas de ocupação americanas após a derrota do país em 1945, era explicitamente pacifista. "Com uma sincera aspiração a uma paz internacional baseada na justiça e na ordem", dizia o Artigo 9, "o povo japonês renuncia definitivamente à guerra como um direito soberano da nação, e à ameaça ou o emprego da força como um meio de solucionar

---

460 *Ibid.*, p. 25.
461 *Ibid.*, p. 26.

conflitos internacionais". Na prática, esse texto significava que o Japão renunciava ao direito de ter um exército nacional, passando a depender das tropas americanas para ser protegido. Foram eliminados da linguagem oficial todo e qualquer termo associado ao "exército". É por este motivo que aqueles soldados pertenciam às "Forças de Autodefesa" do Japão, e não ao exército japonês, que se tornara uma impossibilidade constitucional. Para um país cuja história, cultura e identidade haviam sido influenciadas por um *ethos* marcial, esta cláusula jurídica era um exagero, na opinião daquele orador. Houvera uma campanha com o intuito de emendar a Constituição, mas até aquele momento, todas as tentativas tinham sido em vão. O orador estava claramente irritado com o fato de as *jieitai* terem se recusado a envolver-se na campanha. Ao fazê-lo, insinuou ele, elas estavam reconhecendo sua própria insignificância: "É um homem que lhes faz este apelo!... Vocês estão acompanhando o que digo? Se vocês não se rebelarem comigo, se as *jieitai* não se rebelarem, a Constituição nunca terá emendas!... Vocês continuarão sendo simples mercenários americanos"[462].

Basicamente, a proposta que ele lhes fazia consistia em depor o governo democraticamente eleito, e restaurar todo o poder ao imperador, com um retorno ao velho *ethos* do guerreiro japonês (*Bushidō*): "Vocês são *bushi*? Vocês são homens? Vocês são *soldados*! Então por que estão defendendo a Constituição? Vocês estão apoiando a Constituição que nega a própria existência de vocês! ... Desta maneira, vocês não terão futuro!... Vocês são inconstitucionais!"[463].

---

462 *Ibid.*, p. 27.
463 *Ibid.*, p. 27.

Os soldados, todos eles nascidos após o fim da Guerra, e que tinham apenas um vago conhecimento sobre o que orador falava, mostraram-se impassíveis. A perspectiva de serem conduzidos à batalha – ou a qualquer outra coisa, aliás – pela figura cômica que gesticulava diante deles não era exatamente animadora. Porém, o bufão não estava disposto a desistir tão facilmente: "Não compreendem que vocês é que estão defendendo a Constituição? Eu estava à espera de vocês. Por que vocês não despertam? Aí estão vocês, neste seu mundo minúsculo. Vocês não fazem nada pelo *nippon*"[464]. Os soldados seguiam impassíveis. Ele lhes deu uma última oportunidade, ao perguntar: "Algum de vocês irá se rebelar junto comigo?", e então ficou aguardando vários longos segundos. Nada. As únicas reações que obteve foram repetidas salvas de *bakayarō!* "Idiota!". Ele planejara discursar durante trinta minutos, mas precisou interromper sua fala sete minutos após o início. Ficara claro que ele não conseguiria convencer ninguém. *Bakayarō! Bakayarō!*

Algumas pessoas talvez tenham visto a fotografia dele nos jornais. Poucas semanas antes, a Loja de Departamentos Tobu, um sofisticado estabelecimento comercial no centro de Tóquio, fizera dele o objeto de uma ampla exibição, que foi visitada por milhares de pessoas. Dizer que ele era famoso seria um eufemismo: o *bakayarō* era um gênio. Muitos consideram Yukio Mishima o melhor escritor japonês de sua geração[465]. Homem de extraordinário talento

---

464 *Ibid.*, p. 27.

465 Para esboçar este perfil de Yukio Mishima recorri, em grande medida, a obras publicadas por vários estudiosos sobre Mishima (todas estão listadas na bibliografia deste livro): Damian Flanagan, John Nathan, Andrew Rankin, Henry Scott--Stokes, Naoki Inose e Hiroaki Sato. Para tratar de Osamu Dazai, a obra de Phyllis I. Lyons me foi bastante útil. Devo um agradecimento especial a William Brecher, por sua assistência na escrita deste capítulo. Sou também grato a Peter Cheyne, a primeira pessoa a me apresentar a obra de Dazai.

e versatilidade, era capaz de escolher virtualmente qualquer gênero e produzir nele um trabalho superlativo, escrevendo romances, contos, peças teatrais (tanto tradicionais quanto modernas), ensaios filosóficos e até mesmo reportagens sobre o mundo dos esportes. Aos 40 anos, já escrevera cerca de quarenta romances, dezoito peças teatrais, vinte coletâneas de contos e muitos ensaios. Sua obra foi traduzida pelo mundo inteiro, e suas peças foram encenadas, com excelente acolhida, no Japão e também fora de seu país. Mishima também foi fisiculturista, boxeador e modelo. Atuou em filmes (com um desempenho que variava conforme a película), e chegou a dirigir alguns. Regeu uma orquestra em um concerto. Foi um bem-sucedido praticante da arte da tradicional esgrima japonesa (*kendo*). Fundou um pequeno exército privado. Caberia perguntar o que é que Mishima *não* fez.

Se julgarmos com base em padrões normais, Mishima foi mais bem-sucedido do que qualquer outro escritor japonês de sua época. No entanto, "sucesso" é uma palavra que descreve precariamente o que ele buscava. Ele decidiu cortejar o fracasso – na verdade, casar-se com ele. Enquanto os soldados o vaiavam no meio de seu discurso, Mishima não ficou minimamente surpreso; tampouco irritado ou ofendido. Ele vinha se preparando para aquilo havia um ano. Talvez tenha sido um completo idealista, mas nunca perdeu o senso de realidade.

O gesto grandioso que Mishima vinha planejando, da maneira como ele o encarava, fazia parte de uma tradição tipicamente japonesa de "nobres fracassos". Nesta tradição, os heróis estão fadados ao fracasso desde o início, mas este não é o ponto principal: o que importa é o processo – a mera *performance* do fracasso. O fato de estes heróis terem plena consciência de estarem condenados ao fracasso e, mesmo assim, continuarem lutando, transforma o seu fracasso em algo particularmente "belo". Ao sucumbir, eles transcendem a si mesmos e, com isso, revelam algo de importante sobre o que significa ser japonês. O fato de "todos os seus esforços serem coroados pelo fracasso", observa Ivan Morris em seu livro *The Nobility of Failure*, "lhes empresta um *pathos* que caracteriza a vaidade generalizada do empenho humano, e transforma-os nos mais adorados e evocativos dentre os heróis"[466].

Mishima conhecia esta tradição melhor do que ninguém, e era fascinado por ela. Com efeito, na condição de tradutor de seus livros, Morris talvez tenha se inspirado no próprio Mishima para escrever seu livro, dedicando-o à sua memória. Em relação a tal exemplo de "fracasso nobre" (a rebelião contra as políticas de radical ocidentalização, do imperador Meiji, ocorrida em 1874), Mishima observou que "aquilo foi uma experiência fadada ao fracasso, mas que revelou a pureza, a ortodoxia e a substância – podemos chamá-la de essência – do que queremos expressar quando nos referimos ao Japão e aos japoneses"[467].

No Japão, um "nobre fracasso" como este normalmente termina com a *performance* do suicídio ritual por parte do herói, que rasga o próprio ventre (*harakiri*). É exatamente isso que o próprio Mishima estava prestes a fazer quando entrou no gabinete do comandante. Ele não conseguiu persuadir os soldados, como planejara fazer. Tudo estava correndo conforme o planejado.

---

466 MORRIS, I. *The nobility of failure – Tragic heroes in the history of Japan*. Nova York: Noonday, 1975, p. xxii.

467 NATHAN, J. *Mishima*: a biography. Cambridge: Da Capo, 2000, p. 214.

"Uma vida que é uma longa história de fracassos"

Se viemos ao mundo dotados do instinto que nos permite evitar a morte a todo custo, então o suicídio, na condição de um ato voluntário de dar fim a algo, deveria ser um gesto impossível de ser colocado em prática. A decisão de acabar com a própria vida está completamente fora do fluxo normal das coisas: não fomos dotados nem mesmo da habilidade de contemplar a morte adequadamente, quanto mais de provocar nossa própria morte de modo voluntário. Nossa constituição biológica deveria nos impedir de fazer isso. A vida não tem como insurgir-se contra si mesma. É por isso que, do ponto de vista filosófico, o suicídio sempre suscitou questionamentos fascinantes.

Acima de tudo, a mera possibilidade de nos livrarmos de nossa própria existência é o que nos distingue definitivamente como seres humanos. Nenhuma outra espécie é capaz disso. A capacidade de cometer suicídio é "uma das características distintivas dos humanos", escreve Cioran. "Nenhum animal pode fazer isso, e os anjos mal conseguiram desconfiar da existência do suicídio"[468]. Isso não deveria nos fazer sentir particularmente lisonjeados; pelo contrário, tal capacidade faz parte do drama humano, e torna nossa condição ainda mais complicada. O *homo sapiens*, observa Simon Critchley, "distingue-se por sua capacidade de autoaniquilação, que talvez seja o preço que pagamos por nossa autoconsciência"[469].

O suicídio não nos torna humanos, simplesmente; ele nos transforma em livres agentes em situações em que parece ser

---

468 CIORAN, E.M. *A short history of decay*, p. 38.
469 CRITCHLEY, S. *Notes on suicide*. Londres: Fitzcarraldo, 2020, p. 12.

praticamente impossível alcançar a liberdade. Por estarmos num beco sem saída existencial (por exemplo, você sofre de uma doença incurável e degenerativa, ou então a sua conspiração para destronar um tirano fracassou, e você está diante de uma prisão iminente, e de uma morte degradante), onde aparentemente não nos resta mais nenhuma alternativa, o suicídio pode nos oferecer uma saída honrosa. "De modo geral, concluiremos que tão logo os horrores da vida tiverem alcançado o ponto em que tiverem superado os horrores da morte, o homem dará um fim à sua vida", Arthur Schopenhauer escreveu dois séculos atrás[470]. É desta maneira que um indivíduo ainda pode "morrer com dignidade", em situações nas quais a dignidade parece estar fora de questão.

O suicídio é muitas vezes associado ao fracasso, e os suicidas são considerados "perdedores". Em um livro perspicaz, *The Savage God*, parcialmente inspirado no suicídio de sua amiga Sylvia Plath, Al Alvarez analisa a fundo a relação entre o fracasso e o suicídio. "O suicídio talvez seja uma declaração de falência que avalia uma vida como se esta tivesse sido uma longa história de fracassos", escreveu ele[471]. E, no entanto, ao decidir matar a si mesmo, você demonstra que ainda detém certo grau de controle sobre as circunstâncias que o cercam. Uma decisão como esta, "devido à sua própria condição definitiva", "não é um fracasso total". Por meio do seu ato, você consegue dar uma sensação de encerramento a uma situação que parece nunca ter fim. Alvarez observa que "há toda uma categoria de suicidas que decidem dar um fim à própria vida não com o objetivo de morrer, mas para fugir de um estado

---

470 SCHOPENHAUER, A. *Studies in pessimism*. Cosimo Classics, 2007, p. 28.

471 ALVAREZ, A. *The savage god: a study of suicide*. Londres: Bloomsbury, 2013, p. 107.

de confusão, para desanuviar a mente"[472]. Não o fazem para vingarem-se da sociedade ou para fazer com que os outros se sintam culpados, mas para colocar suas próprias vidas em ordem. Para chegar à clareza, por meio da forca. Deste modo, a biografia do suicida como "uma longa história de fracassos" é redimida pelo próprio ato. A derrota foi transformada numa outra coisa, que não é exatamente fracasso. "Talvez seja esta a razão pela qual os Estados totalitários sentem-se traídos quando suas vítimas se suicidam", acrescenta Alvarez, com lucidez[473].

Em tais casos, embora seja um ato de liberdade, o suicídio é influenciado por circunstâncias externas. Se você sofre de um câncer em fase terminal, pode escolher entre ter uma morte lenta e degradante, ou então tirar a própria vida agora mesmo. No caso desta última opção, o câncer é o que determinará a sua escolha. Se você está envolvido numa conspiração para assassinar um tirano, e seus movimentos passam a estar sob suspeita, você pode optar por aguardar a chegada dos capangas do tirano, ou então suicidar-se antes que eles cheguem. Caso escolha a segunda opção, a própria circunstância em que você se encontra é que o conduziu a ela. O seu suicídio surge no fim de uma série de passos, que você deu livremente, e todos estes passos o trouxeram ao lugar onde você se encontra agora. Você escolhe livremente, mas as suas circunstâncias é que determinam os parâmetros de sua liberdade.

"O suicídio é um direito humano fundamental", afirmou o psiquiatra Thomas Szasz. "Isso não significa que ele seja desejável. Significa apenas que a sociedade não tem o direito moral de interfe-

---

472 *Ibid.*, p. 107.

473 *Ibid.*, p. 107.

rir, à força, na decisão de um indivíduo de praticar este ato"[474]. O indivíduo que decidiu dar um fim à própria vida geralmente tem sérias razões para fazê-lo, por mais insensatas que estas possam parecer aos outros. É por isso que estas pessoas merecem a compreensão da sociedade onde vivem. O que elas obtêm, ao invés disso, é a condenação. Em nossas sociedades secularizadas, os indivíduos que optam pelo suicídio talvez não sejam mais considerados pecadores imperdoáveis, destinados a queimar nas chamas do inferno, tampouco criminosos ("auto-homicidas"), mas o imaginário coletivo tem suas formas de estigmatizá-los. Temos a tendência de considerar os suicidas e os indivíduos com ideações suicidas como intrinsicamente patológicos, pessoas de quem o restante da sociedade deveria manter distância.

E há uma boa razão para isso: milhares de anos de evolução histórica incutiram em nós a ideia de que temos de permanecer unidos, a fim de preservarmos nossa vida. Fora do grupo, a vida é, nas famosas palavras de Hobbes, "solitária, precária, desagradável, cruel e breve". Quando uma pessoa opta por virar as costas ao grupo e descartar a própria vida, mostramos o quanto estamos programados para nos sentirmos perturbados; se outras pessoas começarem a imitar tal comportamento, a existência do grupo poderá correr riscos. Se desejamos a sobrevivência do grupo, tais atos devem ser reprimidos. Aprendemos isso muito antes de qualquer religião ou sistema jurídico terem banido o suicídio; esta é apenas uma tardia validação formal.

Falar sobre o suicídio de um modo favorável não implica uma apologia a ele; trata-se de uma tentativa de compreender, a partir de

---

474 SOLOMON, A. *O demônio do meio-dia – Uma anatomia da depressão*. São Paulo: Companhia das Letras, 2014.

dentro, uma das decisões mais difíceis que um ser humano já teve de tomar. Se não dispomos de um meio melhor de ajudar estas pessoas, no mínimo devemos a elas a nossa compreensão.

Os prazeres de morrer

Quando criança, Kimitake Hiraoka (verdadeiro nome de Mishima) não parecia ser um indivíduo destinado a exibições de valentia marcial. Ele passou grande parte da infância em ambientes internos, sob a rigorosa supervisão de uma avó superprotetora. Quando tinha permissão de sair de casa, era obrigado a usar uma máscara respiratória, e seus movimentos eram rigidamente limitados. Sob o pretexto de que era perigoso demais criar uma criança no segundo andar de uma casa, onde moravam os pais do menino, Natsuko Hiraoka (sua autoritária avó, mãe de seu pai), "arrancou-o" dos braços de sua mãe, poucas semanas após seu nascimento. "Fui criado no quarto dela", recorda ele em *Confissões de uma máscara* (*Kamen no Kokuhaku*, 1949) "que cheirava a doença e a velhice, sempre fechado; ao lado de sua cama de enferma foi colocada uma cama para mim"[475].

Natsuko usava a precária saúde do neto como um pretexto, mas a saúde *dela* é que desempenharia um importante papel em todo o episódio. Ela sofria de uma série de enfermidades, e o pequeno Mishima tornou-se seu principal cuidador, dando-lhe seus remédios, fazendo curativos em suas inflamações, acompanhando-a ao banheiro e, de modo geral, tolerando a insuportável personalidade da avó. Autoritária e arbitrária, ela sempre fora uma mulher difícil, e a idade não facilitou nem um pouco as coisas. Por puro capricho,

---

475 MISHIMA, Y. *Confissões de uma máscara*. São Paulo: Companhia das Letras, 2004.

era capaz de pedir a Mishima que usasse vestidos de garotas, e ele a obedecia. Em outras situações, preocupada com a saúde dele, e para impedi-lo de aprender "coisas ruins", ela o proibiu de brincar com os meninos da vizinhança. "Fora as criadas e enfermeiras", escreveu ele, "minhas únicas companheiras eram três meninas das redondezas que ela mesmo escolhera"[476]. Natsuko era propensa a crises de histeria, e se irritava com facilidade, chegando a bater nas pessoas com quem convivia, sob o menor dos pretextos. Mishima tolerou aquilo tudo pois a amava. "Aos oito anos de idade, eu tinha uma amante de 60 anos", diria ele, irônico, tempos depois. "Poupa-se um tempo considerável quando se tem um começo de vida como este", observou Marguerite Yourcenar em seu livro sobre Mishima[477].

Esta convivência íntima tão incomum, em seus primeiros anos e durante a infância, afetaria seriamente a vida de Mishima. Na opinião de Yourcenar, foi o "espírito transcendental" de Natsuko que plantou nele "as sementes da loucura... consideradas necessárias para um gênio"[478]. De origem aristocrática, ela era culta e recebeu uma educação com influências ocidentais e também orientais. Conhecia uma infinidade de histórias sobre o passado do Japão, e desenvolveu uma paixão pelo teatro japonês, tanto o *Nô* quanto o *kabuki*, que transmitiu a seu neto. Foi durante estes anos iniciais que Kimitake transformou-se em Mishima: o escritor dotado de uma incomum compreensão da língua japonesa e de suas inúmeras camadas históricas, conhecedor de tudo que era refinado e aristocrático, o fiel cavalheiro, a máscara perfeita.

---

476 *Ibid.*

477 YOURCENAR, M. *Mishima ou a visão do vazio*. São Paulo: Estação Liberdade, 2023.

478 *Ibid.*

Quando Donald Richie o conheceu no fim da década de 1940, a primeira coisa em que reparou foi a "constante cortesia" de Mishima. Foi "a pessoa com a conduta social mais requintada que já conheci"[479]. Isso tudo ocorreu graças a Natsuko. Cronicamente doente e nunca gozando de plena saúde, esta velha senhora encarnava o intenso apego emocional de Mishima ao passado japonês, na mesma medida que seu quadro de saúde, em processo de deterioração, incutiu nele uma repugnância a doenças e à velhice[480]. Ambos acompanhariam Mishima pelo restante de sua vida e se mesclariam em sua *performance* final e fatal.

Tão logo adquiriu consciência de si mesmo como indivíduo, ele começou a pensar sobre a morte. Ele se recorda como, ainda muito jovem, "não conseguia coibir em mim a atração pela morte, pela noite e pelo sangue"[481]. Raramente tratava-se do sangue de outras pessoas – em geral, era o seu próprio. Sentia um enorme prazer em "imaginar situações em que eu próprio era morto em guerras ou assassinado"[482]. Certa vez, enquanto brincava de guerra com algumas meninas, ele desmoronou sem energia, fingindo ter sido assassinado no meio da batalha. Seu prazer era muito intenso. "Sentia alegria em imaginar-me ali caído, contorcendo-me todo. O estado em que me encontrava – baleado e definhando – proporcionava-me prazer indizível", lembra-se[483]. Ter o próprio corpo crivado de balas,

---

479 RICHIE, D. *The Japan journals, 1947-2004*. Berkeley: Stone Bridge, 2004, p. 47.

480 Mishima tornou-se obcecado com a velhice e com o que ela pode fazer conosco. Tempos depois, ele diria: "Dentre as minhas convicções incuráveis está a crença de que os velhos são eternamente feios e os jovens, eternamente belos" (SCOTT-STOKES, H. *The life and death of Yukio Mishima*, p. 136).

481 *Ibid.*

482 *Ibid.*

483 *Ibid.*

retalhado por espadas, atravessado por flechas, braços e pernas cortados, a carne perfurada, com o sangue espirrando para todo lado – estas parecem ter sido suas fantasias prediletas.

Quando Kimitake chegou à puberdade, um novo ingrediente foi acrescentado a esta mistura: o sexo. A partir de então, sexo e morte estariam ligados de maneira indissociável em sua vida. Não é preciso ser especialista em Freud para suspeitar, aqui, um elo entre Eros e Tânatos, mas Kimitake levou esta associação a seu limite, colocando a si próprio neste limite ao fazê-lo. Aos 12 anos de idade, descobriu que possuía "um curioso brinquedo", que "aumentava de volume à menor oportunidade", indicando que, "dependendo de como eu o utilizasse, poderia ser algo muito prazeroso"[484]. Também percebeu que o que colocava o brinquedo em movimento não era nada ligado ao sexo oposto, mas "jovens com seus corpos à mostra vistos em praia no verão", ou então "nadadores na piscina dos jardins externos do Santuário Meiji", ou então "o rapaz moreno que se casara com minha prima"[485]. Tais cenas, por mais tentadoras que pudessem parecer, não eram as mais estimulantes. O que certamente obrigava seu brinquedo "a erguer a cabeça", nas palavras dele, era a promessa de morte no formato de "rios de sangue e um corpo musculoso". Somente aquilo era capaz de deixar o jovem devidamente excitado:

> Ao ver cenas de batalhas sangrentas nos frontispícios das revistas de histórias de aventuras (…) desenhos de jovens samurais rasgando seus ventres; soldados baleados cerrando os dentes de dor, com as mãos gotejando sangue, agarradas ao uniforme na altura do peito (…) meu brinquedo logo erguia sua cabeça curiosa[486].

---

484 *Ibid.*

485 *Ibid.*

486 *Ibid.*

Em *Confissões de uma máscara*, Mishima descreve em detalhes a experiência de sua primeira ejaculação. O livro promete ser totalmente revelador, e o autor vai além de sua promessa. Ele conta tudo – talvez um pouco mais do que tudo, mas os saltos de sua imaginação são reveladores. Pois quando ele se propõe a dizer o que é que constitui um indivíduo, se a pessoa passou por determinada experiência ou se a inventou, se ela de fato praticou um determinado ato ou somente gostaria de tê-lo praticado – a distinção fica menos evidente. Todos os episódios – reais ou apenas imaginados – se tornam verdadeiros no relato. A imagem do indivíduo que tecemos, no fim das contas, não se limita à soma total das experiências que tivemos; contém também uma longa série de ausências: tudo aquilo que ansiamos ter mas nunca alcançamos, o amor não correspondido, as promessas não cumpridas, as oportunidades perdidas, tudo que somente imaginamos ou que é parte de nossas fantasias, ou que sequer ousamos sonhar. As partes que faltam talvez sejam mais importantes do que as partes que se concretizaram.

Retomando a ejaculação de Mishima: esta experiência foi o fruto de seu encontro púbere com uma reprodução da imagem de São Sebastião, de Guino Reni. No quadro de Reni, o santo está passando por aquilo que Mishima consideraria, tempos depois, uma "bela morte": está sendo martirizado. Jovem e belo, totalmente nu com exceção de um tapa-sexo (que, aliás, mal cumpria sua função), São Sebastião oferecia a si mesmo como uma vítima sacrificial. O corpo do santo está visivelmente em plena florescência, mas mesmo assim será descartado. Apesar da plenitude de vida que está sendo mostrada, a morte se aproxima dele. No Japão, a contemplação das flores de cerejeiras a cada primavera tem a função de reconhecer e celebrar justamente esta associação entre vida e morte, que Mishima conhecia tão bem.

O encontro de Mishima com o quadro de Reni é uma experiência complexa, com várias camadas. Em certo sentido, ele contempla a presença corporal do santo em termos puramente estéticos:

> Sua nudez alva, incomparável, cintilava contra a escuridão ao fundo. Os braços fortes de soldado pretoriano, acostumados a puxar o arco e a manejar a espada, apresentavam-se suspensos num ângulo que não os forçava muito; e, bem acima da cabeça, os punhos estavam cruzados e atados. O rosto voltava-se levemente para o alto, e os olhos, contemplando a glória dos céus, arregalavam-se em profunda tranquilidade. Não era dor o que rondava aquele peito projetado, o ventre contraído, os quadris algo contorcidos, e sim um lânguido meneio de prazer, como música[487].

No entanto, ele não permanece muito tempo como um mero espectador. Graças a seus dons artísticos, é capaz de criar uma empatia com a figura pintada no quadro. Mishima agora escreve *a partir de dentro*, como se habitasse o corpo do santo, como se sentisse seu calor, sentisse seu cheiro, sofresse a sua dor. Ele oferece, intencionalmente – como se falasse do próprio corpo – detalhes sobre como "as setas rompiam a carne rígida" do santo, e como seu corpo estava "prestes a ser consumido por chamas de agonia e êxtase supremos"[488]. Sua mão parece tremer enquanto ele escreve estas linhas, como convém a alguém flagrado numa agonia tão prazerosa.

Há uma segunda camada, vários tons mais escura, que não é exatamente contemplativa. Nela, Mishima deixa de ser o observador

---

487 *Ibid.*

488 *Ibid.*

estético desinteressado por uma obra de arte, mas um homem excitado – devida e sexualmente excitado. O quadro de Reni desperta nele, agora, uma reação bruta e primitiva. "Todo o meu ser", escreve ele, "estremeceu, movido por certa alegria pagã" diante de seu encontro íntimo com o corpo nu do quadro:

> O sangue disparou, meu órgão ficou da cor da fúria. Aquela parte de mim que crescera, que parecia prestes a explodir, aguardava com ansiedade inaudita que eu tomasse alguma providência; repreendendo-me por minha ignorância, ofegava enraivecida. Inconscientemente, minhas mãos começaram a fazer movimentos que ninguém jamais lhes havia ensinado. Senti que algo oculto e radiante subia de dentro de mim a passos alados, pronto para o ataque. E, enquanto eu devaneava, jorrou, trazendo consigo uma embriaguez estonteante... [489]

Para dissipar qualquer possibilidade de interpretação equivocada, ele acrescenta, em benefício do leitor: "Foi minha primeira ejaculação"[490]. O santo tornara-se uma estrela pornô. Esta intenção blasfema de Mishima talvez tenha se perdido entre a maioria dos leitores no Japão, país em que os cristãos eram – e ainda são – uma minoria insignificante, mas o desejo de chocar não nos passa despercebido[491]. No entanto, afirmar que, enquanto contemplava o santo, Mishima o fantasiava como um potencial parceiro sexual seria um erro de compreensão. São Sebastião não era seu parceiro imaginário: ele era o próprio Mishima. A identificação já se tornara completa, e consistia em mais do que simplesmente a empatia ex-

---

489 *Ibid.*

490 *Ibid.*

491 De acordo com Henry Scott-Stokes, que o conhecia bem, "o objetivo de Mishima – seu objetivo fundamental em vida, poderíamos dizer – era chocar as pessoas" (SCOTT-STOKES, H. *The life and death of Yukio Mishima*, p. 121).

pressada por um escritor. Ele conseguira invadir o belo corpo do mártir, transformando-se, ele mesmo, em São Sebastião. E, sendo agora São Sebastião, ele agora enfrentava uma morte violenta, constatando que aquela experiência lhe proporcionava um prazer intenso e erótico.

A experiência foi compreensivelmente breve, mas longa o suficiente para transformá-lo. Em certo sentido, após este episódio o restante de sua vida não passou de uma longa e contínua tentativa de alcançar novamente aquele momento orgástico, e fazer dele algo permanente. Kimitake, o garoto doentio, se transformaria, no devido tempo, no famoso escritor Mishima, o provocador, o fenômeno cultural. No entanto, grande parte do que ele viria a produzir nas décadas seguintes teria como objetivo a reencenação da "bela morte" de São Sebastião, traduzindo-a para o japonês, e apropriando-se dela *para sempre*. Ele deve ter concluído que valia a pena viver toda uma vida, somente para ter, no fim, uma morte orgástica.

"O problema fundamental da filosofia"

O *Sutra do Lótus* narra a história do rei bodhisattva que decide libertar-se do mundo por meio do fogo: ele ateia fogo em seu próprio corpo e desaparece em meio à fumaça. A estratégia usada por Simone Weil para a sua "saída" também tinha uma clara dimensão espiritual. Por meio de sua "descriação", sua expectativa era devolver a Deus o que lhe pertencia de direito. Em *Os demônios*, de Dostoiévski, Kirillov, um fracassado social, comete o ato que foi denominado "suicídio filosófico". À medida que se aproxima do momento decisivo, ele sente uma alegria inebriante. Ao cometer suicídio – pela mera *performance* deste ato –, ele transcenderá sua humanidade e passará a compartilhar da natureza divina. O fato de poder voltar as costas à existência faz com que ele se sinta o próprio Deus: "Eu anunciarei a obstinação... o atributo de minha divindade é... a obstinação. Por meio dela poderei demonstrar a minha insubordinação, e minha nova e assustadora liberdade"[492]. Por meio de tal ato, Kirillov é capaz de enfrentar o grandioso fracasso aceitando as condições que este lhe impõe, e derrotá-lo. Em todos estes casos, o suicídio é levado a limites extremos – ao ponto em que o ser humano se encontra com o que é radicalmente outro. É bem verdade que muitos de nós não faríamos – ou seríamos incapazes de fazer – isso, mas a dimensão autotranscendente deste gesto é inegável. Apesar da aparente arrogância envolvida neste gesto, há algo de radicalmente humilde neste suicídio filosófico: o indivíduo não espera literalmente *nada* do mundo. Quando queremos que nos deixem em paz, dizemos: "Permita-me que eu seja [eu mesmo]!"[493]. Uma pessoa que comete um suicídio filosófico dá um passo ainda mais radical: "Permita-me que eu *deixe* de existir!".

"Um único problema filosófico é realmente sério: o suicídio", escreveu Camus em *O mito de Sísifo*. "Julgar se a vida vale ou não a pena ser vivida se resume a responder esta questão fundamental da filosofia"[494]. Esta afirmação provocou um choque – conforme pretendia Camus – em leitores de mais de uma geração. Eruditos respeitáveis a consideraram um mero exagero de um *enfant terrible* filosófico. No entanto, Camus toca aqui numa das questões mais complexas para uma mente humana. E ele não foi o primeiro

---

492 DOSTOIÉVSKI, F. O*s demônios*. São Paulo: Editora 34, 2013.

493 No original, "let me be" e, logo na sequência, "let me *not* be" (frase traduzida por "... que eu deixe de existir"). Vale lembrar que o verbo "be" tanto significa "ser" quanto "existir". O duplo sentido da palavra também está contido no substantivo "being" ("o ser" ou "a existência"), empregado em outros trechos deste livro [N.T.].

494 CAMUS, A. *O mito de Sísifo*. Rio de Janeiro: Record, 2018.

a transformar o suicídio em um problema filosófico. Antes dele, Schopenhauer considerava a decisão do indivíduo de tirar a própria vida como uma espécie de "experiência" filosófica, "uma pergunta que o homem formula para a Natureza", tentando obrigá-la a dar uma resposta:

> Que mudanças a morte trará à existência do homem e à sua compreensão sobre a natureza das coisas? Trata-se de um experimento desastrado a ser realizado, pois ela envolve a destruição da própria consciência que lhe formula a questão, à espera de uma resposta[495].

O experimento filosófico de Schopenhauer não é uma tentativa humana comum. Trata-se de um experimento com a humildade radical.

Um cara durão[496]

Enquanto dirigia-se de volta ao gabinete do comandante, Mishima deve ter pensado, por mais breve que isso tenha sido, nos motivos que o levaram a estar ali, para início de conversa, e na motivação que tivera para retornar àquele lugar. Ele talvez tenha recordado o modo como sua espetacular carreira literária decolou, o sucesso que alcançou, e como este sucesso foi declinando. O livro *Confissões de uma máscara* foi publicado em 1949 com uma excelente receptividade, quando Mishima tinha apenas 24 anos. Com esta publicação, além de conquistar a fama de ser um dos mais importantes autores japoneses, transformou-se num fenômeno cultural. Quando Utarō Noda, editor da revista literária *Bungei*, lhe perguntou, logo após o fim da Guerra, se o que ele desejava "era ser um romancista original

---

495 SCHOPENHAUER, A. *Studies in pessimism*, p. 50.
496 No original, Tough Guy.

ou um autor popular muito conhecido", Mishima respondeu, "de modo categórico", que preferia a segunda opção[497]. Esta resposta não era nenhuma surpresa. Mishima era um *performer* nato e o que ele buscava, acima de tudo, era um palco. O livro *Confissões* lhe proporcionou exatamente isso.

Além da oportunidade de praticar seu histrionismo em grande escala, a fama deu a Mishima o acesso a um enorme público de leitores, e uma boa fonte de renda. Ele largara seu exótico emprego como burocrata no Ministério das Finanças para tornar-se um escritor em tempo integral e, dali em diante, teria de sobreviver com sua perspicácia, sua agilidade mental e seu senso de humor. Na prática, isso significava que, além da literatura "séria" que produzia (romances, ensaios e peças), Mishima teria que produzir um fluxo constante de textos "pulp fiction" em série, para revistas de grande circulação, publicações incultas mas que lhe rendiam uma ótima remuneração. Esta carreira dupla envolvia uma rigorosa rotina diária, que Mishima, graças à sua autodisciplina, conseguia cumprir bastante bem. Para ele, a pontualidade era tão importante quanto sua compulsão de planejar e controlar todos os aspectos de sua vida. Ele colocou o ponto-final na última página de seu último livro na manhã de seu último dia de vida – exatamente como planejara. Escreveu a última linha, assinou os manuscritos e colocou-os dentro de um envelope a ser enviado a seu editor. Passou, então, ao item seguinte na agenda do dia – seu encontro marcado com a morte. Em raras situações uma *deadline*[498] foi cumprida de modo tão literal.

---

497 SCOTT-STOKES, H. *The life and death of Yukio Mishima*, p. 88.

498 Trocadilho em que o autor brinca com o sentido original da palavra, que traduzimos como "prazo final". Sua tradução literal seria "linha da morte" [N.T.].

Durante algum tempo, ele conseguiu cumprir este ambicioso programa, que era financeiramente recompensador. Na década posterior ao lançamento de *Confissões*, ele publicaria, em rápida sucessão, um sucesso editorial após o outro, alguns dos quais, como *Mar inquieto* (*Shiosai*, 1954) e *O templo do pavilhão dourado* (*Kinkaku-ji*, 1956), foram rapidamente traduzidos e editados pelo mundo afora. No Japão, ambos tornaram-se clássicos instantaneamente e foram adaptados para o cinema, obtendo o mesmo sucesso. Mishima era tão versátil estilisticamente quanto ousado, recorrendo a novas fontes de inspiração e técnicas de narrativa a cada novo projeto. *Mar inquieto* é uma brilhante adaptação de *Dafne e Cloé*, do poeta grego Longus (Mishima estivera pouco tempo antes na Grécia e ficara encantado com tudo que fosse "clássico" e "mediterrâneo"), enquanto *O templo do pavilhão dourado* baseou-se no incêndio, em 1950, de um famoso templo budista em Kyoto, perpetrado por um jovem acólito budista.

Apesar de sua rotina rigorosa, mesmo que a escrita estivesse preenchendo seus dias e suas noites, ele não se considerava realizado com sua carreira literária. A vida de Mishima ainda carecia de algo importante. Ele chegou à conclusão de que estava vivendo muito no interior da própria mente, e negligenciando o próprio corpo, e achou que deveria cuidar dele. Porém, quando se tratava de desempenhar tarefas físicas, Mishima se mostrava desastrado. Talvez não tão desastrado quanto Simone Weil, mas o suficiente para sentir-se constrangido. Quando começou a praticar natação, ele mergulhava "até o fundo da piscina, como uma pedra", lembra-se um amigo[499]. Quando começou a praticar o boxe, revelou-se tão "incompetente" e era "vencido de uma maneira tão acachapante" que seus amigos, preocupados, começaram a lhe implorar para que desistisse[500]. Apesar

---

499 NATHAN, J. *Mishima*, p. 123.

500 *Ibid.*, p. 124.

de seu jeito desastrado, contudo, ele se entregava à prática de qualquer atividade com tal determinação que acabaria sendo, de alguma maneira, bem-sucedido. Esta era uma característica de Mishima; para ele, tudo era uma questão de força de vontade.

Foi assim que, em 1955, Mishima começou a praticar o fisiculturismo, que o acompanhou pelo restante de sua vida. Por mais ocupado que estivesse, e não importando o lugar do mundo onde ele se encontrava, ele se exercitava três vezes por semana. Com isso, desenvolveu um corpo musculoso, que gostava de exibir às pessoas sempre que encontrava uma oportunidade. Porém, como concentrava seus esforços na parte superior de seu corpo, e não exercitava as pernas, seu aspecto geral era perturbador: uma massa sólida de músculos apoiada em um par de fósforos. Algumas pessoas, particularmente mulheres, consideravam sua aparência meio repulsiva.

Por fim, nem mesmo o fisiculturismo pôde proporcionar a Mishima a sensação de realização que ele buscava. Então, em 1960, ele decidiu atuar em um filme *yakuza*[501]. A esta altura, as pessoas no Japão já estavam habituadas às suas excentricidades, mas desta vez Mishima superou todas as expectativas. O filme era de considerável mau gosto, e teve uma precária realização. Mishima interpretou o papel de um gângster amador – o título do filme é "Tough Guy"(*Karakkaze Yarō*)[502] – que previsivelmente é assassinado no fim, e tem uma morte longa e cafona. Por mais que Mishima tenha gostado de viver este papel, de acordo com opiniões consensuais sua atuação foi medíocre. Colegas escritores, artistas, amigos e

---

501 Grupo japonês equivalente à máfia italiana [N.T.].

502 Trata-se do título deste subcapítulo. Nos países anglófonos, o filme é mais conhecido pelo título *Afraid to Die*. No Brasil, foi intitulado "O homem do vento cortante" [N.T.].

admiradores ficaram decepcionados. Era como se Mishima tivesse tido o deliberado desejo de manchar sua reputação: degradar a si mesmo, ou mesmo causar a própria destruição. O que teria acontecido a ele?, eles começaram a se perguntar.

Este foi o primeiro flerte de Mishima com o fracasso. Seu biógrafo, Henry Scott-Stokes, para quem a decisão de Mishima de atuar em *O homem do vento cortante* era "um indício da precariedade de seu estado de espírito àquela época", bem como "um sinal de que ele estava perdendo o controle", atribui isso à fraca receptividade de seu romance *A casa de Kyoko* (*Kyōko no Ie*, 1959). Uma obra polifônica que descreve as interações de quatro personagens – uma espécie de quarteto –, trata-se de um livro pelo qual o autor tinha um apreço especial. Nele, Mishima se revela, não apenas como uma *persona*, mas em meio a um longo e laborioso baile de máscaras. Uma máscara é retirada, e logo uma outra é revelada, até que o leitor começa a se perguntar: quem é o Mishima verdadeiro?

Um dos personagens, um boxeador, representa sua faceta atlética; um segundo personagem, um ator profissional, retrata seu lado exibicionista; um pintor representa o Mishima artista; e, por fim, um homem de negócios – talvez o mais interessante dos quatro – representa a face do Mishima niilista. Dez anos após a publicação de *Confissões*, Mishima decidiu revelar-se novamente, desta vez de uma maneira ainda mais completa, mesmo que de modo ligeiramente indireto. Olhando em retrospecto, *A casa de Kyoko* é, conforme a avaliação de um crítico, "um livro perturbador, e chega a ser bastante assustador"[503]. O romance nos oferece vislumbres sobre o funcionamento da mente de Mishima nesta época, e sinais sinistros do que estava por vir. Grande parte da sua evolução (ou involução, como preferem

---

503 NATHAN, J. *Mishima*, p. 160.

alguns) ao longo da década seguinte – sua adesão à política de direita, o nacionalismo, o niilismo, e até mesmo sua morte violenta – foi "profetizada" neste livro. No entanto, o veredito dos críticos foi praticamente unânime: um fracasso[504]. Este veredito, afirma Scott-Stokes, deixou "uma marca muito profunda" em Mishima. "É preciso lembrar", acrescenta este biógrafo, "que Mishima não tivera praticamente nenhuma experiência de fracasso – e que, ao mesmo tempo, ele dava um enorme valor ao sucesso". "Ele colocou tudo naquele livro"[505]. Mishima não foi simplesmente pego de surpresa. Aconteceu algo pior que isso: ele se expôs, e a maioria das pessoas nem sequer parou para prestar atenção nele. O fracasso não poderia ter lhe causado uma ferida mais profunda.

Talvez tivesse chegado a hora de ele reconsiderar o que vinha fazendo com sua vida. Ao fazê-lo, Mishima retomou uma de suas obsessões prediletas: a morte. Sua visão de mundo foi completamente influenciada pela morte – "não existe nada de belo que não contenha em si mesmo a morte", escreveu[506]. A morte se encontrava na essência de sua visão artística: "Não consigo me envolver com um trabalho artístico a menos que eu sinta que a morte está presente nele"[507]. Porém, até então tudo isso parecia bastante abstrato. A partir desse momento, Mishima parece ter começado a pensar na morte em termos mais práticos. Qual poderia ser *sua melhor saída*?

Foi quando surgiu Osamu Dazai.

---

504 Na opinião consensual dos críticos, este foi "o primeiro grande fracasso de Mishima" (NATHAN, J. *Mishima*, p. 169).

505 SCOTT-STOKES, H. *The life and death of Yukio Mishima*, p. 127.

506 RANKIN, A. *Mishima, aesthetic terrorist*: an intellectual portrait. Honolulu: University of Hawaii Press, 2018, p. 22.

507 INOSE, N.; SATO, H. *Persona: a biography of Yukio Mishima*. Berkeley: Stone Bridge, 2012, p. 601.

O experimento

O experimento filosófico de Schopenhauer talvez pareça simples, mas colocá-lo em prática é a verdadeira questão. Ele mesmo era contrário ao suicídio, assim como Camus. Cioran fez severas críticas ao universo durante toda a sua vida, e generosos elogios à autoaniquilação, mas ele se esqueceu de dar um fim à própria vida quando chegou o seu momento. Porém, há uma outra pessoa que fez os preparativos para este experimento, e passou por ele. Chegou mesmo a nos deixar um relatório. Na realidade, este fazia parte de um experimento mais amplo com o fracasso.

Jean Améry conheceu o fracasso como poucos. Do ponto de vista social, durante a maior parte de sua vida, ele foi (e considerava a si mesmo) um *raté*[508]. Com cinquenta e poucos anos, tendo sobrevivido ao Holocausto, e escrito milhares de artigos em jornais que não causaram grande impacto, ele ironicamente referia a si mesmo como um "iniciante promissor". O fracasso obviamente revelou um interesse particular por Améry, um interesse que se mostrou recíproco. Ele começou a ficar fascinado com tudo que estivesse associado ao fracasso: a infelicidade, a desventura, o azar, o sofrimento, a degradação física e a morte. Sentia uma afetuosa atração por gente fracassada, marginais e outros desafortunados, e escreveu extensamente sobre eles. *Charles Bovary, um médico rural – Retrato de um homem simples*[509] , publicado em 1978, é dedicado a um dos mais famosos *ratés* da literatura europeia: o marido de Emma Bovary. O ensaio-romance *Lefeu, ou la démolition* (*Lefeu, ou a demolição*, 1974) narra a vida e os infortúnios de um fracassado

---

508 Em francês, no original. O termo designa o indivíduo fracassado [N.T.].

509 Publicado originalmente em alemão, e traduzido para o inglês e para o francês; sem tradução no Brasil [N.T.].

pintor parisiense – *unglücksvogel* (um azarado), é como Améry se referia a ele. Muito coerentemente, quando o livro foi publicado, teve uma recepção precária e foi considerado pela crítica como um fracasso. Em 1974, Améry tentou o suicídio, mas fracassou. Escreveu então o livro *Sobre o suicídio – um discurso sobre a morte voluntária*. Em 1978, fez nova tentativa, e desta vez foi bem-sucedido. Escrito entre duas tentativas de suicídio, *Sobre o suicídio* contém o estilo sincero e a objetividade de um relatório escrito por um indivíduo com grande intimidade com o assunto. "Ao invés de olhar para morte voluntária a partir de fora", explica o autor no prefácio, "tentei enxergá-la sob o ponto de vista interior daqueles que se denominam suicidas ou com ideações suicidas"[510]. Estas pessoas remam contra a maré e dizem "não" nas situações em que todos os outros dizem "sim". "No longo prazo, você tem que viver", declara a sabedoria popular. "Mas... você *tem que viver?*", contesta Améry. "Você terá que estar para sempre num lugar determinado só porque já esteve ali uma vez? No momento imediatamente anterior ao salto, os suicidas rasgam em pedacinhos a receita que receberam da natureza, e jogam-na aos pés da entidade invisível que a prescreveu"[511]. Embora a sociedade rotule a morte dos suicidas como "não natural", eles insistem em defender seu direito de abandonar uma existência que consideram opressiva. Sua declaração de independência é das mais radicais. Eles desejam separar-se não desta ou daquela coisa no mundo, mas separar-se da existência do próprio mundo, que para eles consiste numa experiência fracassada. "O que é o suicídio, em sua condição de morte natural? Um categórico *não* que

---

510 AMÉRY, J. *On suicide: a discourse on voluntary death*. Bloomington: Indiana University Press, 1999, p. xxii.

511 *Ibid.*, p. 13.

se diz ao esmagador e devastador *échec*[512] da existência"[513]. Por meio de seus atos, eles lançam um aterrador desafio ao próprio grandioso fracasso: "Olhe aqui, eu mesmo estou fazendo isso. O que mais você poderá fazer por mim?".

Sobre o suicídio, de Améry, é o testemunho bruto e vivo de uma alma que já viu o suficiente das coisas deste mundo. De alguém que passou pela experiência de "repulsa pela vida" e de "uma propensão para a morte" a um grau suficiente que o leve a desejar acolher o vazio. "Dizemos que *escapamos* na direção da morte", escreveu Améry. "Escapamos para onde? Lugar nenhum. Começamos uma viagem para chegar a um ponto que não conseguimos imaginar"[514]. E, no entanto, o desejo é tão avassalador que se prefere o "impensável" a uma existência degradante. Pois a vida de uma pessoa com ideações suicidas é pior do que a morte: trata-se de "um fardo", assim como tudo que a acompanha é um fardo. "Nosso próprio corpo é um peso, um corpo que certamente nos carrega, mas um corpo que também precisamos carregar... O trabalho é um fardo, o lazer é uma coisa penosa"[515]. Para ela, tudo tem um peso enorme.

Sobre o suicídio não é, em nenhum sentido, uma obra autobiográfica, porém por detrás de cada afirmação do autor percebemos uma experiência íntima e intensamente vivida. A certa altura, o texto torna-se visivelmente pessoal. É neste ponto que Améry narra sua primeira tentativa de suicídio, fracassada:

---

512 Em francês, no original. Sinônimo de fracasso [N.T.].

513 *Ibid.*, p. 60.

514 *Ibid.*, p. 12.

515 *Ibid.*, p. 130.

Amarrado à cama e todo atravessado por tubos, e dispositivos atados a meus dois punhos, que me alimentam artificialmente. Entregue e rendido a duas enfermeiras que iam e vinham, me davam banho, limpavam minha cama, colocavam termômetros em minha boca, e faziam tudo com muita praticidade, como se eu já fosse uma coisa, *une chose*. A terra ainda não me possuía: uma vez mais, o mundo me possuía, e eu agora tinha um mundo no qual eu deveria projetar a mim mesmo para que eu mesmo me transformasse, novamente, no mundo inteiro. Eu estava tomado por uma profunda amargura que sentia em relação a todos aqueles que, com boas intenções, haviam me causado aquela desgraça[516].

Deve ter havido um momento, durante sua segunda tentativa, em que Améry sentiu que alcançara a plenitude: "Eu morro; logo, existo", escreveu ele, impacientemente, em *Sobre o suicídio*[517]. Aquilo representou a conclusão de um peculiar experimento filosófico, ao término do qual "a própria consciência que formula a pergunta e fica à espera de uma resposta" foi destruída.

Um homem nascido para morrer

Quando Mishima ainda era um autor relativamente desconhecido, sonhando com o sucesso na cena literária japonesa do pós-guerra, o rei não oficialmente coroado era Osamu Dazai. Dazai transformou-se numa sensação literária em julho de 1947, aos 38 anos de idade, com a publicação de *O sol poente* (*Shayo*). Com uma inquietante capacidade de inovação e uma linguagem direta e chocante, o livro foi a mais gloriosa conquista de sua carreira literária, uma conquista muito maior do que se poderia imaginar

---

516 *Ibid.*, p. 78-79.
517 *Ibid.*, p. 27.

ou esperar. Somente um ano depois, contudo, Dazai publicou *O declínio de um homem*, (*Ningen Shikkaku*, 1948), que sob todos os aspectos era ainda mais chocante. Com este livro, Dazai superou a si mesmo, e muitas pessoas acharam que, após esta nova façanha, ele não teria como fazer algo mais espantoso. No entanto, ele conseguiu. Tão logo terminou os últimos retoques no texto de *O declínio de um homem*, Dazai atirou-se, junto com uma de suas amantes, Tomie Yamazaki, num canal de Tóquio, onde morreram afogados. Pouco antes, eles haviam se mudado para morar juntos, após Dazai ter abandonado sua esposa, com quem teve três filhos, e uma outra amante, grávida de um filho seu. Dazai e Tomie haviam feito um pacto suicida. Enquanto a maioria de nós precisa de uma pessoa como companheira de vida, Tomie buscava um companheiro de morte, e Dazai revelou-se o candidato ideal.

Se alguma vez já existiu um homem nascido para morrer, este homem foi Osamu Dazai. Era como se sua missão em vida consistisse em se desembaraçar do emaranhado da existência. Enquanto viveu, ele registrou tudo. A escrita de Dazai é o testemunho devastador de um indivíduo destinado a observar a vida a partir de suas fronteiras externas, com um pé constante e perigosamente pendurado por sobre o abismo. Munido de uma honestidade marcada pela frieza e de uma precisão irritante, Dazai registrava por escrito tudo o que via e sentia a partir deste ponto de vista privilegiado. Seu texto é bruto, visceral, quase fisiológico. O que ele fala nunca tem como ponto de partida a imaginação ou relatos de segunda mão; seu texto se baseia no sofrimento de alguém que, durante a vida inteira, sempre sentiu que veio à existência por causa de um erro, e estava tentando encontrar seu caminho de volta.

Um dos termos usados com maior frequência no Japão é *sumimasen*. Ele pode ter diversos significados, a depender do contexto, mas geralmente transmite a ideia de um polido pedido de desculpas, e envolve uma considerável dose de humilhação. Você diz *sumimasen* quando acha que *talvez* esteja no caminho de uma outra pessoa ou então *talvez* tenha causado algum incômodo a alguém, por menor que seja. Você usa esta expressão mesmo se nada disso aconteceu, como uma maneira de pedir desculpas por antecipação. Em uma de suas peças teatrais mais intensas, "Standard-Bearer for the Twentieth Century [Porta-estandarte do século 20]", Dazai emprega a expressão *umarete sumimasen* – "perdoe-me por eu ter nascido"[518]. Ele não achava que estava atrapalhando o caminho de alguém em particular: ele se sentia atrapalhando *o caminho de todos*. Estivesse fazendo o que fosse, mesmo sem fazer nada, Dazai acreditava que estava abusando da boa-vontade das pessoas – para ele, o mero fato de existir lhe parecia uma inconveniência. Seu sonho era "sair" [deste mundo] o mais discretamente possível. Ele precisaria de um longo tempo e de esforços consideráveis para fazer isso.

De um modo muito conveniente, os infortúnios de Dazai tiveram início com um suicídio – não o seu, mas o de seu ídolo literário, Ryūnosuke Akutagawa, em 1927. Por algum motivo, este suicídio desencadeou em Dazai uma propensão a uma vida de desintegração e desperdício, de autodegradação e autodestruição, que marcariam sua biografia a partir de então. Sua primeira tentativa de suicídio, dois anos depois, em 1929, fracassou: tomou remédios para dormir que não se revelaram suficientemente fortes. No ano seguinte, ele começou a estudar literatura francesa na Universidade Imperial

---

518 LYONS, P.I. *The saga of Dazai Osamu: a critical study with translations*. Stanford: Stanford University Press, 1985, p. 55.

de Tóquio. Mas literatura francesa por quê? E por que não? Àquela época, ele não conhecia uma única palavra em francês, e tampouco tinha planos de aprender este idioma. Mal havia dado início a seu curso de graduação quando precisou abandoná-lo: em razão de seu envolvimento com uma gueixa de sua cidade natal, sua família o deserdou. Este episódio o tirou ainda mais de seu precário equilíbrio, o que o levou a tentar o suicídio pela segunda vez.

Desta vez, estava acompanhado de uma *bar hostess* de 19 anos que se apaixonara por Dazai enquanto ele percorria o circuito dos bares em Ginza, a sofisticada rua de compras de Tóquio. Tempos depois, ele escreveria: "Eu convenci a mulher a atirar-se no mar junto comigo em Kamakura. Naquele momento, pensei: 'Quando você se sente derrotado, esta é a hora de morrer'"[519]. Ela morreu, mas ele não. Ele fracassou novamente, e seguiu vivendo não apenas para contar essa história, mas para ser processado (como cúmplice do suicídio da jovem). Enquanto isso, a família dele, perplexa com esta sua nova tentativa de suicídio, permitiu que ele se casasse com a gueixa, e voltou a lhe dar uma "mesada" sob a condição de que frequentasse as aulas e ficasse longe da política (ele tinha o hábito de fazer doações a grupos comunistas clandestinos).

Dazai não teve a menor dificuldade para abandonar a política, mas frequentar as aulas era para ele uma tarefa muito mais difícil. Para manter sua mesada, ele mentiu à sua família, garantindo a todos que retomara seu caminho para completar sua graduação, e então sentiu-se devidamente culpado. "Enganar alguém que confia em você", escreveria ele, "é como entrar num inferno que pode levá-lo à beira da loucura"[520]. Porém, a culpa não impediu Dazai de escrever.

---

519 DAZAI, O. *Self-portraits: tales from the life of Japan's great decadent romantic*. Tóquio: Kodansha 1991, p. 151-152.

520 *Ibid.*, p. 156.

Pelo contrário: este sentimento o deixou ainda mais criativo. Continuou a desenvolver seu estilo – a prosa autobiográfica em primeira pessoa e autocondenatória com a qual ele ficaria famoso.

Como a culpa não costuma andar desacompanhada, os pensamentos sobre a morte nunca, de fato, abandonaram Dazai. No ocaso de seu vigésimo-quarto ano de vida, ele os acalentou de um modo particularmente intenso. "Eu já não tinha a menor motivação para seguir vivendo", lembra-se ele. "Decidi que, em minha condição de tolo, de condenado, eu desempenharia fielmente o papel que o destino me reservou: o papel lamentável e servil de alguém que inevitavelmente precisará perder"[521]. Em 1935, candidatou-se a uma vaga de emprego como jornalista em um jornal de Tóquio, mas foi barrado por não ter um diploma. Já estava mais do que na hora de tentar novamente o suicídio. "Em meados de março, viajei até Kamakura sozinho", escreveu. "Meu plano era me enforcar em algum lugar daquelas montanhas"[522]. Kamakura, uma cidade litorânea ao sul de Tóquio, é o lugar onde, cinco anos antes, Dazai tentara a morte por afogamento, acompanhado da *bar hostess*. A cada nova tentativa, ele vinha aperfeiçoando suas habilidades, mas o sucesso estava demorando a chegar:

> Como eu sabia nadar, não era fácil me afogar, então optei por me enforcar, um método que, segundo eu ouvira dizer, era infalível. Foi bem humilhante, mas eu consegui estragar tudo. Me recuperei e percebi que eu respirava. Talvez meu pescoço fosse mais grosso do que o das pessoas em geral... Tentei prescrever a receita para o meu próprio destino, e fracassei[523].

---

521 *Ibid.*, p. 155.
522 *Ibid.*, p. 160.
523 *Ibid.*

A partir de então, as coisas não melhoraram nada para ele. No período em que esteve internado em um hospital, em razão de um outro problema de saúde, Dazai foi medicado com um analgésico à base de heroína, e a partir de então tornou-se gravemente viciado em drogas. De início, ele usava a droga para livrar-se da dor; depois, pouco a pouco, "para tentar esquecer minha vergonha e aliviar o meu tormento"[524]. Como era de se esperar, o vício trouxe ainda mais infelicidade para sua vida, sua situação econômica ficou ainda mais desesperadora, transformando-o quase em um mendigo.

> Eu tinha a aparência de um sem-teto esfarrapado e meio louco... Eu era o jovem mais ultrajante e pérfido do Japão. O pretexto de minhas viagens a Tóquio era sempre pedir emprestado 10 ou 20 ienes. Uma vez, num encontro com o editor de uma revista, eu chorei. Em algumas situações, os editores precisaram gritar para me fazer calar[525].

Apesar desse estado de perturbação do espírito, Dazai registrava tudo, e sua extrema lucidez deixava o seu dilema ainda mais devastador. Ele jamais deixou de fazer anotações sobre o mundo exterior e sobre as reações das pessoas diante de sua presença. Quando chegou ao fim do poço, registrou, com intensa brutalidade: "Eu já tinha 29 anos, e não possuía nada. Eu praticamente não tinha roupas para vestir"[526]. Por fim, Dazai teve de ser internado numa instituição para doentes psiquiátricos, onde foi submetido ao mais cruel dos tratamentos: foi trancado num quarto, abandonado à própria sorte. Este foi um dos episódios mais traumáticos em sua vida carregada de traumas, mas a abstinência total, iniciada de maneira brusca, acabou funcionando.

---

524 *Ibid.*, p. 161.
525 *Ibid.*, p. 162.
526 *Ibid.*, p. 164.

Assim que teve alta, Dazai ficou sabendo que, durante sua ausência, sua esposa o havia traído com um de seus amigos. O episódio tirou-lhe o ânimo a ponto de levá-lo uma nova tentativa de suicídio, em março de 1937. Ele e sua infiel esposa "deveriam morrer juntos", lembra-se ele. "Até mesmo Deus certamente nos perdoaria. Num espírito de companheirismo, como se fôssemos irmãos, demos início a uma viagem. Fontes Termais Minakami. Naquela noite, entre as montanhas, tentamos o suicídio"[527]. Mais uma tentativa fracassada: desta vez, os remédios para dormir não surtiram efeito. Tendo sobrevivido, o casal se separou, e os dois nunca mais se reencontraram.

Os anos seguintes, enquanto o Japão atravessava uma série de calamidades – militarismo, a guerra, destruição generalizada e, finalmente, a derrota total – até que não seriam tão ruins para Dazai. Pela primeira vez, os desastres não o afetavam diretamente, mas ao mundo que o cercava. Ele se casou novamente e, durante certo tempo, tudo ganhou o aspecto de uma vida normal. Continuou a escrever e conseguiu publicar livros numa época em que a maioria dos japoneses não conseguia fazê-lo.

Quando a Guerra terminou, o país devastado reconhecia a si mesmo em Dazai, que na maior parte de sua vida havia sido, ele mesmo, uma ruína. As vastas paisagens destruídas, as infinitas aflições, a humilhação que lhe consumia a alma, que Dazai vinha retratando em sua obra, tornaram-se agora a essência de muitos japoneses. O novo Japão, que por pouco sobrevivera a uma tentativa de suicídio coletivo, encontrou o seu profeta. E, no momento que o país começava a lhe prestar a devida atenção, o profeta embarcou em uma nova tentativa de suicídio. Desta vez, com sucesso.

---

527 *Ibid.*, p. 165.

Osamu Dazai e Tomie Yamazaki afogaram-se no Canal Tamagawa em 13 de junho de 1948. Seis dias mais tarde teria sido o seu 39º aniversário. Ao que tudo indica, a morte finalmente trouxe uma sensação de ordem à anárquica vida de Dazai.

Como morrer uma "boa morte"

O interesse dos filósofos pela morte como uma questão puramente teórica (a morte como a interrupção da existência de uma pessoa, ou como um ato de radical autotranscendência, ou seja lá o que for) acabou sendo ofuscado pelo modo como eles consideram a morte, como uma questão um tanto prática: como viver nossas vidas sem permitir que o medo da morte as arruíne, como lidar com nossa finitude e precariedade, como morrer uma "boa morte".

Em *Fédon*, Platão nos apresenta a fala de Sócrates, para quem a filosofia não passa de um "ensaio" ou de uma "preparação para a morte" (*melétē thanátou*). Filosofar significa ensaiar a sua "saída"; quanto mais contemplativo você for, maior facilidade terá para fazer as pazes com a sua mortalidade. Vale a pena considerar as circunstâncias em que Sócrates se encontrava na época em que disse estas palavras: estava na cela de uma prisão, cercado por amigos e discípulos, a poucas horas de sua execução. Ao apresentar esta definição, sua intenção talvez tenha sido soltar uma frase espirituosa, mais do que qualquer outra coisa. De certo modo, a conclusão desta piada era inevitável: o mestre de uma vida analisada a fundo terminara no lugar onde ele estava agora *por causa* de sua filosofia. A estreita conexão entre a morte e a filosofia estava ali, naquela apertada cela de prisão, visível a quem a quisesse ver.

Por precaução, posteriormente neste diálogo, Sócrates apresenta uma nítida demonstração de como esta definição funciona, na prática: ele caminha rumo à morte com a mesma naturalidade com que outras pessoas saem para dar um passeio – sem o menor medo, sem uma mínima hesitação, sem pensar duas vezes. Se a filosofia significa a "preparação para a morte", a julgarmos pela maneira como Sócrates morreu, ele foi um grande filósofo.

Desde o momento que Sócrates ingeriu sua famosa bebida, seu fim nunca deixou de ser admirado como modelo da coerência que um filósofo deveria apresentar em relação às suas ideias, à vida e à morte. De Sêneca a Boécio, passando por Montaigne e Simone Weil, o pensamento ocidental tem desempenhado uma função visivelmente *terapêutica* (no Oriente, isso já acontece há um longo tempo): de acordo com esta linha de pensamento, qualquer filosofia digna deste nome deveria ser capaz não apenas de nos ajudar a compreender o mundo, mas de nos ensinar como viver uma vida melhor, e como encarar a morte de maneira mais serena. Deste modo, a filosofia transforma-se, às vezes, num "exercício espiritual", para usarmos a expressão de Pierre Hadot.

Se quisermos encontrar proposições teóricas inovadoras no estoicismo, ficaremos frustrados. Porém, como uma forma de terapia, o estoicismo é incomparável. Os estoicos referiam-se à filosofia, explicitamente, como um "exercício" (*askesis*) a ser praticado diariamente e a ser incorporado à vida do indivíduo, e não como um conjunto de afirmações teóricas com as quais devemos estar em conformidade, num nível exclusivamente intelectual. Para os estoicos, observa Hadot, "a filosofia não consistia no ensino de uma teoria abstrata", mas "na arte de viver". Filosofar "faz com que nossa existência tenha maior plenitude, e nos torna pessoas melhores". De acordo com esta visão, a filosofia consiste, acima de tudo, em oferecer uma transformação ao indivíduo que a pratica. Praticada de modo adequado, sugere Hadot, a filosofia conduz nada menos do que a uma conversão que vira nossa vida toda de cabeça para baixo, transformando a vida da pessoa que passa por ela. Ela eleva o indivíduo, tirando-o de uma inautêntica condição de vida, turvada pela inconsciência e atormentada pelas preocupações, e levando-o a um estilo de vida autêntico, que lhe dá acesso à autoconsciência, a uma visão mais precisa do mundo, à paz interior e à liberdade[528].

Qualquer "arte de viver" digna deste nome precisa conter em sua essência a nossa condição mortal. Pois viver bem é saber como aceitar nossa finitude, como superar nosso medo da morte e, considerando nosso estado fundamental, de "proximidade do *nada*", como permanecer à beira do abismo sem que percamos a orientação. Nesta tradição, filosofar significa atuar em nosso corpo amedrontado, incutir firmeza em nossa alma hesitante, e eliminar nosso medo da aniquilação. Ter domínio sobre nossa vida significa, acima de tudo, ter domínio sobre nossa morte: "Não estamos sob o poder de ninguém quando temos poder sobre a morte", escreveu um dos principais filósofos terapeutas, o estoico Sêneca[529].

O caso de Lucius Annaeus Sêneca (c.4-65 d.C.) merece uma atenção especial, pois raras foram as situações em que um filósofo se dedicou tão plenamente a uma reflexão sobre a morte. Uma compleição doentia, aliada a alguns episódios desagradáveis em sua vida repleta de acontecimentos, contribuiu para que Sêneca se tornasse "um filósofo impulsionado pela morte", conforme o apelidou Emily Wilson[530]. Desde uma tenra idade, Sêneca sofria

---

528 HADOT, P. *Philosophy as a way of life: spiritual exercises from Socrates to Foucault*. Oxford: Blackwell, 1995, p. 82-83.

529 SÊNECA, L.A. *Letters on ethics*. Chicago: University of Chicago Press, 2015, p. 340.

530 WILSON, E. *The greatest empire: a life of Seneca*. Oxford: Oxford University Press, 2014, p. 191.

de graves crises de asma – "pequenas mortes", como ele as chamava. Com a idade, seus problemas respiratórios foram piorando. A fim de curar o que pode ter sido uma forma de tuberculose, ele passou cerca de dez anos em Alexandria. Estas férias prolongadas no Egito talvez tenham sido úteis, mas não muito. Sêneca continuaria vivendo, mas sempre com a sombra da morte pairando sobre si. Muitos anos depois, numa carta enviada a seu amigo Lucílio – Carta 54, para sermos exatos –, Sêneca descreveria em detalhes o que lhe acontecera, o que lhe passou pela cabeça durante estas crises que beiravam a asfixia, chamada pelos romanos de *meditatio mortis*, "ensaio para a morte".

Tais experiências fizeram de Sêneca o veiculador da essência da filosofia enquanto forma de terapia, mesmo que de um modo cruelmente naturalista. Enquanto Platão, no *Fédon*, recomendava a "preparação para a morte" como um nobre ideal filosófico, o *meditatio mortis* de Sêneca acabou sendo antecipado por sua saúde precária. Quando escreveu, numa outra carta, "nós morremos todos os dias" (*cotidie morimur*), ele não estava antecipando algum excêntrico conceito filosófico, mas declarando uma verdade sobre sua vida íntima: algo que sentia dolorosamente, a cada nova tentativa de respirar. Para ele, viver significava arrancar momentos de vida das garras da morte. Isso talvez possa explicar a celebração filosófica de Sêneca, que perpassa toda a sua obra: a celebração do mero fato de estar vivo. Considerando seus problemas crônicos de saúde, é quase irônico que sua vida tenha sido tão longa (pelos padrões antigos), e que sua precária saúde não tenha sido responsável por sua morte.

Sêneca dedicou algumas de suas obras exclusivamente à morte (*Ad Marciam* e *De Consolatione*, por exemplo), mas este tema também aparece nos textos mais inesperados. Fosse qual fosse o tema de seus escritos – o clima, a política, a História, ou a última moda em voga em Roma –, a morte, sem mais nem menos, daria o ar da graça. Nesse aspecto, as *Cartas a Lucílio* (*Epistulae Morales ad Lucilium*) são exemplares. Embora, em tese, estas cartas tenham sido endereçadas a um amigo íntimo (malgrado o recente surgimento da tese de que Lucílio não era uma pessoa real, mas apenas um artifício retórico), seu conteúdo foi deixado claramente aberto; não apenas flertando com o olhar alheio, mas estimulando-o de modo ativo.

Assim como o restante da obra de Sêneca, suas "cartas morais" são um sofisticado exercício de autopromoção: são destinadas a construir uma certa imagem (*imago*) do sábio, e projetá-la na mente do público. Nelas, o leitor fica sabendo sobre a vida cotidiana de Sêneca em seus mínimos detalhes: ele compartilha detalhes de sua rotina e de suas viagens, seus hábitos, o que lhe agrada ou desagrada, e centenas de outras trivialidades, mencionadas meio que *en passant*. No entanto, até mesmo o detalhe mais insignificante foi cuidadosamente filtrado, organizado e arquitetado com o fim de criar uma determinada percepção no público leitor.

O desejo de Sêneca era ser considerado, acima de tudo, um filósofo completo, alguém que vive no mundo da lua, completamente alheio às coisas do mundo, por mais mundana que sua vida cotidiana pudesse ser. Se, em sua vida social, ele conseguia obter êxito, dinheiro e poder, isso não passava de um acidente. Caso não tivesse alcançado nada disso, ele teria continuado a ser exatamente a mesma pessoa – pelo menos, é o que Sêneca queria nos fazer acreditar. Em meio às inúmeras criações do filósofo (e ele foi um autor prolífico), sua *imago* – Sêneca como um personagem literário em sua própria obra – é uma das mais requintadas e mais bem-sucedidas[531].

---

531 Para mais informações sobre este tema, cf. ROMM, J. *Dying every day: Seneca at the court of Nero*. Nova York: Knopf, 2014.

A preocupação com a mortalidade (pensar sobre a morte, superar o medo dela, alcançar o domínio sobre ela) desempenhou um importante papel no projeto de construção da autoimagem de Sêneca. A prática da filosofia como "preparação para a morte" foi essencial para a criação de sua autoimagem. Em suas *Cartas*, a morte aparece logo no início. Já na primeira epístola, Sêneca expressa com clareza uma ideia em torno da qual gravita considerável parte de seu pensamento: a morte não é algo que acontecerá no fim de nossa vida; assim que nascemos, já começamos a morrer. "Estamos equivocados ao pensar que a morte se encontra no futuro", escreveu ele. "Uma grande parte dela já passou por nós, pois toda a nossa vida passada está sob controle da morte"[532]. No momento de nossa morte, já teremos morrido tanto, que já não fará muita diferença. Em outro trecho, na Carta 24, ele estabelece uma conexão explícita entre a nossa existência no mundo e a passagem do tempo:

> Morremos todos os dias, pois a cada dia que passa uma parte da vida nos é tirada. Mesmo durante a fase de crescimento, nossa vida está encolhendo. Primeiro, perdemos os estágios iniciais da infância; a seguir, a infância; e, então, a juventude. Todo o nosso tempo foi perdido no instante em que passou, até chegar no ontem; e mesmo o dia de hoje, à medida que vai passando, está sendo dividido com a morte[533].

Séculos mais tarde, Heidegger teria ideias espetaculares a partir deste insight. Ele adorava citar um sombrio provérbio medieval: "No momento que nasce, o homem já está velho o suficiente para morrer"[534]. Usando este provérbio como trampolim para seu pró-

---

532 SÊNECA, L. A. *Letters on ethics*, p. 25.

533 *Ibid.*, p. 89.

534 HEIDEGGER, M. *Being and time*. Oxford: Blackwell, 1962, p. 289.

prio pensamento, Heidegger levou este conceito ao limite, tecendo uma teoria da existência humana que seria fundamentalmente "direcionada rumo à morte" (*Sein-zum-Tode*). Porém, Sêneca não estava interessado em teorias. Em sintonia com a tradição da filosofia como *therapeia*, seu objetivo era ensinar a si próprio e aos outros como viver uma boa vida – uma vida que não fosse arruinada pelo medo da morte. Pois "a pior coisa sobre a morte é o que a antecede: o medo"[535]. O que ele se propunha a fazer era instigar as pessoas a enxergar sua mortalidade sob uma nova luz – e, como resultado, transformar suas vidas. Ele as instava a habituar-se a deixar de existir – e a superar sua tendência instintiva de agarrar-se teimosamente à vida.

"Sr. Dazai, eu não aprecio a sua literatura"

No momento que Mishima retornava ao gabinete do comandante, ele deve ter se lembrado, ainda que de passagem, de suas dolorosas tentativas em seu objetivo de distanciar-se de Dazai[536]. Na época em que planejava começar sua carreira literária, Dazai percorreu o Japão inteiro. Ele costumava exercer uma grande influência sobre as pessoas com quem interagia, mas Mishima não era o tipo de pessoa disposta a viver sob a sombra de ninguém. Reunindo toda a coragem de que era capaz, a única coisa que ele disse ao famoso escritor foi: "Sr. Dazai, eu não aprecio a sua literatura"[537]. Bêbado como um gambá, Dazai mal se deu conta do que ouviu.

---

535 SÊNECA, L.A. *Letters on ethics*, p. 414.

536 Scott-Stokes comenta que "Mishima se mostrava irritado com as semelhanças entre ele e Dazai, que nesta época eram de natureza pessoal, e não claramente literária. Ambos eram esnobes; ambos desejavam tornar-se a sensação do momento e heróis aos olhos da opinião pública; e ambos eram obcecados pelo suicídio" (SCOTT-STOKES, H. *The life and death of Yukio Mishima*, p. 90).

537 INOSE, N.; SATO, H. *Persona*, p. 162.

O comentário de Mishima não foi dos mais sinceros. Seus sentimentos em relação a Dazai eram mais complexos. Para começar, ele não conseguia entender o fato de Dazai negligenciar tanto o autocuidado, e tampouco o seu estilo de vida completamente "antissamurai". Obecado com sua própria fragilidade física durante a infância, Mishima passou a considerar o corpo como a verdadeira morada do *self*: você é aquilo que aparenta ser. Se Dazai estivesse em melhor forma física, achava ele, sua mente e sua alma funcionariam de modo diferente. Em 1955, ele anota em seu diário, a respeito de Dazai: "Seus defeitos de caráter, pelo menos uma metade deles, poderiam ter sido curados com uma massagem à base de água gelada, com exercícios mecânicos e uma vida regrada"[538]. Esta censura implícita foi evoluindo aos poucos, até beirar a repulsa: "Não conheço nenhum outro escritor que, em meu primeiro contato, tenha me provocado uma repugnância tão violenta". Mishima sentia-se repelido pela "descarada autocaricatura" de Dazai, e pelo modo como ele "glorificava o desespero"[539].

No entanto, Mishima teve de reconhecer que esta repugnância "se devia à minha sensação intuitiva de que Dazai era um escritor que a todo custo tentava expor exatamente aquela parte de mim mesmo que eu mais queria esconder"[540]. O que Mishima enxergava em Dazai era a mesma incontrolável atração pelo abismo que ele detectara em si mesmo desde muito cedo. Para Mishima, o abismo prometia o êxtase supremo; Dazai, de maneira mais humilde, deve

---

538 NATHAN, J. *Mishima*, p. 123.

539 *Ibid.*, p. 92. Mishima conseguia ser mais específico: "Sinto uma repulsa pela literatura de Dazai Osamu que, em alguma medida, é violenta" (INOSE, N.; SATO, H. *Persona*, p. 163).

540 NATHAN, J. *Mishima*, p. 92-93.

ter encontrado no abismo uma promessa de descanso. Mishima reconhecia na figura de Dazai um companheiro de viagens, o que lhe causava constrangimento. Quando vai a uma reunião importante, você simplesmente não chega ajoelhado, esfarrapado e em condições físicas tão precárias[541]. Obediente servo à sua avó como sempre foi, Mishima acreditava que deveria haver um cerimonial para tudo, inclusive para a morte. Especialmente para a morte.

O filósofo como um sedutor

Uma filosofia como a de Sêneca é *performativa* no mais alto grau: ela é destinada a *fazer* – ao invés de afirmar, descrever ou explicar. Seu alvo não se limita à mente do leitor, mas inclui a totalidade de seu ser: ela age sobre suas emoções, sua imaginação e suas crenças mais íntimas, e até mesmo sobre o seu corpo. Uma obra filosófica deste tipo, observa Hadot, é escrita "não tanto com a finalidade de informar o leitor sobre um conteúdo doutrinário", mas de *formá-lo*, de "fazê-lo percorrer um determinado itinerário ao longo do qual ele poderá progredir espiritualmente"[542]. Para que isso ocorra, a filosofia precisa da retórica – no sentido mais amplo desta palavra. O fato de Sêneca ser um autor tão talentoso certamente contribuiu. É impossível sabermos quantos de seus contemporâneos passaram a sentir-se menos temerosos diante da morte; o que de fato sabemos é que a obra de Sêneca tem sido convincente o bastante para permanecer viva vinte séculos depois.

---

541 John Nathan interpreta esta confissão de um modo diferente. Ele escreve: "O que isso [esta confissão] sugere… é que Mishima começava a identificar em si mesmo os mesmos impulsos autodestrutivos que enxergava em Dazai, e a transformar o terror deste autodespertar em um ódio pelo colega" (NATHAN, J. *Mishima*, p. 93).

542 HADOT, P. *Philosophy as a way of life*, p. 64.

Suas *Cartas* nos mostram os motivos para isso. A sua atenção de leitor é fisgada logo no início. A prosa desses textos é invariavelmente boa, límpida, bem-humorada e espirituosa, mas Sêneca é talentoso o suficiente para dispensar pirotecnias verbais. "Apesar da clareza de seu texto", observa Paul Veyne, "Sêneca deve ser levado a sério como filósofo"[543]. Encontramos profundidade, substância e um pensamento sólido por trás de seu estilo sedutor. Você se dá conta de que a principal razão pela qual Sêneca escreve de maneira tão cativante é que, mais do que lhe transmitir um conteúdo intelectual, ele está agindo sobre você: seu texto é encantador e fascinante, de modo que ele consegue torná-lo *cativo*. Se quisermos que a filosofia exerça algum efeito sobre nós, precisamos passar algum tempo dentro de seu cativeiro.

O que Sêneca busca alcançar com isso tudo é nos ensinar a "morrer bem". Se pudermos aprender esta lição, por mais paradoxal que ela possa parecer, estaremos vivendo vidas melhores: "Se uma pessoa morre mais cedo ou mais tarde, este não é o ponto principal; o ponto principal é se ela morrerá bem ou mal. E morrer bem significa que a pessoa escapou ao risco de ter vivido mal"[544].

Uma vida boa não é uma vida "vivida em plenitude", como dizem por aí, ou uma vida vivida em bem-aventurada ignorância em relação a tudo que possa ser desagradável ou deprimente, como a cultura pop nos quer fazer acreditar. Vivemos uma vida autenticamente boa quando nossa fragilidade e mortalidade são parte essencial desta vida, quando reconhecemos e aceitamos nossos limites, e mantemos a plena consciência de que passamos a vida

---

543 VEYNE, P. *Seneca: the life of a stoic*. Londres: Routledge, 2003, p. ix.

544 SÊNECA, L. A. *Letters on Ethics*, p. 210.

à beira do abismo. "Não há como saber em que altura da vida a morte se encontra à sua espera, portanto é preciso que você esteja à espera da morte a qualquer momento", escreve Sêneca na Carta 26[545]. O melhor modo de lidar com o grandioso fracasso não é fingir que ele não existe, mas acolhê-lo. "Nada contribuirá tanto para ajudá-lo a ter autocontrole em relação a todas as coisas", escreve ele na Carta 114, "quanto a lembrança de que a vida é curta, e de que o pouco que nos resta dela é incerto. Em cada gesto seu, fique de olho na morte"[546]. E quanto mais você olha para isso, menos estranho tudo se torna. Permita que a morte penetre em sua vida cotidiana, sorria para ela de vez em quando, e você se sentirá cada vez mais à vontade ao lado dela. Acolha com generosidade a ideia de que "morrer bem é morrer de bom grado"[547]. Uma morte com quem se fez amizade é uma morte domada, uma morte a cujas mãos você pode se entregar com confiança. E esta terá sido uma vida bem vivida.

Precavendo-se para o caso de este argumento não convencer o leitor, Sêneca tenta um outro. Se adotarmos "uma mirada a partir de cima", e olharmos para nosso dilema existencial a partir de uma certa distância, poderemos compreendê-lo muito melhor. Os problemas de saúde de Sêneca, nesse contexto, aparecem bem a propósito. Ele recorda uma de suas experiências de quase-asfixia. "Até mesmo no momento que eu quase sufocava", narra ele na Carta 54, "não deixei de encontrar a paz em meio a pensamentos mais animados, movidos pela coragem". Ao perceber que estava sendo testado pela morte, o filósofo – empurrado perigosamente até os limites da

---

545 *Ibid.*, p. 94.

546 *Ibid.*, p. 457.

547 *Ibid.*, p. 178.

existência – apresenta a revelação de que já tivera contato com esse estado. Mas quando foi isso, exatamente?

> Antes de eu nascer. A morte é simplesmente a não existência. Eu sei bem como é isso: o que existirá depois de mim é o mesmo que existia antes de mim. Se há algum tormento nesta coisa, então deve ter havido algum tormento também antes do instante em que vimos a luz do dia. No entanto, naquele momento não sentíamos nenhum tipo de desconforto[548].

Assim como muitas coisas na vida, a morte é uma questão de perspectiva. Mude seu ângulo e o seu quadro de referências, e você não apenas verá as coisas de modo diferente, como também descobrirá coisas completamente diferentes.

Quando se reflete sobre a morte de modo tão intenso quanto Sêneca o fez, mais cedo ou mais tarde chega-se à conclusão de que ter controle sobre a sua vida significa ter controle sobre a sua morte, e não apenas aceitá-la de bom grado, mas, caso seja necessário, até mesmo optar por ela e ter controle sobre ela. "O grande homem não é aquele que simplesmente tem controle sobre a própria morte, mas aquele que, na verdade, encontra uma morte para si mesmo", escreve ele na Carta 70[549].

O que o próprio Sêneca fez quando chegou o momento de sua própria morte já é uma outra história. As circunstâncias e a maneira como ele terminou sua vida não foram escolhas suas. Isso aponta para um dos aspectos mais dramáticos da biografia de Sêneca – aliás, não apenas; a de qualquer pessoa – por mais que tentemos controlar a nossa vida, sempre haverá algo que nos escapa. E temos que estar preparados para isso.

---

548 *Ibid.*, p. 156.
549 *Ibid.*, p. 213.

O projeto de samuraização de Mishima

Mishima não era um homem humilde, e ele tinha consciência disso. Também sabia que a humildade era fundamental em toda tradição espiritual digna deste nome, incluindo as tradições japonesas, com sua mescla específica de budismo, xintoísmo e *bushido* (tradição pela qual ele sentia uma enorme atração). Para poder compartilhar desta espiritualidade, ele precisou tornar-se mais humilde, e concluiu que a experiência da morte poderia lhe oferecer exatamente esta possibilidade. Ele sempre se sentiu atraído pela morte, e agora tinha a oportunidade de combinar o útil ao agradável. Deve ter pensado que isso também era uma questão de força de vontade – o "método Mishima" que ele aplicava a todas as situações de vida. Mishima queria *forçar a si mesmo a ser humilde*, o que pode ser uma clara demonstração de um orgulho excessivo. Ele achava que poderia ser bem-sucedido seguindo este caminho.

Mishima não levou muito a sério a morte de Dazai, considerando-a "o suicídio de um homem de letras", o que, em seu linguajar, era um comentário com intenções ofensivas. "Homens de letras" da categoria de Dazai cometem suicídio motivados pela fraqueza, não pela força. "Existem dois tipos de suicídio", afirmou Mishima numa entrevista. "O primeiro é o suicídio motivado pela fraqueza e pela derrota. O segundo, pela força e pela coragem. Eu desprezo o primeiro e só tenho elogios ao segundo"[550]. Ele considerava o fim de Dazai como uma boa ilustração de uma *morte fracassada*. Enquanto celebrava seu 30º aniversário, em 14 de janeiro de 1955, disse a alguns amigos que vinha considerando acabar com a própria vida, mas que um suicídio cometido após os 30 seria "tão inconveniente

---

550 INOSE, N.; SATO, H. *Persona*, p. 506.

quanto o de Dazai"[551]. Com aquela idade, disse ele diante do espanto de seus amigos, ele já estava velho demais para ter uma "bela morte". Será que estaria, de fato?

Mishima estava convicto de que, para morrer de uma maneira bela, teria de morrer jovem e saudável, com o corpo em sua melhor forma, como no caso de São Sebastião. "Pessoas belas deveriam morrer jovens", decretou[552]. A certa altura, ele descobriu – ou então inventou – um desvio dentro dos limites de sua própria regra: você pode ser mais velho e ainda assim morrer de uma maneira bela caso morra como um samurai. Um tal fim, exatamente o oposto de uma morte de um "homem de letras" era uma morte redentora, independentemente da idade real da pessoa. Tendo feito esta distinção, Mishima começou sua busca pela morte de um samurai, dizendo "Não admito nenhuma outra maneira de morrer além do modo como um samurai se mata com sua própria espada"[553].

Porém, havia um pequeno inconveniente: para morrer a morte de um samurai, a pessoa precisava ser um samurai, o que não era o caso de Mishima[554]. Tampouco colaborou para isso o fato de a classe dos samurais ter sido abolida no Japão quase um século antes. Mas ele não estava disposto a ser dissuadido em razão de detalhes menores. Mishima criou uma lenda em torno de si mesmo (seus primeiros

---

551 NATHAN, J. *Mishima*, p. 122.

552 RANKIN, A. *Mishima*, p. 42. Em outro texto, Mishima afirma: "Eu jamais olho para um belo rapaz sem o desejo de encharcar seu corpo com gasolina e nele atear fogo" (*ibid.*).

553 INOSE, N.; SATO, H. *Persona*, p. 503.

554 "Não obstante a lenda que ele criou em torno de si mesmo", escreve Nathan, "Yukio Mishima não 'nasceu samurai'. Na verdade, seus antepassados por parte de pai eram camponeses de uma casta tão inferior que não possuíam sequer um sobrenome até o início do século XIX" (NATHAN, J. *Mishima*, p. 3).

anos de vida, que passou na companhia de sua avó paterna, foram-lhe úteis neste processo), começou a praticar *kendo*, incorporou à sua rotina cerimônias japonesas mais tradicionais, e tentou passar a viver da maneira que os antigos samurais, em sua opinião, viviam.

Um livro que Mishima vinha lendo com regularidade desde a adolescência viria a ter um papel decisivo em seu "projeto de samuraização": *Hagakure – O livro do samurai*, do século XVIII, uma compilação de comentários sobre a vida dos samurais, que abarcava desde a orientação espiritual até a arte da guerra, incluindo simples detalhes práticos[555]. Não é difícil perceber o porquê da fascinação de Mishima com *Hagakure*. Para alguém que fez da morte violenta a essência de seu projeto de vida, este livro é praticamente uma receita de como viver bem. Dá para imaginar a alegria sentida por Mishima ao ler o seguinte trecho:

> O Caminho do Guerreiro (*bushido*) deverá ser encontrado na morte. Se você se deparar com duas opções de escolha, vida ou morte, simplesmente contente-se com a morte. Não é uma escolha particularmente difícil; siga em frente e encare-a com confiança... Ensaie a sua morte todas as manhãs e todas as noites. Somente quando estiver vivendo constantemente como se já fosse um cadáver (*jōjū shinimi*), você conseguirá encontrar a liberdade no caminho das artes marciais e cumprir as suas obrigações de modo impecável ao longo de toda a sua vida[556].

---

555 Em 1967, Mishima escreveu um extenso comentário a esse respeito em *Hagakure* (*Hagakure Nyuūmon*).

556 TSUNETOMO, Y. *Hagakure: The secret wisdom of the samurai*. Tóquio: Tuttle, 2014, p. 27.

A opção por trilhar este caminho permitiria a Mishima morrer uma bela morte, embora ele já tivesse ultrapassado a idade das cerejeiras[557]. Ele teve uma agradável surpresa ao descobrir a existência de precedentes: Saigō Takamori, que desempenhara um papel decisivo na derrubada do xogunato em 1868, e que se rebelaria, menos de uma década depois, contra o mesmo governo ao qual ele prestara serviços. Dada a superioridade das tropas governamentais, a rebelião de Takamori estava fadada ao fracasso – sua derrota era uma certeza matemática; no entanto, ele combateu com valentia até o fim. Sua morte foi valorosa justamente por Takamori não ter feito nada para impedi-la. Portanto, Takamori foi um excelente exemplo da tradição japonesa de "nobres fracassos". Embora tenha sido derrotado, ele é hoje reverenciado como um dos maiores samurais do país – alguns o denominam "o último samurai". Ao entrar hoje no Parque Ueno, em Tóquio, não há como não se deparar com sua estátua de aparência ligeiramente deslocada. O cachorro a seus pés, parte da estátua, evoca discretamente os samurais que tiveram uma "morte de cão", mencionados no livro *Hagakure*. Se Takamori "morreu como um herói aos 50 anos", observou Mishima, aliviado, ainda lhe restava esperança. Se fosse capaz de uma ousadia semelhante, ele também "conseguiria fazer isso antes da idade-limite para se transformar em herói"[558].

Recorrendo à imaginação, à determinação e à simples força de vontade, Mishima conseguiu reinventar-se como samurai numa época em que samurais não passavam de meras lembranças. Tudo o que ele precisava, agora, era inventar uma causa pela qual pudesse morrer. *Inventar* uma causa? Pois é, você não conhece Mishima.

---

557 Famosa por seu simbolismo na cultura japonesa, a cerejeira vive entre 15 e 25 anos, podendo chegar, sob as condições mais favoráveis, a 30 ou 40 anos [N.T.].

558 INOSE, N.; SATO, H. *Persona*, p. 508.

Os dois Sênecas

A autoimagem construída por Sêneca em toda a sua obra escrita, e que ele diligentemente buscou projetar na mente do público, reside no dramático contraste com o retrato que chegou aos nossos dias por meio de seus contemporâneos e de historiadores. De um lado, temos o humilde amante da sabedoria nascido em Córdoba; o eterno *outsider*; o homem que tece louvores à pobreza e vive uma vida simples; a figura ascética que, de alguma maneira, consegue viver apenas de ar; o cortesão acidental que jamais se sente à vontade na Corte, dando preferência à paz e ao sossego de sua biblioteca; o Sêneca doentio e alheio a este mundo. Do outro lado, encontramos o Sêneca mercurial, o intelectual versátil disposto a vender seus escritos a quem lhe oferecesse a melhor remuneração; o perfeito profissional do ramo e o descarado carreirista; o puxa-saco e o professor tirânico (*tyrannodidaskalos*, na mordaz definição de Dião Cássio); o intrigueiro e o conspirador; o agiota e o "Sêneca podre de rico" – *Seneca Praedives*, como Marcial o chamava. Sêneca encarna a história de *O médico e o monstro*, que a filosofia ocidental nunca conheceu. Muitos filósofos, que aparentemente fazem um juramento de não conformismo, acabam tendo biografias surpreendentes, mas poucas são tão deslumbrantes quanto a de Sêneca.

Em razão do cargo que ocupava na Corte romana, Sêneca muitas vezes tornava-se alvo de fofocas e de difamação. Isso é compreensível: em qualquer sociedade, a inveja é sempre abundante. No entanto, os fatos são incriminadores. Durante quase uma década (de 54 a 62 d.C.), Sêneca exerceu a função de preceptor e conselheiro de Nero, sendo responsável por escrever seus discursos. Seu cargo formal na Corte era *amicus principis* ("amigo do príncipe"). Exerceu uma influência significativa, particularmente durante o período inicial do império de Nero. Foi Sêneca quem redigiu o discurso de posse proferido pelo imperador diante do Senado, bem como o discurso laudatório a Claudius, lido no funeral deste. Também concebeu o conteúdo das cartas que justificavam os assassinatos de Nero diante do Senado romano. À medida que o desequilíbrio mental de Nero aumentava, Sêneca se enredava cada vez mais nos apuros políticos de seu mestre. Mesmo que não estivesse diretamente envolvido na realização das piores ações de Nero, Sêneca devia estar ciente de seu planejamento. E não fez muita coisa para impedi-las. Considerando que uma de suas funções na corte de Nero era cuidar das relações públicas, Sêneca fazia tudo que estivesse a seu alcance para justificar suas atitudes – diante do Senado, dos romanos, e para a posteridade.

E nessa tarefa ele era eficiente. O filósofo estoico era um excelente agente de relações públicas. Por exemplo, logo depois de Nero ter assassinado Britannicus, seu meio-irmão, Sêneca produziu esta pérola, em De Clementia:

> Você, César, ofereceu-nos o presente de um Estado imaculado de sangue. Esta orgulhosa ostentação de sua parte, o fato de você não ter derramado sequer uma gota de sangue no mundo inteiro, é ainda mais notável e surpreendente, pois a ninguém mais, em tempo algum, foi confiada a espada numa idade tão tenra[559].

A afirmação segundo a qual Nero não derramou "sequer uma gota de sangue" é literalmente (mas apenas literalmente) verdadeira: Britannicus foi envenenado. Quando empunhava sua pena, Sêneca era capaz de operar invenções maravilhosas. Pobre do tirano que não pode contar com os préstimos de um filósofo habilidoso!

---

559 WILSON, E. *The greatest empire*, p. 121.

Cortando a maçã

Sol e aço (*Taiyō to Tetsu*), publicado por Mishima em 1968, é um livro incomum. Antes de mais nada, trata-se de um livro cujo tema é a própria escrita – ele pode ser lido como o seu "manifesto antiliterário". Ainda mais importante: o livro explica não apenas o que acontecera a seu autor em anos anteriores, mas o que ele estava prestes a fazer. O próprio fim trágico do autor é vaticinado – e você nem precisa ler algo nas entrelinhas. É como se, após o fracasso de *A casa de Kyoko*, ele quisesse dar uma última oportunidade a seus leitores.

Na essência de *Sol e aço* está o conceito de Mishima de que o indivíduo que se aventura pelo universo das palavras é capaz de criar a tragédia, mas não pode participar dela"[560]. A escrita deixara de ser suficiente: ele sentia uma grande necessidade de ação, o que conduziria sua *performance* a uma esfera completamente nova. Embora tivesse um magistral domínio da língua japonesa, Mishima o considerava insatisfatório. Um domínio mais completo corresponderia ao da "linguagem do corpo". Como acontece com qualquer idioma, alcançar um tal domínio requer prática, tempo e trabalho – exercício físico, para ser mais preciso. Requer, em outras palavras, "sol e aço": banhos de sol e levantamento de pesos. Assim como a ambição de Mishima enquanto escritor era tornar-se um dos maiores estilistas da língua japonesa, o que ele desejava agora era nada menos do que uma *performance* superlativa na condição de mestre da "linguagem do corpo".

Empregando uma terminologia emprestada da estética europeia, ele distingue entre dois diferentes tipos de impulso. Em primeiro lugar, há um impulso que visa a uma perfeição "clássica". Ele observa o

---

560 MISHIMA, Y. *Sol e aço*. São Paulo: Brasiliense, 1986.

modo como os seus músculos "foram gradualmente tornando-se semelhantes aos do período grego clássico". Mishima vinha recentemente tendo aulas de grego clássico, e provavelmente estava ciente de que os gregos antigos usavam a palavra *melétē* para descrever o processo pelo qual – por meio de esforço constante, aplicação e concentração – nós aperfeiçoamos cada vez mais nossas habilidades de cumprir uma tarefa – seja esta tocar um instrumento musical, a prática de um esporte, ou mesmo morrer (*melétē thanátou*), de acordo com Platão. Neste momento "clássico" é que se encontra a ideia essencial da *paideia* e do iluminismo – nos resultados construtivos. "Músculos salientes, um abdômen definido e uma pele resistente", em sua visão, corresponderiam a um "intrépido espírito de luta, à capacidade de julgamento desapaixonado, e a uma postura vigorosa"[561].

O segundo impulso é "romântico" e envolve um espírito no sentido contrário: "O impulso romântico que incutiu em mim uma tendência a partir da meninice, e que só fazia sentido enquanto *destruição* de uma perfeição clássica, permanecia em repouso à espera, dentro de mim". Este impulso destrutivo, tempos depois, passaria a definir Mishima: "Assim como o tema de uma abertura operística que está destinado a permear todo o restante da obra", o impulso romântico "estabeleceu um padrão definitivo para mim antes que eu pudesse alcançar qualquer coisa na prática". Tudo que fosse "clássico" e "luminoso" em Mishima teria de submeter-se a este impulso mais forte e mais sombrio. Enquanto o impulso "clássico" o obrigava a trabalhar sua forma física para ter um belo corpo, o "romântico" emitia uma ordem no sentido oposto: "Você deverá sacrificar toda esta beleza para mim!". Mishima explica:

---

561 *Ibid.*

Eu cultivava um impulso romântico direcionado à morte, mas ao mesmo tempo eu queria ter um corpo estritamente clássico que lhe servisse de veículo; uma sensação peculiar de fatalidade me fazia acreditar que a razão pela qual meu impulso romântico direcionado à morte permanecia irrealizado era, na verdade, o fato imensamente simples de que eu carecia dos atributos físicos necessários. Uma constituição física poderosa e trágica, e músculos esculturais eram indispensáveis para uma morte romanticamente nobre[562].

A esta altura, já fazia tempo que Mishima vinha se sentindo atraído na direção do abismo. Em *Sol e aço*, ele racionaliza este impulso de morte, dá a ele uma respeitabilidade filosófica e mostra por que, no seu entender, vale a pena persegui-lo. O que ele buscava não era o deleite supremo, ele nos diz agora; era uma outra coisa: *a compreensão e o conhecimento absolutos*. Aqui, um imodesto Mishima talvez tenha chegado ao ponto mais próximo da humildade. Imaginemos Mishima como uma linda e "saudável maçã":

O interior da maçã é, naturalmente, invisível. Assim, no centro da maçã, encerrado dentro da polpa da fruta, o caroço fica à espreita em sua pálida escuridão, trêmula e impaciente para, de alguma maneira, tranquilizar-se diante do fato de que é uma maçã perfeita. A maçã certamente já existe, mas para o caroço esta existência, por ora, ainda parece inadequada... para o caroço, o único modo seguro de existir consiste em existir e enxergar, ao mesmo tempo[563].

Enquanto algo permanecer como não visto, não existirá; para que isso aconteça, é preciso haver um encontro com um olhar penetrante. Somente esta penetração poderá trazê-lo à existência,

---

562 *Ibid.*
563 *Ibid.*

embora isso implique, simultaneamente, em sua destruição. Há apenas uma maneira de resolver esta contradição: *a faca*. Uma faca deve ser enfiada "bem no centro da maçã, de modo que ela seja dividida em dois, e seu caroço seja exposto à luz". Mas então "a existência da maçã partida ficará toda fragmentada; o caroço da maçã sacrifica sua existência para que possa enxergar"[564].

Tendo concluído sua comparação entre maçãs e samurais, Mishima passa a examinar sua própria morte. Assim como a maçã de sua parábola, ele também precisa passar por uma brutal penetração que possa lhe dar acesso ao derradeiro significado daquilo que ele é. Sem isso, jamais poderá se tornar um ser autêntico:

> Tenho que reconhecer: eu conseguia ver meus músculos no espelho. Porém, o mero fato de poder enxergá-los não era o bastante para me colocar em contato com as raízes essenciais de minha sensação de existir; ainda havia uma distância incomensurável entre mim e a sensação eufórica de um ser puro. Se eu não encurtasse rapidamente aquela distância, me restariam poucas esperanças de trazer de volta à vida esta sensação de existência[565].

O que Mishima está fazendo aqui não é apenas eloquente – é também revelador. É eloquente, pois estas são passagens de uma qualidade esteticamente superior num livro que, em geral, tem uma qualidade irregular (Marguerite Yourcenar o qualifica de "quase delirante"). E também é revelador pois, apesar de sua excêntrica aparência filosófica, a percepção intuitiva de Mishima trata da mesma relação entre Eros e Tanatos que ele descobriu quando teve sua primeira ejaculação, provocada por São Sebastião. O conjunto de imagens e o simbolismo são profundamente sexuais: faca, penetração,

---

564 *Ibid.*
565 *Ibid.*

"cortar a polpa da maçã – ou antes, o corpo"[566]. Penetrar e ser penetrado, ambos ao mesmo tempo: eis a derradeira experiência erótica. Por precaução, Mishima acrescenta a esta mistura o estilhaçamento dos sentidos e o sangue, que sempre tiveram, para ele, uma carga erótica. "O sangue flui, a existência é destruída, e os sentidos estilhaçados proporcionam a existência... seu primeiro aval, preenchendo a lacuna lógica que existe entre o ver e o existir... E isso é a morte"[567].

"Nunca houve uma morte tão profetizada quanto esta", é o que você talvez pense ao terminar a leitura de *Sol e aço*. E, não bastasse isso, Mishima faz uma referência provocadora a "um incidente" por meio do qual algumas coisas conspirariam para conduzir sua vida a uma completude bem-sucedida: "Não conseguia deixar de sentir que, se havia algum incidente em que espasmos de uma morte violenta e músculos muito bem desenvolvidos estivessem perfeitamente combinados, isso só poderia acontecer como reação às exigências estéticas do destino"[568].

O "incidente" acontecerá em seu devido tempo pois, conforme observado por Yourcenar, Mishima tinha uma excelente habilidade para a construção de enredos, não apenas de suas próprias histórias, mas de sua própria vida[569] – "Eu quero fazer um poema de minha vida", escreveu certa vez. No Japão eu serei conhecido por meio do *Mishima jiken* – "o incidente de Mishima". Na verdade, Mishima planejou o enredo do "incidente" enquanto trabalhava na trama de seu projeto literário mais ambicioso, a tetralogia *O mar da fertilidade* – "um romance que explica o mundo", como

---

566 *Ibid.*

567 *Ibid.*

568 *Ibid.*

569 YOURCENAR, M. *Mishima*, p. 4.

ele o denominou. A ideia central da trama existencial mais ampla era terminar a escrita da tetralogia e sua própria vida ao mesmo tempo. "Creio que já disse tudo que poderia ter dito", afirmou ele a Donald Richie quando estava prestes a terminar o último romance da tetralogia[570]. Assim que a escrita dos livros foi concluída, sua vida também chegava ao fim.

O filósofo moral podre de rico

O cargo de Sêneca trazia consigo suas recompensas. Quando Britannicus foi assassinado, Nero apropriou-se de seu patrimônio, e o distribuiu generosamente entre seus amigos e auxiliares. Sêneca foi um dos beneficiados. O filósofo viera de uma família abastada, mas tornou-se "superrico" com os serviços prestados a Nero. O imperador lhe doou terras, jardins, videiras, casas de veraneio e grandes propriedades rurais. O filósofo que tanto louvava a pobreza tornou-se o proprietário de tantas terras, e em tantos lugares, que mal conseguia ter controle sobre elas. Ele possuía algumas propriedades, em diferentes partes do império, que jamais visitou. "Pelos padrões de hoje", conclui Emily Wilson, ele era "no mínimo um multimilionário"[571]. "Sêneca", registrou um outro biógrafo seu, "era dono de uma das maiores fortunas de sua época, 75 milhões de denários..., uma quantia equivalente a um décimo, ou até mesmo um quinto da receita anual do Estado romano"[572].

---

570 RICHIE, D. *The Japan Journals, 1947-2004*, p. 151. Ao que parece, ele havia decidido parar de escrever um pouco antes. Quase no fim do ano 1967, ele afirmou: "Eu já abandonei a escrita. Não tenho o mínimo interesse em coisas como o Prêmio Nobel" (INOSE, N.; SATO, H. *Persona*, p. 544).

571 WILSON, E. *The greatest empire*, p. 127.

572 VAYNE, P. *Seneca*, p. 10-11.

Tamanho volume de dinheiro sempre vem acompanhado de seus próprios problemas: o que uma pessoa fará com isso tudo? Para resolver este problema, ele decidiu doar o dinheiro aos outros – cobrando juros. Foi assim que Sêneca entrou no ramo da agiotagem. Tudo indica que ele era muito eficiente neste negócio. Fontes contemporâneas o descrevem como um agente inteligente e agressivo. Dião Cássio chega ao extremo de apontar a inconsequente agiotagem de Sêneca como uma das causas da Revolta de Boadiceia, na Britânia: quando Sêneca exigiu o pagamento dos empréstimos feitos aos líderes tribais britânicos, de modo abrupto e em circunstâncias pouco razoáveis, muitas pessoas da Britânia foram à falência. De acordo com esta tese, como reação a esta exigência, a província se rebelou contra Roma.

Incoerências sérias entre as lições que o indivíduo prega e o modo como ele age podem ser muito nocivas a qualquer filósofo moral, mas para um indivíduo que declarava que "a filosofia nos ensina a agir, não a falar", e para quem uma ideia não era nada enquanto não fosse corporificada, tais defeitos eram catastróficos. Por que alguém deveria dar ouvidos a Sêneca ou seguir seus ensinamentos se ele mesmo era o primeiro a ignorá-los? Será que todo o seu programa filosófico não passa de uma piada sofisticada com seus leitores e com a posteridade? Tais perguntas intrigavam seus admiradores daquela época, e continuam intrigando os de hoje. O fato de ainda falarmos de Sêneca em nossos dias, mais de 2 mil anos após sua morte, nos revela que estas perguntas não foram respondidas a contento – ou então não foram formuladas da maneira adequada.

> Enquanto isso, a vida do filósofo seguia seu curso – mesmo que não fosse se estender por muito tempo. Mais cedo ou mais tarde, Sêneca certamente entraria em rota

de colisão com Nero, e ele sabia muito bem disso. Em duas ocasiões, pediu ao imperador a permissão para aposentar-se, e em ambas o pedido foi rejeitado. Por fim, tentou aposentar-se de um modo efetivo, levando uma vida cada vez mais reservada, e passando o maior tempo possível distante da Corte. Porém, sua ausência acabou tornando-se evidente; o silêncio do famoso Relações Públicas era um convite à circulação de fofocas. Quando, no ano 65 d.c., veio à tona uma conspiração com o objetivo de assassinar Nero, o nome de Sêneca foi mencionado. É pouco provável que ele tenha tido alguma relação com o complô, mas Nero não estava nem um pouco disposto a ignorar este fato.

Havia um método em sua loucura

Assim que Mishina decidiu que chegara a hora de usar a faca para cortar a maçã, ficou relativamente fácil fabricar "algum tipo de incidente". Conforme observado por seus biógrafos, antes de meados dos anos 1960 Mishima vinha se mostrando um indivíduo claramente apolítico. A essa altura, enquanto se engajava ativamente no enredo do "incidente", por algum motivo ele achou que precisava de um ingrediente político para temperá-lo. No espectro político, ele situava a si mesmo na extrema direita[573], mas no caso de Mishima, isso praticamente equivalia a atirar uma moeda para o alto; ele poderia facilmente ter se transformado num mártir comunista. Em um debate com estudantes da Universidade de Waseda, em Tóquio, em outubro de 1968, Mishima apresentou as razões pelas quais escolheu tal posicionamento político. Comentou com os estudantes

---

573 Nathan observa que "as opiniões políticas de Mishima eram uma espécie de loucura, na melhor das hipóteses um absurdo completo e, em outras circunstâncias, feias e perigosas" (NATHAN, J. *Mishima*, p. 247).

sobre sua frustração com a profissão de escritor, que ele passara a considerar como uma atividade impalpável e nada viril, e também sobre a nova percepção que agora tinha de si próprio. Para reafirmar esta sua recém-encontrada determinação, ele sentia que de alguma forma precisava agir sobre o mundo e que, para tanto, precisava de um adversário. "Sem um adversário, a ação não faz o menor sentido", afirmou. E aqui as coisas começam a ficar interessantes:

> Comecei a sentir uma enorme necessidade de encontrar um adversário, então escolhi o comunismo. Não que os comunistas tivessem atacado meus filhos ou incendiado minha casa. Na verdade, pouquíssimas razões justificam esta escolha minha. Simplesmente escolhi o comunismo como adversário porque eu precisava de um adversário que me motivasse para a ação[574].

Podemos notar que as opiniões políticas de Mishima não eram muito firmes. De fato, ele depositava uma enorme confiança no imperador, no espírito samurai e na nobreza do autossacrifício; porém, conforme observado por alguns estudiosos, tal confiança não tinha praticamente nada a ver com sua visão política; e tudo a ver com a sua estética e sua filosofia da cultura[575].

Na verdade, foi com o objetivo de defender o imperador que Mishima criou a Sociedade do Escudo (*Tatenokai*), em outubro de 1968. Esta era sua milícia privada ("o exército de brinquedo do Capitão Mishima", como a mídia japonesa o apelidou), formada por menos de cem alunos. Sendo ou não o exército de brinquedo, o *tatenokai* precisava de financiamento, que Mishima providenciou, com dinheiro de seu próprio bolso – um hobby um tanto quanto caro.

---

574 *Ibid.*, p. 241.

575 Para saber mais a respeito, cf. a obra de Andrew Rankin sobre Mishima.

Mandou confeccionar uniformes exóticos para seus soldados de brinquedo, e tomou as providências para que eles treinassem com os *jieitai* [Forças de Defesa japonesas]. Conforme costuma acontecer com todas as demais atividades, o *tatenokai* envolvia muitas cerimônias e rituais: juramentos prestados com toda a pompa, desfiles espalhafatosos e uma dose considerável de ostentação. A cerimônia de lançamento ocorreu no terraço do Teatro Nacional (uma locação bastante apropriada, logo constataram algumas pessoas), bem em frente ao Palácio Imperial, com a presença de vários jornalistas na plateia. Na descrição de um repórter do jornal *Sankei*, os uniformes dos soldados tinham "um estilo berrante que, à primeira vista, faziam lembrar os porteiros de um hotel de primeira classe"[576]. Mishima apresentava uma aparência estranha. Alguns de seus amigos se sentiram "constrangidos" por ele. Não que isso tenha lhe causado qualquer incômodo.

O *tatenokai* viria a desempenhar um papel importante no "incidente" de Mishima. O objetivo declarado pela Sociedade foi apresentado de um modo convenientemente vago: servir de "escudo" para o imperador, protegendo-o da "ameaça do comunismo" – o que, ao mesmo tempo, poderia significar tudo ou nada. Mishima criou várias tarefas que seriam desempenhadas por seu exército de brinquedo, uma mais fantasiosa que a outra: o envolvimento em escaramuças sangrentas com associações estudantis de esquerda, o auxílio à tropa de choque da polícia em protestos estudantis, o combate a "comunistas" no caso de uma guerra civil. Um plano igualmente insano era tomar de assalto o Palácio Imperial, e defendê-lo com o sangue de seus soldados. Não ficou exatamente claro de quem o palácio estaria sendo defendido e, para piorar as coisas,

---

576 INOSE, N.; SATO, H. *Persona*, p. 654.

ele mesmo confessou a um amigo pouco antes de morrer que "seu verdadeiro objetivo era assassinar o *Tennō* (o imperador) no Palácio Imperial[577]. No modo de pensar de Mishima, este gesto poderia – de um modo dificilmente justificável – fortalecer a instituição imperial.

Durante seus últimos anos de vida, enquanto Mishima arquitetava o "incidente", muitos de seus amigos próximos começaram a se preocupar cada vez mais com sua sanidade mental. "Não era preciso nenhum poder extraordinário de observação", escreveu Scott-Stokes, "para perceber que Mishima estava enfrentando problemas sérios; suas "pegadinhas" e travessuras foram aos poucos adquirindo uma forma cada vez mais grotesca, culminando no *tatenokai*"[578]. Mishima talvez estivesse enlouquecendo, mas havia um método em sua loucura. Um dos mandamentos do *bushido* determinava que o guerreiro adentrasse o "frenesi da morte" (*shini-gurui*) – o que, visto de fora, poderia parecer a mais pura e simples loucura. Um tal "transtorno" é essencial pois, como foi dito no livro *Hagakure*, uma pessoa "não é capaz de realizar grandes conquistas em um estado de espírito normal. Simplesmente torne-se insano e desesperado para morrer"[579]. É exatamente isso que Mishima parecia estar fazendo.

No início de seu último ano de vida, ele começou a elaborar planos cada vez mais específicos, que envolviam não mais que um punhado de membros fiéis do *tatenokai*. Várias opções foram consideradas e descartadas, até que em 9 de setembro de 1970, o grupo chegou a um acordo sobre o plano que seria colocado em prática dois meses e meio mais tarde: sob o pretexto de que desejava entregar uma espada japonesa sagrada ao comandante do Campo

---

577 *Ibid.*, p. 624.

578 SCOTT-STOKES, H. *The life and death of Yukio Mishima*, p. 162.

579 TSUNETOMO, Y. *Hagakure*, p. 97.

Ichigaya, Mishima, acompanhado de quatro membros do *tatenokai*, visitaria o general em seu gabinete e o prenderia. O comandante não sofreria nenhum tipo de violência, mas não seria libertado até que as tropas estivessem reunidas em frente a seu gabinete, de modo que Mishima pudesse lhes dirigir a palavra e tentar convencer os soldados a rebelarem-se. Mishima tinha plena ciência de que não seria capaz de persuadir os soldados[580]. Mas a ideia principal não era persuadir ninguém.

Foi então que os seguidores de Mishima se deram conta, decepcionados, da inexistência de um plano A. Mishima não fez nenhum preparativo para o episódio que acabou sendo bem-sucedido; ele planejou o "incidente" em seus detalhes mais exasperadores, mas seus planos estavam voltados apenas ao fracasso. Na verdade, ele não queria persuadir os soldados nem derrubar o governo. Tudo o que queria era morrer uma "bela" morte de samurai, para a qual, antes de mais nada, ele precisava fracassar[581]. E, para tanto, seguiu literalmente a advertência que havia lido no *Hagakure*: "Simplesmente torne-se insano e desesperado para morrer". Um único discípulo seu, Masakatsu Morita, recebeu a permissão de lhe tirar a vida. Mishima cometeria o *harakiri*, e Morita lhe faria o *kaishaku* – ou seja, decapitaria Mishima, para dar um fim à sua agonia. Na sequência, o próprio Morita cometeria o *harakiri*, acompanhado de outro membro da equipe, Hiroyasu Koga, que

---

580 INOSE, N.; SATO, H. *Persona*, p. 698.

581 De acordo com Richie, "O suicídio de Mishima foi um gesto singular, pessoal e criativo. Não significou um ressurgimento do militarismo, uma regressão aos ideais dos tempos de guerra nem nada do gênero, pois – e disso Mishima devia estar completamente consciente, a ponto de não ser surpreendido pela zombaria dos soldados a quem ele se dirigia – foi um suicídio completamente ritualizado" (RICHIE, D. *The Japan Journals, 1947-2004*, p. 151).

lhe faria o *kaishaku*. Fim da história. Os demais viveriam para relatar essa história. Mishima anteviu corretamente que haveria um julgamento – que, aliás, ganharia uma imensa divulgação –, durante o qual a história completa seria revelada. Além de morrer, o que ele mais queria era que aquela história fosse contada.

Morita era um amigo particularmente íntimo de Mishima, e não simplesmente por ser o líder do *tatenokai*. Ao que parece, ele também era amante de Mishima. Mishima foi um homem que "empunhava duas espadas", conforme a expressão do idioma japonês, mas "ele dava preferência a homens"[582]. Isso possibilitou à mídia japonesa classificar o "incidente" como um *shinjū* homossexual ("um suicídio de amantes"), uma tradição tipicamente japonesa[583] – talvez a melhor demonstração de que não compreenderam nada do que de fato aconteceu.

Exitus

Ao invés de executar seu ex-preceptor, Nero lhe pediu que ele cometesse suicídio – um gesto bastante generoso, considerando sua degradação moral nos últimos tempos. Quando o guarda pretoriano chegou para cumprir as ordens do imperador, Sêneca jantava com seus amigos. Conta-se que, como os mensageiros imperiais não lhe deram tempo para redigir um testamento, ele teria dito a seus companheiros de refeição que, em vez de lhes oferecer presentes caros, como gostaria de fazer, eles teriam de conformar-se

---

582 SCOTT-STOKES, H. *The life and death of Yukio Mishima*, p. 104.

583 Yourcenar escreve: "É natural que dois seres humanos que decidiram morrer juntos, um nas mãos do outro, desejarem se encontrar na cama no mínimo uma vez, e esta é uma ideia à qual o antigo espírito samurai não faria qualquer objeção" (YOURCENAR, M. *Mishima*, p. 142).

com *imago vitae suae* ("a imagem de sua vida"), conforme o relato de Tácito. Tratava-se da mesma *imago* com a qual o filósofo vinha brincando havia décadas: a versão ficcionalizada de si mesmo que (assim ele esperava) permaneceria imaculada por sua riqueza obscena, sua agressiva agiotagem, sua associação com Nero e os inúmeros acordos que ele fizera com o mundo.

Na visão de Sêneca, seu fim seria o último capítulo do seu projeto de autopromoção. Obviamente, um de seus modelos foi Sócrates, cuja morte é relatada por Platão no *Fédon*. Também lhe serviu de modelo o fim particularmente medonho de Catão de Útica (que rasgou o próprio ventre), um suicídio tido em alta estima em Roma. Para dar um fim à própria vida, Sêneca combinou ambos os métodos, aos quais ele acrescentou algumas variações.

O plano inicial de Sêneca era morrer por meio daquele respeitável método romano – o corte das veias do pulso. Porém, já estava velho, com um corpo já esquálido, e de seu pulso não saiu sangue em quantidade suficiente. Mas ele persistiu, e cortou também os joelhos. Não adiantou: ainda mostrava vitalidade e energia, embora "exausto com aquele tormento selvagem"[584]. Nada disposto a desistir, Sêneca seguiu improvisando. E discursando. Nas palavras de Tácito, "até mesmo em seus últimos minutos sua eloquência era abundante; Sêneca chamou seus escribas, e lhes ditou um texto consideravelmente extenso"[585]. A pessoa morreria em vão se sua morte não se transformasse numa história, ou em parte de uma história – a tarefa dos escribas era garantir que isso acontecesse a Sêneca.

---

584 TÁCITO. *The Annals*. Indianápolis: Hackett, 2004, p. 335.
585 *Ibid.*, p. 335.

Ao perceber que o método romano não estava dando certo, Sêneca tentou o estilo grego, imitando Sócrates. Afinal, ele acreditava que "a cicuta foi a responsável pela grandeza de Sócrates"[586]. A cicuta já estava à sua disposição, mas por algum motivo o veneno não funcionou para ele: "quando lhe trouxeram o líquido, ele a engoliu, mas em vão: já estava sentindo frio nas articulações, e seu corpo bloqueava a ação do veneno"[587]. Se este relato fosse parte de uma obra de ficção, o leitor o consideraria precário. Mas a morte de Sêneca seria melhor do que a ficção, assim como sua vida. Por fim, o filósofo foi levado a tomar um banho quente, durante o qual, em razão de seus problemas crônicos de respiração, logo "foi asfixiado pelo vapor"[588]. Apesar dos vários métodos que tentou, e de todos os desvios de rota que teve de tomar, Sêneca morreu de asfixia – a mesma morte que ele vinha ensaiando ao longo de toda a vida.

A saga da morte de Sêneca é uma história e tanto: envolveu cuidadosa preparação e um fracasso absoluto, perseverança e contratempos, humilhação e desorganização em abundância. Nenhum método parecia funcionar. Dava a impressão de que a morte não o desejava, por mais que ele a desejasse. Considerando que ele havia se preparado a vida inteira para isso, Sêneca revelou-se bastante incompetente na hora de morrer. Embora tivesse estudado os modos como grandes homens terminaram suas vidas, ele não foi capaz de imitá-los. Comparada à morte de Sócrates, a de Sêneca parece uma imitação tosca. No entanto, é este fim arruinado – tão desastrado e, ao mesmo tempo, tão comovedor – que faz aumentar a nossa estima por Sêneca. Longe de diminuir o valor de seu legado, ele o torna mais

---

586 SÊNECA, L. A. *Letters on Ethics*, p. 55.
587 TÁCITO. *The Annals*, 336.
588 *Ibid.*

complexo e enriquecido. Sentimo-nos tocados justamente pelo Sêneca vulnerável, desajeitado e incompetente para suicidar-se, características que assimilamos a partir da história que ele deixou para trás.

E isso nos faz perceber que Sêneca estava certo quando decidiu apostar todas as fichas na *imago vitae suae*. No fim, sua vitória foi completa. Todos nós sabemos, hoje, dos defeitos da personalidade de Sêneca, e das intragáveis concessões que ele precisou fazer na condição de conselheiro e Relações Públicas de Nero. No entanto, nada disso faz reduzir o afeto que sentimos pelo filósofo. Continuamos lendo seus textos, refletindo sobre suas palavras, e o levamos a sério. Para nós, as coisas que ele disse sobre a pobreza são inspiradoras, profundas e valorosas, muito embora tenhamos plena consciência de sua obscena riqueza pessoal. Como isso é possível? É possível porque, em geral, não nos envolvemos com o *verdadeiro* Sêneca, mas com o *self* ficcionalizado que ele trouxe à existência por meio de sua obra. Quando lemos Sêneca, não nos apaixonamos pelo cúmplice ocasional dos crimes de Nero, mas por um convincente personagem de ficção.

O incidente de Mishima

Quando voltou correndo ao gabinete do comandante, Mishima deve ter sentido um duplo alívio. Primeiro, porque não conseguiu persuadir os soldados; agora, ele *tinha que* morrer. E sua morte teria de ser uma "bela morte" porque é desta maneira que os samurais morrem quando fracassam. Em segundo lugar, porque a maneira perfeita como ele morreu, o *harakiri*, não lhe trazia nenhuma novidade: ele já havia feito isso antes. Tinha um total e absoluto conhecimento sobre a morte; ele já fizera a *performance* da própria morte.

Pois Mishima vinha tramando, nos mínimos detalhes, não apenas suas obras de ficção e sua vida, mas também a própria morte – de longe, a mais importante de suas obras. Em 1960, Mishima publicou um conto intitulado "Patriotismo" (*Yūkoku*), sobre um jovem oficial envolvido num motim contra o Exército imperial (o assim chamado "incidente de 26 de fevereiro"). Encurralado entre a lealdade a seus colegas oficiais e àquela que devia ao imperador, o oficial decide praticar o *harakiri*, tendo ao lado a sua esposa, que testemunhou o seu suicídio; na sequência, ela mesmo se suicida. Em 1966, foi realizado um filme baseado no conto de Mishima: ele próprio foi o diretor, e interpretou o personagem do oficial.

Esta se revelou a *performance* de sua vida: aqui, não há nada de ostentação kitsch, nada de músculos bombados. A presença da morte, mesmo que indireta, transfigurou-o. "Este filme não é nem comédia nem tragédia", afirmou Mishima. "É simplesmente uma história sobre a felicidade"[589]. O curta-metragem de 30 minutos, em preto e branco – repleto de referências ao teatro Nô, ambientado de modo claustrofóbico numa pequena sala, um perturbador enquadramento estático após o outro – é como a pré-exibição de sua morte. Está tudo ali, quase mais do que conseguimos absorver: o corte da maçã, a penetração, o clímax, a exaustão[590]. O gesto é rápido e decisivo, e Mishima se mostra em seu auge: a faca em sua mão está sendo "enfiada profundamente na maçã", que agora está "dividida em duas", com seu caroço exposto à luz. Para que isso aconteça, a maçã precisa "ser partida em pedaços" e destruída. Isso é o que

---

589 SCOTT-STOKES, H. *The life and death of Yukio Mishima*, p. 198.

590 Andrew Rankin escreve: "[O conto] 'Patriotismo' coloca em escancarada evidência o simbolismo sexual do ato de rasgar o próprio ventre – é quase uma demonstração pornográfica. Mishima descreve o *seppuku* do tenente como uma megaejaculação, durante a qual o tenente libera até a última gota de fluidos contida em seu corpo: saliva, lágrimas, vômito, sangue e bile" (RANKIN, A. *Mishima*, p. 111).

acontece com todas as maçãs e corpos neste mundo: você precisa sacrificar a sua existência "para conseguir ver". Ver o quê? Nada.

Assim que entrou no gabinete do general, Mishima fez exatamente isso: despiu-se de seu uniforme, colocou-se na postura adequada no chão e rasgou o próprio ventre. Todos aqueles anos de levantamento de peso lhe foram úteis para aquele momento. Quando, muitos anos depois, ao ser indagado por que começara a levantar pesos, a resposta que deu foi o retrato acabado de sua sinceridade: "Porque vou morrer cometendo o *seppuku*… e quero me certificar de que, neste momento, meu estômago terá somente músculos, e nenhuma gordura"[591]. De fato, gordura nenhuma interferiu em seu trabalho naquele dia: o corte foi bem delineado, rápido e executado com precisão. Um biógrafo japonês apresenta os detalhes da cena, com uma precisão cirúrgica e doentia: "A ferida feita por Mishima ao rasgar o próprio ventre começa 4 centímetros abaixo do umbigo, tem 14 centímetros de comprimento e entre 4 e 5 centímetros de profundidade. Saltaram para fora 50 centímetros de seu intestino. Foi um *seppuku* magnífico", resume o biógrafo[592].

Só que não foi bem assim. Morita, o assistente de Mishima, apesar de todos os ensaios nos dias anteriores, não fez a sua parte, a execução do *kaishaku*. Tremendo muito, ele acabou fazendo um corte no ombro de Mishima e, na sequência, em seu pescoço, sem conseguir decapitá-lo, e com isso, em vez de reduzir sua agonia, prolongou-a. Hiroyasu Koga precisou interferir para limpar a sujeira toda, e desferiu o golpe decisivo em Mishima, para então, logo na sequência, golpear Morita.

---

591 FLANAGAN, D. *Yukio Mishima*, p. 223.

592 INOSE, N.; SATO, H. *Persona*, p. 729.

Assim, a morte de Mishima acabou se transformando numa feia cena de incompetência, o retrato de uma carnificina. O ensaio registrado no curta-metragem foi muito melhor do que a cena real. Ela, no fim das contas, deve tê-lo tornado mais humilde.

Despedida

Na peça *Édipo em Colono*, Sófoclo coloca a seguinte frase na boca do coro: "Não ter nascido é, na melhor das hipóteses, o que há de melhor; mas uma vez que o homem viu a luz do dia, a segunda melhor coisa, de longe, é a possibilidade de que ele consiga, o quanto antes, retornar ao lugar de onde veio". Niilistas de todas as estirpes têm sido arrebatados por esta ideia. "Não ter nascido", declara Cioran, "o mero fato de refletir sobre isso... que felicidade, que liberdade, quanto espaço..."[593]. Ele contempla o vasto desdobramento do *nada* que antecede a vinda à existência – e fica encantado.

Esta percepção intuitiva não é um mero capricho de alguns filósofos excêntricos; está profundamente enraizada na religião, e muitas vezes é acompanhada da seriedade de uma revelação. Reza uma antiga lenda, recontada por Nietzsche em *O nascimento da tragédia*, que durante muito tempo o rei Midas perseguiu, na floresta, o sábio Sileno, o companheiro de Dionísio. Quando, por fim, Midas conseguiu apanhá-lo, perguntou-lhe "qual dentre as coisas era a melhor e mais desejável para o homem". Sileno manteve-se "obstinado e imóvel", mas, por fim, o semideus deixou Midas impactado com sua resposta:

> Estirpe miserável e efêmera, filhos do acaso e do tormento, por que me obrigas a dizer-te o que seria para ti

---

593 CIORAN, E.M. *Do inconveniente de ter nascido. Op. cit.*

mais salutar não ouvir? O melhor de tudo é para ti inteiramente inatingível: não ter nascido, não *ser*, *nada* ser. Depois disso, porém, o melhor para ti é logo morrer[594].

Do mesmo modo, a teologia gnóstica sempre aponta para uma esfera privilegiada: o estado de perfeição que antecede a existência. Aquilo que ainda está por nascer – o mundo, uma pessoa, uma casa a ser construída ou um livro – talvez não seja nada, mas a esta altura já atingiu seu limite extremo. Toda concretização é uma limitação, tudo que passa a existir é um empobrecimento. Seguindo o caminho percorrido pelos gnósticos, os cátaros medievais foram capazes de redescobrir esta percepção intuitiva, e a ela incorporaram uma vida nova. Durante uma investigação feita pela Inquisição em fins do século XIII na França, um fiel cátaro confessou sua esperança de que a abstinência sexual pudesse nos aproximar de um estado paradisíaco: "Pois se as pessoas se dedicassem à infecundidade, todas as criaturas de Deus logo seriam reunidas [no Paraíso]"[595].

Não há, em nossa linguagem, um nome exato que designe este lugar em que reinam a paz e tranquilidade absolutas – antes e além da existência – que buscamos em vão enquanto ainda estamos presos ao fluxo da vida. São precários os recursos da linguagem humana para expressar algo tão importante e tão transcendente, mas há uma palavra que tem sido usada com mais frequência que as outras. É uma palavra usada por Sileno: o *nada*. "Um *nada* que é tudo", na pungente formulação de Comte-Sponville[596]. Ou então o "divino *nada*",

---

594 NIETZSCHE, F. *Basic writings of Nietzsche*. Nova York: Random House, 2000, p. 40.

595 LADURIE, E.L.R., *Montaillou: the promised land of error*. Nova York: Vintage, 1979, p. 206-207.

596 COMTE-SPONVILLE, A. *A small treatise on the great virtues: the uses of philosophy in everyday life*. Londres: Picador, 2002, p. 147.

na expressão de Cioran. Stoner, herói do romance epônimo de John Williams, a certa altura tem a visão de um grande "nada" a que "todas as coisas foram, afinal, reduzidas"[597]. Não é de surpreender que alguns também se refiram a este abismo primordial como *Deus*, o que Mestre Eckhart não teve dificuldades de associar ao "vazio", e cujo atributo mais elevado era, na visão do gnóstico Basílides, a "não existência". Há também quem o chame de Nirvana, que literalmente significa "extinto" ou "apagado", como na situação em que uma chama se apaga, e dela nada mais resta.

No fim das contas, as palavras não têm importância. O que importa é aquilo a que elas apontam: nossa necessidade fundamental de um quadro de referências mais amplo. Jamais enxergaremos nossa situação com clareza a menos que consigamos nos desenredar dela, afastarmo-nos alguns passos, e olharmos para ela a partir de uma certa distância. Enquanto estiver nadando num rio, você não conseguirá enxergar o próprio rio, por mais penetrante que seja a sua visão e por maior que seja a sua familiaridade com a química da água. Você certamente sabe como é a água, por estar profundamente imerso nela, mas o seu conhecimento, embora intenso, neste caso será limitado. Emaranhado na corrente, você será afetado demais por ela e, de modo geral, estará preocupado demais em manter-se flutuando para conseguir chegar a uma verdadeira compreensão. Para poder alcançá-la, você terá que sair da água, colocar-se em pé num ponto mais elevado, e contemplar o rio a partir dali. Você estará não apenas mais seguro, como mais sábio e com mais conhecimentos. Tudo de que você precisa é algo – uma corda, um galho, algum instrumento – para ajudá-lo. O fracasso pode cumprir a função deste instrumento.

---

597 WILLIAMS, J. *Stoner*. Nova York: New York Review Books, 2003, p. 179.

O fracasso é uma experiência reveladora como poucas outras. Graças a ele, somos capazes de enxergar as fissuras no tecido da existência e dentro de nós mesmos. Podemos perceber que a história humana é uma luta para manter o controle, e em busca de conquistas. Compreendemos que nossas instituições políticas e sociais (até mesmo as melhores) são precárias e imperfeitas. Percebemos o quanto de insensatez pode haver nas demandas da sociedade, em que medida suas expectativas podem ser excêntricas, e o quanto de superficialidade pode haver em seus julgamentos. No fim das contas, o fracasso nos mostra, simplesmente, como estamos próximos, biologicamente, da não existência.

Em cada caso particular, a cada nível diferente, o fracasso nos ensina a humildade. Não conseguiremos progredir e jamais seremos curados a menos que nos rebaixemos ("mais humilde que o pó", como Gandhi desejava ser), podendo então enxergar todas as coisas a partir deste ponto de vista privilegiado. À medida que mudarmos a nossa perspectiva, de uma postura arrogante, com batalhas competitivas e conquistas, para uma aceitação humilde de nossa precariedade, finitude e imperfeição, poderemos aprender não apenas uma importante verdade sobre o mundo, mas a estarmos mais em paz com nós próprios.

No nível cognitivo, é relativamente fácil compreender que estamos próximos do *nada*. No entanto, a questão essencial não está em simplesmente compreender isso como uma afirmação teórica, mas em acolher e corporificar este conceito. O que o fracasso faz é nos ajudar a compreender esta percepção intuitiva a partir de dentro, ele nos ensina como viver melhor uma vez que tivermos este conhecimento. O fracasso é o melhor dos professores, o mais eficiente dentre os mestres: seus métodos talvez sejam cruéis, mas isso é o que, às vezes, um bom ensinamento nos exige. No momento em que o toureiro desferir seu golpe, a vítima já terá recebido sua instrução e estará tão bem-preparada que o golpe será praticamente indolor. O maior presente que o fracasso pode nos dar é a serenidade.

O que nos atrai nos filmes de Yasujiro Ozu, talvez o mais humilde dos cineastas, é a promessa de um grande e redentor silêncio que percebemos em sua obra. Nosso desejo é alcançar uma esfera na qual a promessa se torne realidade, e em que o silêncio se adense até se transformar em um derradeiro contentamento. Mishima, Dazai e Améry são casos extremos que nos ensinam pela via negativa – porém, muito eficaz – a potência deste desejo que alimentamos. O fim que eles tiveram ilustra, de modo doloroso, os extremos a que um ser humano pode chegar em sua busca por uma sensação de paz. No entanto, por mais tumultuada, tempestuosa e ruidosa que suas vidas tenham sido, o grande e redentor silêncio acaba por envolvê-los, no fim. Este silêncio é o som da humildade suprema.

A característica peculiar do círculo do fracasso supremo é que, à medida que o atravessamos, carregamos conosco os fracassos pelos quais passamos nos círculos anteriores. O fracasso e as falhas das coisas (o acidente quase fatal em que você se envolveu quando adolescente, a falha técnica que por pouco não o matou dez anos mais tarde), os desastres políticos (os anos que você passou na prisão, os espancamentos pela polícia, o trauma da constante vigilância), o inevitável fracasso da sociedade – tudo isso reaparece na hora de nossa morte, como se estivessem vindo para uma festa. Uma festa de despedida.

Quando chega o momento de nossa morte, tudo que deu errado ou mostrou-se inapropriado em nossas vidas, todos os nossos fracassos, defeitos e atitudes vergonhosas, todo o sofrimento por que passamos, tudo isso aparece naquele momento – para ser redimido. Esta deve ser a mais original das festas de despedida. Isso porque os convidados de honra são nossas próprias cicatrizes e feridas, grandes ou pequenas, nossos traumas e humilhações, que sempre surgem de modo abundante. E, no entanto, quando você reflete a esse respeito, é difícil imaginar um melhor arranjo para todas as coisas. Pois, quando finalmente chegamos diante da porta de saída, sabemos exatamente o que deixamos para trás, e então partimos sem arrependimentos. Saímos desapegados de tudo e, se tivermos sorte, até mesmo curados.

Epílogo

Quando acordamos, a cada manhã, há um momento – o mais breve dos momentos – em que ainda não recuperamos completamente a memória. Nele, nada sabemos, porque ainda não temos uma história a contar para nós mesmos. Somos uma folha de papel em branco, à espera da escrita. À medida que nossa memória vai gradualmente retornando, começamos a lembrar de coisas: onde estamos, o que aconteceu antes de adormecermos, o que precisamos fazer a seguir, e assim por diante. Começamos a ser nós mesmos novamente à medida que recuperamos a lembrança destas coisas, que lentamente vai compondo uma história. Quando tudo se encaixa em seu lugar, e a história se completa, pode-se dizer que voltamos à vida. Temos agora um *self*. A folha de papel está preenchida com nossa história – nós *somos* a nossa história. Se, por uma razão qualquer, as coisas deixarem de se encaixar e de compor uma narrativa coerente, não conseguiremos nos encontrar, de modo algum. Neste caso, deixamos de nos enxergar, do mesmo modo que deixamos de enxergar uma pessoa que falta ao compromisso que com ela marcamos.

Somos, essencialmente, criaturas impulsionadas por narrativas: sem as histórias que contamos a nós próprios, deixamos de existir.

No mais íntimo de nosso ser, *somos aquilo que dizemos ser a nós próprios*. O filósofo alemão Wilhelm Dilthey chamava este processo de "o contexto da vida" – *Zusammenhang des Lebens*. As histórias que contamos sobre nós próprios são às vezes mais importantes do que a própria vida. Elas são aquilo que reúne as partes isoladas de nossa vida e faz dela o que ela é: a nossa vida. "Para os seres humanos, contar histórias é tão essencial quanto alimentar-se", escreveu Richard Kearney. "Na verdade, é ainda mais essencial, pois ao passo que o alimento nos mantém vivos, as histórias são aquilo que fazem nossa vida valer a pena"[598].

Mesmo quando estava prestes a morrer, Sêneca sabia que *a história* (*imago vitae suae*, como você deve estar lembrado) tinha mais importância do que o fato em si. Ele chamou seus escribas para certificar-se de que o relato de sua história estaria terminado antes que morresse. Do mesmo modo, Mishima ordenou a alguns de seus seguidores mais próximos que *não* o imitassem sua decisão de suicidar-se, para que pudessem continuar ativos e narrar a história dele. Sem esta história, a sua vida, por mais atipicamente repleta de eventos que tivesse sido, teria ficado incompleta.

A resposta a questões essenciais sobre o sentido e o mérito da existência depende da *própria história*. "A vida não tem sentido" ou "A vida não vale o sofrimento que nos traz" são frases ditas por muita gente ao longo da vida, mas poucos de nós decidem dar um fim a ela logo depois de dizê-las. Não por nos faltar coragem (quando uma pessoa quer morrer, ela encontra a coragem), mas pelo fato de sentirmos que a história ainda não terminou – preferimos *esperar para ver* – o que é algo revelador. A certa altura de nossa vida,

---

598 KEARNEY, R. *On stories*. Londres: Routledge, 2002, p. 3.

talvez nós a consideremos vazia, e achemos que nossa existência não tem sentido, mas sabemos, de alguma maneira, que *ainda não terminamos*. Nossa história simplesmente ainda não chegou ao fim, e é profunda e visceralmente frustrante abandonar uma história antes de seu fim, quer se trate de um livro, de um filme ou de nossa própria vida. Assim que chegamos ao fim da história, podemos decidir que não há mais nada a contar. Fazer isso enquanto a história ainda está sendo contada significa viver mal e também morrer mal – uma violação tanto das leis da natureza quanto das leis da narrativa. A "pérola" que supostamente poderemos recuperar só poderá ser encontrada quando a história terminar.

Minha vida pode, então, ser salva por uma história? Sim, pode. Contanto que haja algo que valha a pena ser contado, e que alguém esteja disposto a ouvir. A verdade é: somente uma história é capaz de redimir nossas vidas. E não apenas as nossas vidas, mas a vida em si. Esta é a razão pela qual – caso você tenha tido a curiosidade de perguntar – este livro contém tantas histórias. Sem as histórias, não seríamos nada.

Agradecimentos

Tive a grande sorte de ter Joy de Menil como parceira neste projeto. Graças à sua infalível intuição como editora, a seu olhar perspicaz e à sua extraordinária dedicação, o texto final deste livro resultou muito melhor do que poderia ter resultado. Não tenho palavras para agradecê-la. Emeralde Jensen-Roberts me deu uma valiosa assistência ao longo de todo o processo, assim como Joy Deng e Jeff Dean na fase inicial da escrita. Devo um agradecimento especial a John Kulka, que anteviu um futuro promissor a este projeto quando ele ainda não passava de uma ideia, e me ofereceu o contrato para a edição do livro. Dois avaliadores externos, anônimos, assim como alguns docentes da Universidade de Harvard que desempenharam o papel de intermediários entre a universidade e a imprensa, deram-me um *feedback* crítico, pelo qual lhes agradeço muito.

Nilanjan Bhowmick, Peter Catapano, Boris Dralyuk, Matthew Lamb, Ed Simon, Ajay Verma e Stuart Walton gentilmente se prontificaram a ler um primeiro rascunho de meus manuscritos, e fizeram inúmeras sugestões. Faltam-me palavras para expressar minha gratidão a estes amigos por seu trabalho e generosidade. Meu querido amigo, Aurelian Crăiutu, ofereceu-me um apoio constante, auxiliando-me com seu conhecimento enciclopédico (trazendo-me a constante lembrança de que o fracasso é algo em que os romenos são particularmente talentosos, como se eu já não soubesse disso).

Este livro traz à mente algumas conversas que tive, ao longo dos últimos anos, com muitos colegas e amigos do meio acadêmico. Por esta e várias outras razões, quero expressar especial gratidão a Michelle Boulous-Walker, Malik Bozzo-Rey, Humberto Brito, Oliver Burkeman, Pedro Duarte de Andrade, Irina Dumitrescu, Bruno Garcia, Marcelo Gleiser, Robbie Goh, Yugank Goyal, Jim Heisig, Pico Iyer, Pravesh Jung, Sarvchetan Katoch, Tom Lutz, Gordon Marino, Giuseppe Mazzotta, Wilfred McClay, Mohammad Memarian, Bryan Mukandi, Robert Nixon, Antonio Pele, Joan Ramon Resina, Chetan Singh, Mario Solis, Susan Stanford-Friedman, Gregor Szyndler, Ngoc Hiêu Trân, Camil Ungureanu, Przemyslaw Urbańczyk, Jason Wirth e Robert Zaretsky.

Em anos recentes, em conversas, palestras, conferências e masterclasses, apresentei partes deste livro em muitos lugares do mundo, da Austrália a Taiwan, passando por países como Chile e Brasil. Agradeço a todas as pessoas – não teria como mencionar aqui o nome de todos – que compareceram a estes eventos, e que posteriormente me deram seu *feedback*.

Durante o tempo dedicado à pesquisa e à escrita deste livro, recebi apoio – tanto material quanto imaterial – de uma série de instituições e órgãos de financiamento à pesquisa, aos quais devo a minha gratidão: Texas Tech University (The Honors College, The Office of the Vice-President for Research, The Humanities Center); University of Wisconsin-Madison (The Institute for Research in the Humanities); The National Endowment for the Humanities (The Public Scholar Award Program); The Franco-American

Commission for Educational Exchange (Fulbright Commission); The Fulbright U.S. Scholar Program; Lille Catholic University (The Institute of Philosophy); Jawaharlal Nehru University (The Jawaharlal Nehru Institute of Advanced Study); The Indian Institute for Advanced Study Shimla; The Polish Institute of Advanced Studies; Nanzan University (The Nanzan Institute for Religion and Culture); National University of Singapore (Faculty of Arts and Social Sciences).

A seção "cura pela lama", do Capítulo 1, inclui um texto originalmente publicado em "Everyone fails, but only the wide find humility", em 18 de agosto de 2016, na revista *Aeon*. Trechos da seção "A fragilidade da democracia", no Capítulo 2, foram originalmente publicados em 15.7.2019 no *The New York Times*, num texto intitulado "Democracy is for the Gods". O fragmento que consta neste capítulo, intitulado "Um caso de fé deslocada" desenvolve ideias previamente apresentadas no texto "Always Narrating", publicado em *Los Angeles Review of Books*, em 9.3.2020. O capítulo "O problema das revoluções" inclui um texto originalmente publicado na *Commonweal Magazine* em 28.9.2020, intitulado "Sailing Without Ballast". Considerável parte do texto "Are We Doomed to Fail", publicado pelo The Institute of Art and Ideas em 12.1.2018, e "The Philosophy of Failure", publicado em 28.11.2016 no *Los Angeles Review of Books*, aparecem no Capítulo 3 deste livro. Por fim, os Capítulos 1 e 4 contêm temas previamente abordados num artigo publicado no *The New York Times* em 15.12.2013, intitulado "In Praise of Failure" (título original deste livro).

Conecte-se conosco:

f facebook.com/editoravozes

⊙ @editoravozes

𝕏 @editora_vozes

▶ youtube.com/editoravozes

☎ +55 24 2233-9033

www.vozes.com.br

Conheça nossas lojas:
www.livrariavozes.com.br

Belo Horizonte – Brasília – Campinas – Cuiabá – Curitiba
Fortaleza – Juiz de Fora – Petrópolis – Recife – São Paulo

 Vozes de Bolso

EDITORA VOZES LTDA.
Rua Frei Luís, 100 – Centro – Cep 25689-900 – Petrópolis, RJ
Tel.: (24) 2233-9000 – E-mail: vendas@vozes.com.br